浙江省哲学社会科学规划
后期资助课题成果文库

# 当代公共空间
# 界面语言的时尚性研究

李大伟　著

Research on the Fashionableness of Interface Language in Contemporary Public Space

WUHAN UNIVERSITY PRESS
武汉大学出版社

**图书在版编目(CIP)数据**

当代公共空间界面语言的时尚性研究/李大伟著.—武汉：武汉大学出版社,2023.12

ISBN 978-7-307-24089-6

Ⅰ.当…　Ⅱ.李…　Ⅲ.公共空间—语用学—研究　Ⅳ.①G220 ②H03

中国国家版本馆 CIP 数据核字(2023)第 205041 号

责任编辑:宋丽娜　　责任校对:鄢春梅　　版式设计:马　佳

出版发行：**武汉大学出版社**　(430072　武昌　珞珈山)

(电子邮箱：cbs22@ whu.edu.cn　网址：www.wdp. com.cn)

印刷:武汉邮科印务有限公司

开本:720×1000　1/16　印张:19.25　字数:231 千字　插页:1

版次:2023 年 12 月第 1 版　　2023 年 12 月第 1 次印刷

ISBN 978-7-307-24089-6　　定价:88.00 元

# 前　言

本书以公共空间的界面语言为研究对象，将公共空间界面语言的时尚性作为具体研究内容。公共空间具有多重特性，在当代人类生活中的重要程度具有一定的自明性，其界面是向公众传播和展示当代意识形态、审美趋势和价值诉求等观念的媒介，加之时尚本身的广延性以及与设计的关系，使得针对界面语言时尚性的研究突显出一定的价值和意义。书中主要探讨了当代公共空间界面语言的生成背景及发展脉络、作为设计语言的界面与时尚的逻辑关系、时尚性界面设计的演进逻辑以及界面语言时尚性的具体表征与分析等问题，通过研究得出当代时尚性界面语言的现状及生成背景，对现时的时尚性界面语言进行系统化梳理；同时，提炼时尚的相关理论对时尚性设计语言的生成及传播进行阐释，以求对设计实践产生参考价值。

本书首先引出议题，对于研究目的、意义及现状进行论述，并详细界定了本书的研究范围、研究内容、方法与思路，把界面的历史演进、当代界面语言的现状与生成背景、设计时尚的逻辑与规律、界面语言时尚性的具体表征作为主要研究目的，从实践和理论两方面提出研究的意义。其次，厘定公共空间及界面的概念，即公共空间是当代生活的重要空间载体、具有可进入性权利的场所，同时也是满足公众的社会性交流活动需求、反映城市精神与人文风貌的空间；限定界面的指涉范围，主要指公共建筑空间外部的表皮和立面、内部的墙面、顶面和地面等围合面，概括来讲是作为“物”的公共空间建筑的外在显现，是呈现于观者的具体外观与式样；梳理了界面风格的历史演进，分析了古典主义、现代主义、后现代主义及当代建筑的发展特点，论证了不同类型的建筑在演进过程中受到的技术影响以及其时对饰面的态度决定了界面的设计语言，为界面语言的研究提供了历史背景；基于设计语义学理论拟出界面语言的构建，以界面的形态、色彩及材质作为语汇，以形式法则、设计理念、操作手法等作为语法，二者共同构成了界面的语言；基于感官、文脉和意义多重视角提出对于界面语言的解读，对界面语言的理解和把握提供了指引路径；分析了当代界面语言的特征，认为20世纪60年代之后现代主义建筑风格式微、后现代主义思潮兴起，跨领域及学科思想的援引和计算机信息技术的发展使得各种新型设计风格异军突起，在当代社会的语境中冲突、调和，共同演绎出复杂多元的视觉景致。然后，论述了界面语言时尚性与设计趋势的关系，对于时尚性语言的生成和认知做具体定义；针对影响界面语言及时尚的重要因素进行阐释，从时代、文化、建筑及设计角度分析了当代界面语言的生成，构成了当代界面语言的生成背景和语境；同时厘定本书语境中时尚的概念，将其定义为通过技术手段实现的由某种艺术风格、价值理念和时代精神相融合，在某一特定历史时间段中被推崇且具有一定的时效性的多形态单元；基于历时和载体两个角度展开对时尚之“时”及时尚之“尚”

的研究，以此阐释了时尚的基本特性；此外，将艺术风格、技术、意识形态作为影响时尚性的要因，归纳出意识形态与技术、界面设计风格的逻辑关系：意识形态影响风格的形成，技术贯穿二者并实现艺术表现。再次，论述了时尚与美、设计的关系，阐释了时尚中的审美逻辑，将人们对时尚的追崇视为当代生活中最为重要的审美活动，以审美中的感性因素及审美基础为理论依托，强调了时尚审美的主观意欲性及差异性，即人的主观经验、文化资本等要素成为理解时尚性的标尺，由此得出并不存在统一时尚审美准则的论断；提出审美的当代转向，对认识和理解有关当代时尚性设计及界面语言的种种现象提供了指引；随后指出时尚与设计风格的紧密关联，以创新曲线为依托论证时尚是一种设计的创新，并提出设计的CAS多层级框架，即经典层面的设计强调功能、美观与实用，艺术层面的设计强调视觉、吸引力及风格；战略层面的设计强调变革、影响和贡献；提出时尚的设计是包含多个层级的，因此针对设计时尚属性的评价也应从多角度展开；基于社会学理论基础阐明了时尚设计的传播，将“模仿”视为时尚设计生成、传播、演变的主要动力，在此基础上提出时尚基于阶级的纵向传播和基于群体的横向传播，是时尚在空间维度上的游移，解释了时尚性设计的相关问题。接着，对当代界面语言的时尚性进行具体分析，基于大量有一定影响力的当代国内外公共空间及实际案例，从形式、色彩、材质三方面详细分析生成当代界面语言语汇的时尚特征，得出形式多样化、形态戏剧化、色彩中性化、材料综合化等语汇特征，为相关设计实践提供参考价值；以审慎、全面的视角客观地对当代时尚的界面语法进行梳理，提出匀质单一与异质多样为生成当代界面语言的重要文法，论证了当代界面语言时尚性的另一特征：语义的多重化；分析并得出“冲突”是当代界面语言时尚性的内核，其中包括观念、思想、形式、材料等多方面的冲突，冲突引发的戏剧化张力是产生时尚性的重要内核。最后，总结了本书的研究结论与创新点，补充了研究的局限性与不足之处，并对研究展望加以叙述。

# 目　　录

# 第1章　导　　论

## 1.1　关于选题

### 1.1.1　问题的提出

自20世纪50年代中后期开始，人类文化开始呈现出前所未有的精彩局面，这体现在艺术、设计、建筑、时尚、音乐、电影等领域中的多向游变，并与消费社会、大众文化建立起紧密联系。这种转变在艺术和设计领域尤为强烈：例如，在艺术领域中，以独立小组为首的波普艺术家面对商业文明和消费社会的冲击，以新兴的大众文化作为创作源泉，开始将高雅艺术输入大众领域，推动了流行文化的发展，波普文化的诞生更是被亚瑟·丹托(Arthur Danto)称为“艺术的终结”；埃托·索特萨斯(Ettore Sottsass)领导的孟菲斯(Memphis)①将趣味、怪诞和离奇等特质赋予产品设计，将

---

① 20世纪80年代起源于意大利的孟菲斯设计集团也强调通过设计作品展开对时尚的探讨，关注宽泛的文化参照，从当代世界中取材意象并利用外来文化，用大众文化的象征主义手法探讨物品的身份和意义。

时尚和流行元素赋予设计；建筑领域里，罗伯特·文丘里(Robert Venturi)在20世纪60年代以《建筑的矛盾性和复杂性》(*Complexity and Contradiction in Architecture*)和《向拉斯维加斯学习》(*Learning from Las Vegas*)两本著作向席卷全球的现代主义(Modernism)建筑思潮发出了质疑，以装饰性的面饰以及对历史文脉的回应拒斥了现代主义建筑的陈乏，拉开了后现代主义(Postmodernism)的序幕；20世纪80年代之后，解构主义(Deconstructionism)、非线性(No-linear)、混沌理论(Chaos theory)等思想进入建筑领域，使得建筑的艺术表现更为多元。种种思潮的涌现使当代社会进入混搭的语境，统一、秩序等语义被消解，一切游变为无意义的所指，由此引发了相应的审美转向。当代建筑也因此呈现出多样化的面貌，在各种思想和理念的影响下，加之计算机数字技术的应用，更是丰富了建筑的艺术表现力。异质多元与均质单一的建筑冲突融合，恰恰与时尚的表征契合——时尚从来不拒斥任何一种形式，真善美与假丑恶都是时尚寻求的素材。本书对于界面语言时尚性的研究有感于“偶像设计”的概念，在设计领域有一些新兴设计风格获得了偶像地位，尤其在当代，服装、产品、建筑等领域中所浮现的拥有崇高声望的设计作品，总是饱含时尚魅力。以建筑为例，那些具有偶像地位的建筑都具有不同寻常的形态和不落俗套的纪念碑式的多样性，而明星建筑师的设计作品更是能引发设计趋势与潮流。因此，寻求偶像设计中的时尚性表征、相关的经验与属性、影响因子等逻辑便具有了价值和意义，尤其对今后的设计实践具有一定的指导意义。人们对时尚的追崇伴随着文明的进程已具备一定的历史深度，当下的时尚文化在很大程度上反映出后现代文化的内涵，表现出感性、怪诞、调侃、大众、反讽等特征。时尚成为构筑后现代人类生存的一种重要方式，以至于后现代文化首先就是一种时尚性的文化，而对于时尚的审美活动也已经成为后现代生活的基本内容之一。① 从这个层面来讲，后现代社会中所呈现的种种事物都成为人们可消费的对象，建筑界面作为视觉产品自然也逃避不了人们的审美与消费，这种消费行为成为建筑乃至各个艺术类型之时尚更迭的动因之一，也正是消费催进了社会产品再生产的循环。② 有关时尚、时尚文化、时尚消费等现象也受到越来越多的学者关注。本书便以时尚相关理论研究为切入点，用独特的视角揭示和阐明了一种新兴设计风格的生成和传播逻辑。

由于时尚自身复杂的生成逻辑与机制，决定了时尚的演进不以个人意志为转移，且时尚的生产仅限于少数精英或具有话语权的人。时尚一旦成为时尚，其发展路径及生命周期便不受任何个体控制，表现形式上的多元性和传播过程中的不确定性构成了时尚的吸引力。以上种种不仅丰富了视觉文化，同时也赋予时尚形式和内涵更多的特质，因此，展开时尚性的相关研究对于设计趋势的理解与把握便产生了重要意义。在任何社会语境中对于时尚的需求都不会消逝，时尚构建了多元的文化景观，成为人们精神世界高层级的文明展现。不同语境下时尚的形式却又存在差异，任何事物（包括

① 刘清平．时尚美学[M]．上海：复旦大学出版社，2008：47.

② 消费，此处表示对用于满足个人生活和需求的行为和过程的统称，包括物质和精神需求；此处“产品”一词则指涉一种集合，包括物质、观念等被人为加工或参与的素材。

服饰、语言、行为或生活理念）都有可能是时尚，因此对于时尚的理解便不能囿于外在的形式，对其概念的锚定也不能限于单纯的消费语境。当涉及设计时尚性问题之时，本书谈论到的是一种设计文法或设计结果，而并非将设计本身作为时尚讨论。因此本书也试图提出公共空间界面设计语言的时尚性议题，将时尚的属性与经验相关的理论作用于相关问题的解释。公共空间的界面并不具备可消费性，这表明界面无法成为个体用于表达自我审美、构建自我身份的媒介。在大多数人看来，界面并不是时尚产品，但又可以被描述为“时尚的”或“看起来很时尚”，这似乎表明了一个悖论：倘若界面并非时尚，却为何又能具有时尚的属性和表征？而运用社会学相关理论对时尚和时尚性逻辑关系进行梳理，便是对此疑问的最佳解释。对于界面成为时尚现象的解释是社会学问题，而如何设计时尚的界面语言，则是设计学科应该思考的。从设计学角度出发来谈论时尚的界面设计对于公共空间的作用和影响成为本书思考的另一个重要议题；同时，将本书的研究结果和逻辑作用于其他设计领域，以期对当下语境中设计的时尚性加以分析，也是本书的目的之一。在高速加快的城市化进程和信息时代的语境中，人们对时尚与设计的需求和理解不断攀升变换，本书期望将基于对公共空间界面时尚性相关研究所提炼的结论和经验应用于其他设计领域，以提供微薄的学术价值。

设计是有关人们对“物”的需求之解，时尚性是作为“物”的公共空间界面的重要特征之一，具有承载“物”与人交流的重要功用。作为当代生活中的重要场所，公共空间具有复合而多元的特性，界面不仅是场所内蕴的外显，同时也是场所身份的表征。界面对于场所身份的体现表明了界面设计的目标同样不仅限于单一的功用性实现，同时具有更高的设计价值诉求。这种场所身份的表征也为界面设计注入另一个层面的要求，使其得到重新审视：它既是具体空间身份的反映，也体现着其他方面的价值。当时尚成为价值、意义、品位和身份的符号时，对界面语言的时尚性研究便有了更为多元的价值意义。从某种意义上来说，界面语言并不是时尚，因为其具有不可消费性，更无法满足个体的炫耀行为及身份构建，但是界面语言可以其符合时代审美艺术表现、社会先进价值与规范的体现来展现自身的时尚特性，同时，这种时尚特性以提高场所品质、构建场所身份、彰显场所精神来实现其意义。这意味着，界面的时尚特性不仅要满足实用的目的(即拉弗所谓时尚的实用性)，同时也伴随一定的象征意义。

因此，有必要对时尚性界面语言的价值展开讨论，只有理解其价值意义，才能合理地解释为什么公共空间需要“时尚性”的界面语言：首先，时尚的界面是空间品质的显现。界面的艺术表现是影响空间美学的因子之一，界面参与了环境景观的构建，其艺术性影响场所的美感，是对于场所视觉形式品质的影响；其次，界面是场所精神内核的反映，场所的内在气质需要在界面语言中有所诠释，需要通过艺术和技术手段演绎场所自身的内涵与品质。上述要点不仅说明界面语言对于空间场所品质的影响，也可以视为场所质量的评价维度之一。场所品质的提升是公众需求的满足与升华，其构建需要多个系统的联结，是多层级、多方位共同努力的结果，任何平庸的界面形式都会引发公众对场所负面的评价。

品质是一个具体的概念，是世界被赋予的基本模式，一方面表达了一种整体的氛围；另一方面，表达了空间限定要素的具体物质和形态。诺伯格-舒尔茨认为，品质与空间两方面的环境总体构成了场所的结构，对于品质的现象学研究必须包含对明显品质的探究以及对具体决定因素的调查。① 诺伯格-舒尔茨提出不同行为需要具有不同品质的场所，例如，住所必须是防护性的，办公室是实用性的，教堂必须是庄严的……这表明，影响品质的要因不仅是功能上的，也是精神与特征上的。总的来说，对场所品质的影响直接表明了界面设计的质量。多元的艺术表现力并不足以概括设计质量的优劣，而设计中的时尚性也有着较为独特的评价体系。当下设计与人类生活不断交融，极力展现当代的美学风潮与时代精神，多元化设计风格并存以及公众审美的不断提高，都意味着设计质量的优劣面临着更为严苛的评价标准，仅仅靠玩弄视觉上的游戏去取得成效无疑暴露出确切的弊端，正如哈特穆特·艾斯林格（Hartmut Esslinger）所言，具有吸引力的图像不是设计的终点，除了设计的理论和智力之外，将图像转化为理念也是要面临的严峻挑战，② 而升华为具有深远影响力的设计则更需要超越与创新。建筑设计鉴于理念与技术的升级正不断衍生出新的界面设计语言与形式，如何借此达到战略层面的设计质量，更好地服务于公共空间、提高场所品

① ［澳］亚历山大·R. 卡斯伯特，编著．设计城市——城市设计的批判性导读［M］. 韩冬青，王正，韩晓峰，钟华颖，译．北京：中国建筑工业出版社，2011：132-133. 引自该文献中克里斯蒂安·诺伯格-舒尔茨所著的《场所现象》一文。

② ［美］哈特穆特·艾斯林格，著．前瞻设计：创新型战略推动可持续变革［M］. 北京：电子工业出版社，2014：70.

质，是具有理想化的设计目标。

时尚的界面参与场所身份的构建。对于个体而言，时尚的功能本身就包含对身份的认同与形象的塑造。这是因为人们总是赋予设计结果符号性的表征，通过有意识的构想以具体的形态或视觉语言展现对象的内在精神和身份。从建筑造型到工业产品的家族式视觉语言，甚至品牌的形象标识等，无一不是对单元身份的表达。无论表现形式如何，总被赋予更为深刻的内涵和表征，比如奔驰汽车的造型，家族式的前脸造型总是与豪华的语义产生关联，车身每一处精心的设计都是在构建其品牌“豪华、时尚、经典、尊贵”的身份内涵，这种并置一旦建立便会维持一种符号性的解读。建筑以其巨大的体量更易成为身份象征的符号，作为全球顶尖的科技企业，苹果公司的飞船总部以时尚的造型呼应其品牌的身份，与品牌理念“不同凡想”(Think Different)相吻合，建筑中太阳能等新能源以及循环再生设备的使用提供了绿色环保、环境友好的解决方案，体现了全球知名企业对当下主流价值观念的迎合。由此看出，时尚内蕴的赋予在某种程度上是对场所精神内涵的呼应。

公共空间以具体物象和视觉语言表达场所的身份，其界面作为经过艺术化推敲的设计结果与其他筑造物共同构建了场所身份传达的符号，尤其是当公共空间中某一元素成为空间标志物的时候。建筑和空间中某个构筑物一旦拥有了一段历史、一个符号或某种意蕴，其作为标志物的地位便将得到提升。① 这种实现依赖于对对象的强调和提示，最终结果引

① ［美］凯文·林奇，著．城市意象［M］．方益萍，何晓军，译．北京：华夏出版社，2001：62.

申为空间或城市的地标，成为城市独特的视觉符号以及空间中方位的指示物：它们强调城市的多样性(并且增加这种强调的意义)以及在视觉上使人们认可和关注城市某些地区(交通节点、功能性空间等)的功能性内核。①

时尚的界面是设计潮流和趋势的体现。对于时尚性界面语言的关注，有助于对设计趋势的把握。新设计风格的诞生常常会受重要的社会和历史事件所影响，例如平面设计中的革新经常由体育赛事或国际事件触发，新型设计语言多以此为途径得以传播，并且这种传播速率在20世纪50年代随着经济增长和全球化进程开始加快。除了时间上的缩短，设计手段的革新也使风格的确立变得容易，这种情形在信息时代更为常见，风格的传播影射了设计中时尚性的流变轨迹。一种设计手法与风格被社会普遍接受而引发追随者的效仿便会成为设计潮流。这种潮流的浮现和延续是基于社会语境和具有话语权的设计师的认同，最终演变为一种文化。设计潮流的理念由自身的风格体现，无论是其外显和内涵，其社会价值才是这种潮流存在和延续的主要原因。

时尚预示着某种趋势与潮流，对于设计趋势的关注体现了设计师对文化的敏锐程度，任何一个设计领域都应该表现出对于设计趋势的敏感度，它是实现设计创新的必备要素。社会思潮、学术研究、国际事件、市场需求等都是产生设计趋势的要因，从时间维度上来看，时尚应该是先于趋势，趋势与潮流是某种时尚演变的可能结果。

---

① [加]简·雅各布斯，著．美国大城市的死与生[M]．金衡山，译．南京：译林出版社，2006：352-353.

设计的创新与革新总会引发关于设计的时尚与趋势，界面以公共空间为展示平台之一，使其自身的设计语言得以向公众呈现，无论是过时的还是实验性质的。这便导致两种结果：一方面，新的设计风格通过公共空间在短时间内形成新的设计趋势和潮流，这其中包括网络中的虚拟公共空间；另一方面，由于这种宽泛的传播范围，致使时尚的设计风格更加容易被模仿和复制，新兴的设计语言一旦被输入大众群体，时尚的语义便会消逝，这对设计本身时尚属性的时效性产生巨大影响。

基于以上背景，展开了对公共空间界面语言的时尚性研究：首先，试图通过对公共空间的功用及意义做再梳理，将界面的概念置于此语境并加以定义；其次，援引设计语义学的相关知识提出界面语言的架构方式，为时尚性语言的进一步研究做出铺垫；再次，以时尚的特质与表征为理论依据，力求客观地构建界面语言时尚性的影响因子；最后，具体地分析了当代公共空间时尚性界面语言的语汇与语法。以上部分构成了本书研究的主旨，总体来讲，本书是将界面语言视为一个研究切入点，以点带面，力求将界面语言时尚性的相关研究引入更为宽泛的设计视域，以期能够在相关设计实践活动中实现理论指导意义。

### 1.1.2 研究的必要性

(1)设计实践的需求

笔者长期从事设计实践活动，深知对于设计趋势和潮流把握的重要意义，本书基于对设计时尚的考量提出关于时尚性的研究，时尚本身就和潮流以及趋势具有相同语义，但又包含着极为特殊的属性和逻辑。时尚性的界面语言正是一种设计潮流和趋势，因此对于时尚性的研究便产生了意义。本书以分析时尚的属性、揭示时尚中的逻辑为主，同时展开对于当代界面语言的分析，以时尚相关的理论来解读界面设计的时尚与其他形式时尚之间的异同，对于时尚性界面语言、设计创新与时尚的关系都做了论述。本书微观上以公共空间界面语言为对象，研究其与时尚的关系，而将二者之间的内在结构关系放置于设计与时尚的宏观层面，也同样适用。因此，界面语言的时尚性相关研究必定会对相关的设计实践产生指导意义，本书中对于时尚性界面语言的生成背景梳理、分类及影响因子的研究也都具有指导设计实践的价值。

(2)相关学科发展的需求

设计学科的终极目的是研究和解决问题与需求，并实现以人为核心的服务目标。与艺术不同，设计并非单纯的视觉表现，它需要其他领域和学科的介入，其自身的构建机制体现在多学科的交叉和融合之中。公共空间的界面设计属于分支领域，但却包含多个学科和领域的专业知识，无论是设计学、建筑学、心理学，还是环境心理学的介入，都体现出设计对于感知、认知和尺度问题的关注。本书强调公共空间界面语言对设计学科的影响，尽管界面是建筑学科的重要组成分子，但是界面的设计语言完全有理由与其他设计领域相互影响并借鉴；同时，时尚的界面语言所蕴涵的当代性特质，对于设计学科的实践活动的影响尤为重要。因此，本书的重点在于设计与时尚的关系，确切来说是借以展开对一种设计语言的时尚性研究，以此来强调时尚设计的重要性。

大部分人对时尚设计的认识是片面和缺失的，因此当前尚未构成将其作为设计系统进行研究的完整环境；另外，对于界面语言时尚性研究的提出，也是对设计趋势与潮流的重视，时尚是关于更新的游戏，任何新颖、前锋或前卫的元素都是时尚所青睐的开发对象，设计则创造这些内容。因而对于时尚性的提出意在刺激设计理念的不断更新，催生更多元的视觉文化。总之，本书的研究对于时尚在设计学科中的系统构建、发展和话语权，都有着积极的意义。

### 1.1.3 研究基础

(1)理论基础

首先，笔者在研究生学习阶段主要研究时尚文化与视觉设计艺术之间的关联，由于研究能力与客观条件所限，并未取得满意的研究成果，因此期望博士期间的研究能对先前的时尚相关研究进行修正和补充；其次，博士研究方向为环境艺术设计及其理论，在攻读博士期间对环境艺术设计、环境心理学、景观设计等方向理论进行系统性的学习，鉴于相关设计专业的基础提出了关于公共空间界面语言的研究。将研究点聚焦于时尚性则是与导师商榷的结果，也是基于导师长期对设计前沿与时尚的关注，同时，针对课题的研究内容也学习和吸收了相关的时尚理论与思想。

(2)实践经验

笔者长期从事设计相关的实践活动，由于专业需要，积累了些许有关设计、美学与时尚的经验。但对设计时尚中的内在逻辑还有存疑，因此选择针对时尚性的研究，结合自己的专业实践以求解惑；同时，从专业与实践的角度出发，力求能将本书的研究成果应用于实践之中。

(3)文献资料收集情况

针对议题收集的相关文献资料主要集中于两部分：一部分与公共空间界面设计、建筑设计相关；另一部分与时尚相关。后发现，与公共空间相关的国内外文献较多，但都集中于案例赏析等资料性书籍，而与其相关的理论性著作则相对较少，具体到公共空间界面的文献则更是寥寥无几。与时尚有关的著作则集中体现在社会学领域，设计学领域与时尚相关的文献更是少之又少。由于参考文献与资料的缺乏，使本书的撰写具有一定的困难，但另一方面，也希望借由本书的研究成果，能对相关领域的理论与实践产生些微学术价值和积极意义。

## 1.2　研究目的和意义

### 1.2.1　研究目的

(1)归纳界面风格的历史演进

厘清界面风格的历史脉络，是理解界面现状、洞悉界面发展趋势的重要因素。因此，对于界面历史脉络的分析是本书的目的之一，是分析和理解界面语言时尚性的基础。

(2)厘清当代界面语言的现状及生成背景

唯有将客观物体置于特定的时空之中，其产生背景才有可能被识别。所有的艺术品都是特殊条件、社会、经济、技术、文化的产物，本书置于当代的语境之中对界面语言发展现状展开研究，分析现状背后的成因，以期得到详尽的解答。

(3)揭示设计时尚性的逻辑与规律

本书援引时尚相关的哲学与理论，力求揭示出隐藏在设计时尚中的规律。而时尚性的理论是对时尚性设计风格的成因、生命周期、传播动力及路径等内在逻辑的解释。时尚的成因、演变及传播路径，与影响因子共同组成了时尚的内在属性，对于时尚属性的把握也是创造时尚设计的有效手段。

(4)细致分析界面语言的时尚性

揭示出时尚性的影响因素，目的在于将其赋予今后的设计实践当中，结合时尚的规律，以求实践出“时尚的”设计。同时，以期详实地分析当代公共空间界面语言的时尚性的具体表征，力求以语汇、语法为出发点做出细致分析，并总结出相关规律。

### 1.2.2 研究意义

历史上各种建筑思想与理论都在极大程度上影响着界面的语言，当代的建筑界面以纷杂多元的视觉形象完成了对这些思潮的回应，对于时尚性界面语言的研究则解释了隐藏在这些现象背后的时尚逻辑，本书希望将其应用或指导设计实践，则属最大的意义。

(1)理论意义

基于当代公共空间界面语言时尚性的意义来看，时尚性的界面语言在微观上是场所品质、品位的表现，宏观上则是当下的设计趋势、价值诉求的体现，时尚性展现时代精神，也反映社会主流审美趋势。本书将当代公共空间界面语言作为一个设计体系对待，以期能在设计领域中寻求其话语权；同时，以时尚相关的理论做依据，客观全面地揭示时尚背后的逻辑规律，对于解释和理解设计中种种关于时尚的现象便产生了指导意义。

在当前全球化趋势、城市化进程、信息化时代以及后消费时代的总体语境下，有必要重新梳理和认识时尚性设计的价值所在，本书力求以客观的视角去阐释这个问题，对今后相关问题的思考和研究具有一定的启示意义。

(2)实践意义

本书不仅阐明和分析了当代时尚的公共空间界面设计语言，同时借以时尚相关的理论，论证了一种时尚设计语言的传播路径及其过程。书中将时尚的界面设计语言和风格视为一种时尚单元①，并非只对单元的时尚性进行浅显分析，而是梳理和阐明其背后的产生根源以及动力，同时涉及时尚单元的传播过程及生命周期，通过这些理论的构建以期满足实现时尚性设计的条件。本书辅以典型及实际案例论证时尚性的逻辑，通过对案例的分析表明其如何通过多维度的营造手法构建其时尚性意蕴，是对相关实践活动的指导。上述理论与实践意义，对于现存相关问题的把握、时尚性界面语言的生成都提供了指导意见。

## 1.3　研究现状

本书关于界面语言的研究指向建筑风格，建筑的内外部

① 本书引用罗兰·巴特(Roland Barthes)所提出的“世事派生出来的单元”的概念来概括时尚所有的相关形式和内容，将一切客观的事物、行为、理念等视为单元，即是说任何时尚的形式或内容都被理解为单元。

界面自然成为建筑风格的直接反映。对于建筑风格的研究必需建立在建筑学、建筑史论的研究之上，因此本书的撰写也参考了大量相关文献，力求全面完整地展现当代建筑的历史脉络和风貌，为界面语言的研究提供了参考。同时，研究了大量关于时尚的相关文献，为揭示界面语言内在的时尚逻辑提供了理论依据。

### 1.3.1 公共空间界面语言的相关研究

公共空间是一种建筑空间，其界面语言是本书的研究对象，而时尚性又是一种关于时尚和趋势的属性，因此本书将相关研究及现状与当代的建筑趋势相关联，并希望借由当代建筑的发展历程提炼出界面语言的发展历史及现状。此外，针对本书中界面概念的厘清，将界面与建筑的立面、表皮等进行关联，将此类建筑片段视为界面的组成部分，并对相关著作进行了梳理和研究。

戴安·吉拉尔多(Diane Ghirardo)的《现代主义之后的西方建筑》定义了自1965年之后开启的全球化、多样化、不稳定的后现代主义建筑的概念，阐释了这种源自美国的特定美学倾向的缘起及现状，认为其涉及文学批评、艺术、电影、戏剧和建筑领域，在时尚和战争中也非常明显。① 在《北美建筑趋势1990—2000》一书中，卢卡·莫利纳里(Luca Molinari)分析了北美建筑在20世纪末至21世纪初期的发展趋势，由于这十年之中美国建筑引起的广泛性关注，以及这

① [美]戴安·吉拉尔多，著. 现代主义之后的西方建筑[M]. 青锋，译. 北京：清华大学出版社，2012：3.

些趋势至今的影响力，因此对于本书关于趋势的分析有着指导意义。莫利纳里不仅记录了创新的因素，同时也探寻了那些最重要的美国设计经验与20世纪美学与文化发展之间相互关联的线索。莫利纳里认为，技术创新、现代性、乌托邦和社会的进步，这些迅速而巧妙结合的因素推动了美国建筑的发展，由美国本土诞生的一流现代建筑，成为衡量欧洲和国际建筑作品的标准之一。在《19世纪末—21世纪初的欧洲建筑》一书中，汉斯·伊贝林斯(Hans Ibelings)梳理了20世纪欧洲建筑的发展脉络，对历史中欧洲建筑的风格、理念进行了分析，被视为一部20世纪欧洲建筑史。该书关于建筑发展史的终点止于2010年，使用相当大的篇幅研究了始于20世纪60年代约半个世纪的当代建筑史。Ronnie Self 所著的 *The Architecture of Art Museums*：*A Decade of Design*：2000—2010 一书论及了21世纪第一个十年遍布北美、欧洲及日本最为有影响力的当代博物馆建筑，并分析了每个建筑项目中的设计理念和观点。Ellen Lupton 的 *Skin*：*Surface*，*Substance*，*and Design* 一书涵盖了当代设计中的表皮研究，研究范围从产品设计到建筑、电影甚至生物工程等领域，同时也辅以对建筑表皮的研究。Scott Murray 在 *Translucent Building Skins*：*Material Innovations in Modern and Contemporary Architecture* 一书中探讨了透明建筑外壳的历史，以及对现代主义及当代建筑的影响。魏滔·黎辛斯基(Witold Rybczynski)在《建筑的表情——建筑风格与流行时尚的演变》一书中阐明了建筑和时尚之间无法逃避的关系，论证了建筑的形式并非追随功能，最卓越的建筑物也并非超越时代，而恰恰是时代的产物。本书辅以例证阐明现在及当代杰出的建筑师是如何表达其建筑风格的，可谓将建筑与时尚做共同演绎的著作，主要讨论了建筑与风格的关系，同时对建筑风格与时尚的关系也进行了论述。

万书元在《当代西方建筑美学新潮》一书中论述了自20世纪90年代初之后二十年来世界城市美学新趋向，这种取向为建筑形式多样性的茁壮发展提供了强劲推动力。书中阐述了当代西方建筑美学的产生背景及建筑美学观念的嬗变；提出历史主义建筑美学、新现代主义建筑美学、技术主义建筑美学及有机主义建筑美学的架构；将西方建筑美学新思维归纳为非总体性思维、混沌—非线性思维、非理性思维和共生思维，为本书对于建筑空间外部界面多样性及其视觉语言时尚性的研究构筑了坚实的理论基础。赵榕的《当代西方建筑新范式研究》开篇伊始就将后现代社会的西方建筑图景定义为“多元”，将当代西方建筑的时间范围界定为20世纪60年代至20世纪末，认为当代建筑的发展与当代西方社会和文化的后现代化向在时间维度上大致契合。书中着重阐述在观念、目标和方法上发生范式变化的当代建筑，并以当代视角展开了对现代建筑在美学和形式上的纯粹性、匀质性和匿名性的批判；此外，对建筑装饰的复兴和表皮的热潮也进行了论述，提出当代建筑表皮不再作为意义再现和技术象征的场所，在构造观念和表现手法上与极少主义、波普艺术有着密切的关系，反映了当代媒体社会的变化。① 过宏雷的《现代建筑表皮认知途径与建构方法》认为，建筑表皮在建筑领

① 赵榕．当代西方建筑新范式研究［M］．上海：同济大学出版社，2012：2.

域中与围护、立面、界面、表面、外观等概念有着相近含义，在多数场合可相互置换。书中详述了表皮在营造和技术、视觉和文化层面的构建，梳理了表皮语言在“物质本体”和“精神表现”双层面的传达诉求，明晰了表皮表意结构的脉络。邵唯晏在《当代建筑的逆袭》一书中论述了非线性建筑的缘起及应用，找出了当代建筑的浪潮与数字技术在思想及历史上的定位和衔接点，认为后现代的解构思潮展现了一股非线性力量，非线性成为一种新的建筑思维。黄锰在《技术视域——解读建筑现象与形态创新的新维度》一书中详细分析了实现当代建筑的技术支持及材料表现，为当代建筑语言的实现提供了技术支持。史永高在《表皮，表层，表面：一个建筑学主题的沉沦与重生》一文中厘清了表皮、表层及表面三个概念并明晰了各自隐含的指向，从理论上恢复主题本身的内涵与厚度，使其获得更为丰富持久的学术价值，为本书对于界面概念的厘清也起到了积极作用。冯路在另一片文章《表皮的历史视野》中着重分析了表皮自古典时期到当代的演进，梳理了表皮的历史进化。

### 1.3.2　时尚相关研究

对于时尚的相关研究，国内常见于期刊论文，专著类则相对较少，反而在西方学术界得到极高的重视，尤其是以社会学和美学为主。国外方面，早在19世纪西方便已经开展关于时尚这一社会行为的研究，20世纪初产生了最早的关于时尚的定义——“某一人类群体中某一现象的周而复始的异常变化”（罗斯福，1908），这是基于社会学视角给出的定义。玛丽·道格拉斯（Mary Douglas）所著的《商品世界》从人类学视角剖析了时尚，探讨了消费社会中有关时尚消费的价值观，将时尚文化与消费文化并置进行解读。格奥尔格·齐美尔(Georg Simmel)以哲学的视角解释了时尚的现象，其著作《时尚的哲学》中对于时尚的解析被大部分学者奉为圭臬。尽管《时尚的哲学》诞生于20世纪初，但是一直是作为阐明时尚现象与行为的重要理论依据，被认为是较为权威的时尚相关研究。赫尔伯特·布鲁默(Herbert Blumer)在短篇论著《时尚》中也深刻地分析了时尚的社会属性。齐美尔认为，时尚是由社会驱动并被纳入理性的解读范畴，其被视作一种符号。与齐美尔观念相左，布鲁默认为时尚是自我驱动的，无关于理性，是一种非符号。① 在与齐美尔著作同名的由拉斯·史文德森(Lars Svendsen)所著的《时尚的哲学》一书中，史文德森把时尚视为一门严肃的哲学对待，书中对于时尚的原则、起源和传播以及与语言、艺术的关系进行了详细的论述。麦克罗比(McRobbie，1998)把时尚设计定义为“关于服装创新理念之概念的形成与执行的应用，以便其展示出一种超越功能的形式与独特美学的关联”②。拉弗认为，时尚具有等级性、实用性和引诱性的特征(Laver，1969)；威尔逊指出，时尚是文化机体的联结性组织物(Wilson，1987)；马克雷奥认为，时尚意味着转瞬即逝与品位，代表了快速变化的风格与循环(McLeod，1994)。博尔赫姆斯认为，时尚是服饰的流行趋势，不仅是个体通过自饰而达成个体身份的构

① [德]盖奥尔格·齐美尔，著．时尚的哲学[M]．费勇，等译．北京：文化艺术出版社，2001：72.

② Malcolm Barnard. Fashion as Communication [M]. London: Routledge, 2013: 39.

建并提供自我表达时机的关键，也是人与动物区分的根本（Polhemus，1988）。巴克利与福西特提出，时尚是现代性的化身，是都市视觉景致的一种构成类型（Buckley & Fawcett，2002）；凡勃伦强调时尚是炫耀性消费的结果，人们通过对于时尚的消费实现自我身份的构建与认知；奈斯德姆认为时尚是某一特定时期所流行的风格（Nystrom，1928），这意味着如果某种风格在当下流行便表现为时尚（Erwin et al.，1979）。罗兰·巴特则把时尚作为语言结构进行分析，认为时尚代码一方面与晚期工业资本主义相联系，另一方面又是象征系统的人类学范本：它没有内容，于是便成为一种景观，即人类赋予自己以权力，使没有意义的有所意指；时尚于是显示为一般表意行为的示范形式，它是“真正人类”的符号。① 时尚作为一种精神性、理念性的价值而得到重视，它所呈现出的对新颖、变化永动追求的特征，被认为是工业化资本主义生活永不停息的变化欲望的反映。②

国内方面，刘清平将时尚置于美学框架之中进行讨论，认为时尚是美之国度中的新兴现象。在其著作《时尚美学》中以美学视角研究时尚的本质、规律以及发展趋势，集中论述了时尚文化的炫美内涵、历史演变、主要特征、表现内容和评判标准。他将“炫”引用为意图概括时尚的文化本质特征，并将其作为价格判定行为是否时尚的标准。在他看来，时尚的本质是具有鲜明的感性特征的，所有与时尚相关的事物、

① Roland Barthes. The Fashion System［M］. New York：Hill and Wang，1983：288.

② Elizabeth Wilson. Adorned in Dreams：Fashion and Modernity［M］. London：Virago，1985：63.

行为与理念均充满了五光十色的外观形象、直白狂放的本能意欲和愉悦刺激的震撼体验。① 与乔安妮·恩特维斯特尔(Joanne Entwistle)的《时髦的身体——时尚、衣着和现代社会理论》一样，齐志家的《时尚与身体美学》也将服装作为研究时尚本真的领地，探讨人体自身与时尚的相互关系，这表明服饰总是作为最重要的时尚承载符号存在。齐志家认为，当前的时尚是身体的时尚②，只有从身体出发才能真正地揭示时尚的存在本性，他提出，整个20世纪的服装时尚史是“解放身体束缚”—“肯定身体外观”—“追求身体欲望”的发展过程，但却将时尚局限于服装这一载体。潘智彪在《论审美文化与社会时尚》中提出时尚是一个包含社会价值观念、社会情感、社会兴趣等多种社会心理因素的统一体，是一个时期内社会心理尤其是社会情绪的集中体现，是社会群体对某种行为方式或情感方式的集体选择，它以极端的方式集中地反映出一定社会群体的集体诉求。③ 周晓红将时尚划分为

① 刘清平．时尚美学[M]．上海：复旦大学出版社，2008：3.

② 在此需要解释服饰的时尚与其他事物时尚之间的区别：从身体或服饰去定义时尚是单一片面的，任何客观事物、文化、生活方式等都有成为时尚的可能。齐志家在书中特别指明，他将时尚分为服饰的时尚和生活方式的时尚两大类，后者涉及一种总体性的机制与逻辑作用于人类生活，他认为这种机制同时也包含服饰的时尚，并且在服饰领域尤为突出，是讨论时尚的主要舞台。此外，齐志家认为，在当代语境下对于时尚的研究不能只将其视为“社会的”与“交流的”现象对待，还应该将其当做一种身体现象来认识。本书的研究重点避开时尚与身体的关系，着重强调时尚社会与交流的本质，甚至文化的和精神层面的特质。

③ 潘智彪．论审美文化与社会时尚[J]．现代哲学，2006，5：122.

时髦、时尚和时狂三大表现，认为时尚是社会变迁的微观力量，但社会生活中的各种时狂却都有孕育成恐慌或骚乱的可能，它常常是社会失范的心理前奏①，同时认为时尚是社会生活中常见的大众行为方式的流行现象②。张黎将时尚引入性别化设计，对时尚的性别立场、时尚的身份消费进行深入研究。此外，还有诸多关于时尚领域的相关文化研究，主要涉及消费心理、时尚产业等内容，由于此类型的时尚研究对于本书无法产生重要的指导效果和研究意义，因而不再赘述。

综合时尚的相关理论性专著可以得出，时尚涉及社会学、美学、心理学等范畴，时尚文化的研究具有一定的交叉性和复杂性特质，因此对于时尚的研究往往需要将其置入一个更为宽泛的平台。总的来说，基于社会学与美学视角的时尚理论对于本书中的时尚研究具有重要参考价值：社会审美倾向往往都是该时期社会心理的体现，尤其是该时期社会审美心理，审美时尚是审美文化与社会时尚的结合，其形成有着深刻的社会原因和心理原因；社会是时尚的审美背景，社会思潮是时尚的情感动力并直接影响个体的审美取向。设计学科由于其独特的广延性以及与物质文化、精神文化的紧密关联，也涉及多领域并与之互相影响，因此，多角度、跨学科的时尚理论成为解读本书中时尚与设计关系的重要理论依据。

---

① 周晓红．社会时尚的三大表现形态［J］．南京大学学报（哲学·人文·社会科学），1994(3)：96.

② 周晓红．时尚现象的社会学研究［J］．社会学研究，1995(3)：35.

### 1.3.3 其他相关研究

此部分梳理了一些关于建筑与时尚相关联的研究，对于书中界面语言与时尚关系的理解有一定的参考意义。

方晓风在《建筑：时尚还是永恒?》中提到了时尚与建筑的关系，分析了建筑成为时尚所展现出的利弊。他首先强调了时尚是人们无法回避的，对时尚的迎奉和拒斥构成了时尚的二元属性。其次，既然时尚无法回避，并且当代建筑设计正朝向时尚化转变，那么对建筑时尚化现象的理性分析就显得尤为重要：一方面时尚与建筑的背后有着共同的商业利益；另一方面，通过对建筑时尚化的批判，希望建筑作为一门艺术可以坚持自身的价值取向。保罗·安德森(Paul Anderson)与大卫·所罗门(David Solomon)撰写的《图案之于建筑》一书探寻了图案在建筑领域中的应用，展示了图案在建筑范畴中所具有的潜力，提出当前多层面的观点为以前的图案定义带来了极大的挑战，并为建筑能够起重要作用的领域间的相互连接开辟了道路。史雷鸣、贾平凹与韩鲁华合著的《作为建筑的语言》中将建筑定义为“空间机器”，认为空间语言是建筑独有的语言，依赖于形态语言，也是其区别于雕塑艺术的重要特征和属性。书中构建了建筑语言的表达公式，提出 S+T+N=L 的坐标和维度，认为建筑语言(L)是由 S(空间纬度)、T(时间维度)和 N(基础感官与文字语言公共符号)共同构成的。尽管上述相关研究并没有正面回应界面语言时尚性的各种问题，但是从侧面涉及时尚、语言等本书的关键点，也为本书的部分研究提供了学术价值。

### 1.3.4　研究现状综述

①关于界面的研究主要集中在建筑领域。由于本书语境中界面的构成被定义为建筑围合的片段，因此对于界面现状、历史演进的分析，以及生成背景的分析，都需要涉及建筑史或建筑学的相关内容。对于当代界面的研究则将重心置于当代建筑史论及相关方面，国内外对于建筑史论的研究颇多，对于当代建筑的研究主要涉及对建筑趋势的分析，同时，这些著作对于当代建筑的分析常伴以关于后现代主义、解构主义、非线性等观念方面的内容，由此激发了那些对当代建筑影响较大的如关于哲学与自然学科的研究。

②有关时尚的理论研究大多集中在社会学领域，少部分涉及哲学及美学范畴。大部分是从消费心理、审美等角度展开对于时尚的探讨，将时尚与消费行为、身份构建、自我品位实现等方面建立关联，时尚的内容则被表征为可消费、自炫式的客观物象。此外，大部分论著都指向对于“时尚”本身的研究——无论是将其视为一种生活方式还是一种现象，而对于“时尚性”的研究较少。因此，从相关理论中萃取关于时尚的经验和属性，为本书关于时尚的阐释建立了理论依托，同时，也为构建界面语言时尚性的判读维度提供了基础。

③与设计时尚或时尚设计相关的文献更是寥若晨星，其较多地集中在服装设计的领域，但大多探讨的是设计与时尚产业之间的关系。基于“设计创造时尚，时尚影响设计”的辩证关系展开时尚与设计关系研究的著作，尤其是理论性著作的缺失，对本书的撰写造成了一定的困难。

随着社会语境的变迁，时尚的语义与内蕴也相应发生改变，多种形式的时尚更迭上演，致使时尚文化现象显示出百家争鸣的情形。因此，对于时尚本质的把握也应与时俱进，不断地更新对时尚的认知。既然时尚作为一种社会需求，就必定有其意义和价值，将其与界面语言进行关联，以时尚相关理论为依据共同构建公共空间界面语言时尚性的价值意义，旨在强调对于界面语言时尚性的诉求。尽管国外相关研究较多，但是对界面语言时尚性的相关研究的缺乏对本书的撰写造成一定的阻碍，本书作为一种突破性的尝试，但求能为相关领域和实践的发展提供些许帮助。

## 1.4 研究内容、思路与方法

### 1.4.1 研究范围的界定

#### 1.4.1.1 时间维度

从时间维度来讲，本书涉及的研究议题定位于“当代”。在历史学的研究中当代被定义为从 1945 年至今的时间阶段，这同时也是基于政治学的视角，意指以 1945 年开始的冷战为起点的当代历史；在艺术领域通常指 20 世纪 60 年代开始至今，概括来讲，当代艺术是指存在于 20 世纪末、21 世纪初的艺术，在某些更为严格的艺术细分领域中，将当代限定于自 2000 年至今的时间阶段。本书将当代定义为自 20 世纪 60 年代至今的时间跨度，这是基于外部环境的考量：60 年代是社会环境大变革的年代，世界各大强国刚从战争的消耗中恢复，本位主义盛行，战后经济的发展孕育了更为激进的思想，自由主义、享乐主义体现了当时年轻人对传统体制的拒斥。也是在彼时，后现代主义应运而生，并对哲学、建筑和艺术等领域产生了重大影响。

20世纪60年代也是艺术风格变化的重要历史节点，现代主义式微，波普艺术面世，大众文化与高雅艺术的界限消弭，标志着设计与流行文化、时尚文化开始发生紧密联系，产品、服装迅速成为消费社会的主要符号。具体到建筑领域，现代主义建筑单一、乏陈的形式语言也开始遭到摒弃，人们转而寻求更为新颖多变、体现时代精神的形式语言。无论是时尚本身还是时尚与设计的关系，都在20世纪60年代发生了蜕变，这个现象同时也反映了各文化领域之间的相互影响和交融，时代开始需要新的艺术形式来满足当下人们的审美需求。在建筑思想方面，20世纪60年代成为建筑发展历史脉络中现代主义向后现代主义过渡的转捩点，该时期出版的《美国大城市的生与死》《建筑的复杂性与矛盾性》《城市中的建筑》《服务穷人的建筑》等著作昭示了即将到来的剧变(戴安·吉拉尔多，1996)。这些著作都体现出对现代主义观念的抨击和批评，其中简·雅各布斯(Jane Jacobs)在《美国大城市的生与死》中提出了对现代主义城市规划理念的挑战，强调城市的多样性和丰富性。至此，城市的多元化面貌进程得以展开，成为当代城市中交错复杂景观图式的起源。本书并不严格地将当代的起点锚定为确切的1960年，不同于历史、民族史或政治史的研究，设计史和建筑史中的发展通常都是循序渐进的，并没有明确的时间节点，不同事件的起始点通常难以界定。正如伊贝林斯所说，建筑史上总会有彼此迥异甚至相互矛盾的发展与事件同时并存，那么任何整齐划一的发展时间都不具可信度。①。

#### 1.4.1.2 空间维度

本书以公共空间为界域，并聚焦于公共空间和公共类建筑的界面，以此为切入点，希望借由其时尚性的相关研究透析出当下时尚设计语言的逻辑，为时尚性在设计实践中的表现提供些许参考价值。

当代的公共空间面向大众，允许公众具有可进入的权利，它不仅消解了阳春白雪的高雅文化与下里巴人的世俗文化之间的隔阂及阶级概念，并且演变为城市中重要的社会活动场所；同时，不少公共建筑以其独特的形态语言成为区域乃至国家的标志性建筑物，被视为城市景观中独特的视觉符号；此外，公共空间的界面语言与建筑的风格有着密切关联，可以说当代建筑形式的发展演进对于界面语言的影响重要而又深远。因此，对于公共空间界面语言的研究势必要涉及建筑本身，书中也将研究对象的空间维度扩展至建筑领域。

选择公共空间具有一定的价值意义。首先，公共空间是面向公众的场所和平台，公众具有自由的意愿和权利与公共空间进行接触，公众进入建筑内部的观审活动成为可能，公共空间也得以成为面向公众展示的媒介；其次，公共空间是具有一定体量的建筑类型，是城市景观的重要组成部分，且本书所关注的公共建筑具有一定的艺术表现形式，是当代建

① ［荷］汉斯·伊贝林斯，著．19 世纪末—21 世纪初的欧洲建筑［M］．徐哲文，申祖烈，译．北京：中国建筑工业出版社，2014：15.

筑在理念、技术等各方面发展趋势的缩影；再次，本书所涉及的具有时尚性设计语言的公共空间界面表现了当代最为时尚的设计语言及理念，是当下意识形态、审美旨趣和价值诉求的共同体现；最后，公共空间作为城市生活的重要节点及公众流动场所，在此被视为传播窗口，面向公众展示出当今的建筑时尚，同时，时尚性的界面语言也是当代视觉文化的组成部分，因此对其展开的研究也具有一定的文化意义。

#### 1.4.1.3 学科维度

本书的研究涉及设计学科与社会学科，同时辅以建筑学、美学等相关理论作为研究基础。

公共空间界面的研究立足于设计学，界面语言的本质是一种设计语言，而对于本书语境中的设计语言的理解和阐释，需要建筑学相关知识的介入。本书将界面语言视为一种视觉文化，标志性、纪念性等类型的公共建筑在当代城市景观中占据着相当重要的位置，通常以大尺度、奇观性的姿态展示内在意涵和象征意义。界面在此起成为这些内涵和意义最为直观的表达途径，同时也是构成当代都市视觉文化的重要载体。当代社会逐渐呈现出以视觉和图像为中心的特征，视觉文化成为主流，因而当下也被一些学者定义为视觉文化时代。界面的视觉语言不同于真正的语言符号，而是人类创造出的另一种表现与传达的符号系统，视觉语言无法像文本语言一样表达出清晰确切的信息，而是常常因个人经验的差异表现出不同的解读，正是由于界面语言的视觉化特征，为其他设计领域提供了可借鉴和参考的范本。设计通常会受到时代的意识形态、价值诉求、审美旨趣等因素的影响，界面语言同其他领域的设计一样，不可避免地成为时代精神的反映。因此，以界面语言为出发点和研究点，提炼出界面的时尚性设计语义以及影响因子，对于其他领域的设计实践有着积极的意义。

时尚方面的研究则立足于社会学，同时辅以美学相关知识对时尚的阐释进行补充。本书引用巴特所提出的“世事派生出来的单元”的概念来概括时尚所有的相关形式和内容，将一切客观的事物、行为、理念等视为单元，即任何时尚形式或内容都被理解为单元。单元可以是衣着打扮、消费商品，也可能是某种设计风格和行为理念——时尚总是以变幻多样的形式不断增强对品位、理论信念乃至生活中道德基础的影响。基于此，界面被视为单元来处理，无论是界面的设计手法、材料、色彩运用，还是援引的设计思想或理念，但凡此种构成界面视觉语言的语素能引发或折射出一种趋势，界面便成为一个时尚单元。简单来说，界面在视觉文化领域和时尚文化领域可被赋予不同的称谓，这些专用名词有利于更好地分析界面在不同文化领域中的内涵，书中的“界面”一词在不同语境中与“产品”和“单元”等同。

### 1.4.2 研究内容

本书共由六个章节组成。首先，界定了公共空间与界面的概念及特征，视当代公共空间的界面语言为研究对象，阐述其构成维度及属性，并对其意义进行再解读，梳理了界面风格的历史脉络及发展背景，阐明了界面语言的认知语境和解读视角；其次，引据时尚相关基础理论，务求客观地界定时尚的概念及特征，以多视角界定影响时尚及界面语言的主要因素；再次，针对时尚与美、设计之间的联系进行论述，阐明时尚中的审美逻辑及基础、时尚与设计的关系，并详尽地展开对设计时尚的传播动力及路径研究；最后，展开对于当下时代语境中界面语言时尚性的细致研究，辅以大量案例分析得出客观、全面的时尚规律。本书章节与具体研究内容，如图 1-1 所示。

第 1 章为导论，首先基于笔者的研究方向，从公共空间、界面语言和时尚三方面建立选题依据，阐述选题的目的及意义；其次，系统总结国内外关于公共空间界面语言以及时尚的相关研究成果并进行综述；最后，介绍本书的研究内容、方法与思路。

第 2 章界定公共空间在本书语境中的概念，分析公共空间的本质，阐述公共空间的当代转向；定义界面的概念以及本书语境中界面的构成要素；分析界面风格的历史演进，对现状的认识提供历史背景；对界面的意义进行再叙述，强调了界面在景观层面和精神层面的意义；引用语义学的概念，表明“时尚性”是界面语言表达的一种语义，将形态、色彩与材质视为组成界面语言的语汇；提出时尚性界面语言的生成与认知，梳理了时尚性界面信息的价值，其中重点分析了界面语言的历史脉络及演进，并对生成语境进行了深入分析。

第 3 章提出认知当代界面语言及时尚的语境，阐明界面与时尚的多重关系、时尚性界面语言的构建及认知；通过多角度分析构建了当代界面语言的生成之境；提出本书语境中时尚之定义，论述时尚的本质以及强调对时尚载体的再认识；同时对时尚性的意识形态、风格、技术影响因素进行阐释。

| 章节序号 CONTENTS | 1 | 2 | 3 | 4 | 5 | 6 |
|---|---|---|---|---|---|---|
| 章节名称 TECHNIQUE | 绪论<br>INTRODUCTION | 当代公共空间的界面语言<br>INTERFACE LANGUAGE of CONTEMPORARY PUBLIC SPACE | 当代界面语言与时尚的认知语境<br>COGNITION CONTEXT of CONTEMPORARY INTERFACE LANGUAGE and FASHION | 时尚与美、设计的逻辑关系<br>LOGICAL RELATION between FASHION AESTHETICS and DESIGN | 当代界面语言的时尚性分析<br>ANALYSIS of FASHIONABLENESS of CONTEMPORARY INTERFACE LANGUAGE | 总结与展望<br>SUMMARY and PROSPECT |
| 研究内容 CONTENTS | · 选题依据、研究目的及意义<br>· 研究的必要性及研究基础<br>· 相关研究及综述<br>· 研究范围界定、内容、思路与方法<br>· TOPIC BASIS<br>· NECESSITY and RESEARCH FOUNDATION<br>· RESEARCH SUMMARY<br>· RESEARCH SCOPE、CONTENT、THREAD and METHOD | · 公共空间与界面的概念<br>· 公共空间的本质、现状与当代转向<br>· 界面构成范围及意义再述<br>· 界面风格的历史演进<br>· 界面语言的构成要素、特征及解读视角<br>· DEFINITION of PUBLIC SPACE and INTERFACE<br>· ESSENCE、SITUATION and TRANSFORMATION<br>· COMPOSITION RANGE and SIGNIFICANCE<br>· HISTORICAL EVOLUTION of STYLE<br>· COMPONENTS、FEATURE and INTERPRETATION | · 界面与时尚的多重关系<br>· 界面语言时尚性的阐释与认知<br>· 时尚的概念与特征<br>· 界面语言的生成语境<br>· 界面语言时尚性的影响因素<br>· MULTIPLE RELATIONSHIP between INTERFACE and FASHION<br>· INTERPRETATION and COGNITION of FASHIONABLENESS of INTERFACE LANGUAGE<br>· DEFINITION and FEATURE of FASHION<br>· CONTEXT of GENERATION<br>· INFLUENCE FACTOR | · 时尚与审美<br>· 时尚与设计<br>· 时尚设计的传播动力与路径<br>· FASHION and AESTHETICS<br>· FASHION and DESIGN<br>· TRANSMISSION DYNAMIC and ROUTE of FASHION DESIGN | · 当代界面语言时尚性的具体分析<br>· SPECIFIC ANALYSIS of FASHIONABLENESS of INTERFACE LANGUAGE | · 研究结论<br>· 创新点<br>· 研究展望<br>· RESEARCH CONCLUSIONS<br>· INNOVATION<br>· RESEARCH PROSPECT |

图1-1 研究章节与内容

第4章分析了时尚与美、设计之间的关系，论述时尚中的审美逻辑以及审美基础；提出时尚中的审美转向问题，为理解时尚的种种现象提供理论依托；基于时尚相关理论指出时尚设计的传播动力及传播路径，以上构成了本书主要的理论依托。

第5章分析了时尚与界面的多重关系，将界面与时尚文化、设计趋势进行并置分析；重点在于详尽地分析了当代界面语言的时尚性，从语汇到语法，以点带面，全面分析了界面时尚性的具体表征，为相关设计实践构筑了指导依据。

第6章是总结与展望，内容包括对全文的系统总结、研究的创新点和存在的不足，并在此基础上提出未来深入研究的思路和方向。

### 1.4.3　研究思路

本书不将具体的某个或某类型的公共空间定义为“时尚的”，而是从当下在国际上较有影响力的公共空间的设计语言中提炼时尚语言所具有的特征，这种研究思路被拉斯·史文德森描述为“通过例证来不断地逼近概念的核心”。无论是从设计学抑或美学角度出发，都无法对时尚性给予规范性的定义，要实现对时尚性中立且客观的论述，则必须给予描述性的书写逻辑。本书作为对于时尚相关性的研究，侧重时尚相关的逻辑，而非具体的时尚设计。本书具体的研究思路，如图1-2所示：

本书按照“基础理论研究—构建研究主体(构建观点并论证)—基于研究主体案例分析—理论总结”的研究思路，以发现问题—提出论点—理论与案例支撑论证—理论总结的

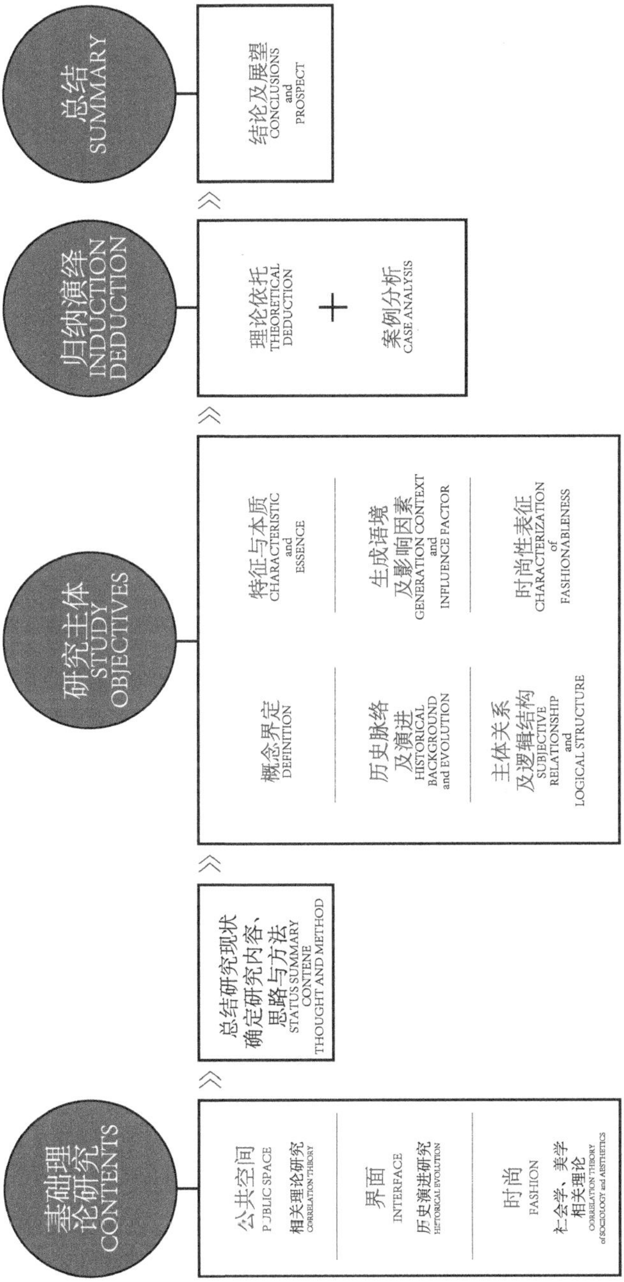
基础理论研究
CONTENTS
公共空间
PUBLIC SPACE
相关理论研究
CORRELATION THEORY
界面
INTERFACE
历史演进研究
HISTORICAL EVOLUTION
时尚
FASHION
社会学、美学相关理论
CORRELATION THEORY of SOCIOLOGY and AESTHETICS
总结研究现状
确定研究内容、思路与方法
STATUS SUMMARY
CONTENE
THOUGHT AND METHOD
研究主体
STUDY
OBJECTIVES
概念界定
DEFINITION
特征与本质
CHARACTERISTIC and ESSENCE
历史脉络及演进
HISTORICAL BACKGROUND and EVOLUTION
生成语境及影响因素
GENERATION CONTEXT and INFLUENCE FACTOR
主体关系及逻辑结构
SUBJECTIVE RELATIONSHIP and LOGICAL STRUCTURE
时尚性表征
CHARACTERIZATION of FASHIONABLENESS
归纳演绎
INDUCTION
DEDUCTION
理论依托
THEORETICAL DEDUCTION
案例分析
CASE ANALYSIS
总结
SUMMARY
结论及展望
CONCLUSIONS and PROSPECT

图1-2 研究思路

逻辑层次展开论述。

①本书的理论基础研究主要集中在设计与时尚相关学科两大领域，主要涉及设计学与社会学领域的内容。经过基础理论研究后总结研究成果并提出问题，依次确定研究内容、思路及方法。

②研究主体：包括本书语境下关键词的概念，尤其是公共空间、界面语言与时尚性的概念以及各概念的特征与本质；界面风格的历史演进与当代界面语言生成语境；时尚与时尚性界面语言生成的影响因素；时尚与美、设计之间的逻辑关系及传播逻辑；当代公共空间界面语言时尚性的具体分析等，作为本书的研究主体。

③归纳演义：通过相关理论知识对论点进行论述，构建理论性基础；以大量案例为样本进行采样，力求全面、详实地归纳出当代界面语言中语汇、语法的时尚规律。

④总结与展望：最后部分对本书研究内容进行梳理和总结，概括了研究成果与创新点，同时也针对研究中存在的不足进行分析，并提出后期研究工作的思路与方向。

### 1.4.4 研究方法

本书属于交叉学科，除了设计学以外主要涉及社会学的理论，部分内容以建筑学及美学的相关理论为依托。其中，对于时尚的理论研究主要集中在社会学领域，部分理论涉及美学范畴，从中提炼时尚的基本特性作为本书的主要理论依托；对于公共空间界面的理论主要集中于设计学科，辅以建筑学相关理论为环境艺术设计提供研究支撑，采用理论与实证相结合的方式展开研究。

本书的研究内容主要包括相关研究及综述、公共空间与界面语言、基于意识形态的时尚和界面语言的生成及相关影响因素、时尚的概念及表征、时尚与美和设计的逻辑关系、时尚性界面语言的具体分析。其研究方法，如图 1-3 所示。

具体研究方法如下：

(1)相关研究及文献综述

运用文献调查法收集国内外相关文献资料，主要从公共空间界面及时尚两方面进行整理与分类。利用归纳法对文献进行归纳和总结，提炼各相关研究的核心内容与代表性研究成果，总结研究现状与既存问题，为本书的研究提供理论依托。

(2)公共空间的界面语言

归纳总结公共空间与界面的概念，厘清公共空间的形态与界面语言的构成结构，针对公共空间及界面的现状进行阐释；运用归纳法和演绎法论证界面语言的多维价值意义及其演进脉络。

(3)当代界面语言与时尚的认知语境

提出当代界面语言与时尚的关系以及时尚性界面语言的构建；多角度归纳了影响当代界面语言与时尚的生成语境；由于对于时尚的界定并没有统一标准，因此从社会学、哲学及美学领域的相关理论文献中归纳总结适于本书语境的时尚概念，并由此引申出时尚相关的特征及其属性；此外，总结出影响时尚性的要素。

(4)时尚与美、设计的关系

以设计、美学等相关理论为基础，结合时尚相关文献，针对界面与审美、设计之间的关系展开论述，包括时尚中的

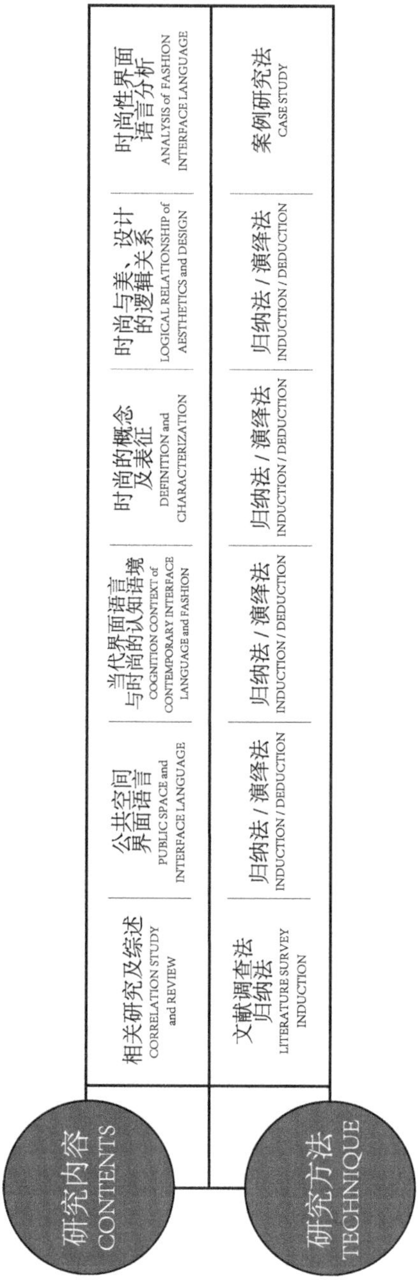


图1-3 本书运用的主要研究方法

审美逻辑、时尚设计的传播动力及路径。

(5)界面语言时尚性的具体分析

利用案例研究法，以当代建筑的潮流与趋势为基础，采用大量实例进行细致的分析采样，以求生成客观、全面的时尚性规律，对相关实践产生指导意义。

# 第2章　当代公共空间的界面语言

## 2.1　公共空间的概念及本质

### 2.1.1　公共空间概念的厘定

公共空间是当代重要的生活和社会活动场所，也是扬·盖尔(Jan Gehl)所定义的演绎重大事件的舞台，具有一定的社会性事实。其功能和形式伴随着城市发展的历史进程而演变，但是交往、市场和交通等基本功能并未发生改变，除此之外，仅从功能性上而言公共空间还存在不同形式，不仅具有明确的目的性，也具备一定的可进入性与交往性。这里强调的是公共空间的民主性意义，即公众所拥有的“公共权力”，开放、公开与对话成为公共空间的基本属性。不同公共空间具有不同特性，例如博物馆具有教育性，文化中心具有交流性和文化性，商业中心具有娱乐性，尤其是当代公共空间中复合功能的赋予使得单个公共场所具有多重特性，这样一来公共空间在当代生活中的重要性便被再次强调，界面则在某种程度上实现上述功能。此时界面的深层价值也不证自明，界面反映当前意识形态、价值诉求、审美旨趣、科学技术等多方面的集合，公共空间成为展示这些集合的平台，不仅向公众输出当前的设计时尚，也指向时尚之外的内容。

基于以上的描述并结合本书的语境，公共空间被定义为当代生活的重要空间载体，且具有可进入性权利的场所，同时是满足公众的社会性交流活动需求、反映城市精神与人文风貌的空间。本书所指涉的公共空间是公共类型的建筑，与空间、场所概念具有一致性。由于公共空间具有多种类型，难以客观全面地对其展开研究，但是无论是哪种具体类型的公共建筑，都可以反映出当代语境的建筑思潮、审美旨趣与价值诉求。本书结合公共空间的概念将研究范畴限定于那些具有文化、教育、娱乐、交流或相关功能的公共性建筑，包括但不限于文化中心、购物中心、博物馆、音乐厅、体育馆、公共图书馆、交通枢纽等城市中重要的交往节点。①

### 2.1.2　公共空间的本质

城市空间是由各要素相互关联组成的有机整体，是物质层面的载体，也是人类活动、城市功能要素的载体②，其根植于城市人工环境之中，成为区别于自然环境的有目的性的人类创造物。公共空间是城市空间的重要构成要素，作为社会文化生活的一部分，它是当代公共领域的重要组成。公共空间概念的出现标志着在建筑和城市领域中出现了新的文化意识，即从现代主义所推崇的功能至上的原则转向重视城市

---

① 游乐场、广场、公园、教堂、纪念性建筑等作为典型的公共空间是尤为重要的城市节点，由于学科及研究领域的原因，不在本书讨论之列。同时，本书研究对象在于界面，即产生空间的围合物也是建筑的主要片段，有别于广场、公园等外部空间。

② 李文．城市空间形态研究[D]．哈尔滨：东北林业大学，2007：2.

空间在物质形态之上的人文和社会价值。① 从公共性方面来讲，公共空间被视为人类交往的重要场所，是人类活动与事件发生的主要展演地，同时也是城市精神与人文风貌的演绎。按照城市空间的功用来看，工作、交通、居住及游憩是最重要的空间类型，在人的相互作用和交往下共同构成了城市存在的基本依据。人类在不同形式的公共空间中的活动与行为不尽相同，车站、博物馆、体育场、广场等公共空间都被赋予了具体的功能属性，可以是人们聚集的开放性场所，也可能是主题事件上演的场域，各类型空间中人的行为与活动也因而具有一定的自主性和目的性。作为城市可持续发展的要素以及物质与人类活动的联系载体，公共空间联结了城市各功能要素，强调公众的可进入性与开放性，为人与人交往提供场所。雅各布斯与理查德·西奈特(Richard Sennett)就把公共空间定义为“陌生人集合的场所”②，“公共”一词表明了它的共享属性以及公众的使用权利。尽管公共空间有着不同层面的定义，但“公共”一词限定了空间的属性与实质③，对于建筑空间来讲，可进入性是定义公共空间的基本原则。

---

① 陈竹，叶珉．什么是真正的公共空间？——西方城市公共空间理论与空间公共性的判定[J]．国际城市规划，2009：44.

② Valerie Frissen，Sybille Jammes，Michiel de Lange，Jos de Mul，Joost Raessens. Playful Identities：The Ludification of Digital Media Cultures [M]．Amsterdam：Amsterdam University Press，2015：178.

③ 公共空间是与私密空间相对应的概念，公共空间是属于、影响或关于社区的空间，阿里·迈达尼普尔(Ali Madanipour)认为，公共空间由公共权力提供并对公众开放和共享，概括地来说，公共空间是在一些个人或小群体控制范围之外的，是私人空间之间的一种媒介，且有许多并列的功能性或标志性的目的，因而表明了其与私密空间的不同，成为这些区域媒介的具有多重功用的空间。

公共空间间接地表露城市和社会的信息，使其成为当下人们社会活动的新平台，尤其是本书所论及的博物馆、画廊、文化中心、大型商业中心、重要交通节点等大型空间（具有代表性和影响力的空间和建筑，不包括私人化、半公共性的空间），它们不仅承载对人类精神需求的满足，同时为人类的文化生活与社会活动开辟了新领域。因此，以公共性视角审视这一空间类型，便有了更为重要的社会学意义。首先，公共空间是城市中建筑物所构造的内外部空间的集合，是人类生存环境的主要构建元素；其次，公共空间是人们交往的空间，也是城市结构的重要组成部分，体现城市环境的时代特性。

近年来，公共空间在城市中的建设得到了大力推动，大量城市展开了步行街、博物馆、商业综合体、艺术区、游乐场等公共空间的建设，一方面是由于公共空间所带来的经济效应对城市经济发展有着刺激作用；另一方面，公共空间对树立城市形象有着积极和重要的影响。在这其中文化公共空间的建设力度尤为明显，这与其所蕴含的象征功能及文化内涵密不可分，其开发对城市发展进程起着至关重要的作用。城市的民主性、先进性和公共性总是与其空间和环境的发展一致①，同时，公共空间也是人类精神追求向物质表现连续转化的物化结果之一，这种物化的城市空间形态不仅具有实际的功能属性，还具有人们所赋予的价值理念和思想观念，满足了人的社会与交流活动的高层级需求。此外，除了城市

① 李文．城市公共空间形态研究［D］．哈尔滨：东北林业大学，2007：1.

建筑、地缘风貌等外显性要因外，公共空间也是构建人们对区域或城市印象的要素，空间的易读性(Legibility)就成为环境可意象性(Imageability)的评判指标之一，作为事物本身的一种特征，这种特征的存在提高了观察者对事物产生强烈印象的可能性。①

由此可见，公共空间的可进入性表明其政治意义上的民主性特征，同时也强调了公共空间的社会学意义。基于以上启示，将本书的研究范围置于当代公共空间，尽管其界面无法凸显公共空间的民主意义，但是对于城市形象的树立、公共空间文化内蕴的展现起着重要作用；同时，公共空间作为生活与交往的节点，其民主性与可进入性决定了其空间上的优势，这种优势使其与公众发生紧密关联，对于时尚性界面语言的传播也起着积极的作用。

### 2.1.3　公共空间的多样性

多样性不仅指公共空间建筑功能的多样性，同时也表达了公共空间在形式和艺术表现方面的多样性。

物质环境、功能活动与文化价值构成了城市空间的三个结构层面(L. D. Foley，1964)，城市系统的复杂性也决定了公共空间必须具有多重功用(Multifunction)来满足人类活动的各种需求，这是城市结构整体性的展现。图书馆、博物馆、音乐厅、剧院等功能性建筑作为文化载体早已发展出超

① [日]长泽泰编．在塚礼子，西出和彦，著．建筑空间设计学：日本建筑计划的实践[M]．郑颖，周博，译．大连：大连理工出版社，2011：274.

越自身单一性、公共性功用的范式。吉拉尔多认为，当今许多公共空间对于复合性功能的强调均受商业中心发展的影响，正是由于公共空间对于复合性功用的满足，才得以产生复杂的空间结构，这也是影响建筑形式复杂性的因素之一。当代公共空间具有多元化的艺术表现力，多样的美学风格成为当代城市空间中独特的景致，尤其体现在博物馆、文化中心或商业方面的建筑。以博物馆空间为例，由于博物馆在公众中产生一种期望且没有一种特别的原型形象，因此允许建筑师进行自由的表达，于是文化类的建筑常常具有象征性、多元性的语义内涵。

从古典主义到现代主义、再到后现代主义之后的解构主义建筑、非线性建筑等，各种风格的建筑构成了当下丰富的城市景观，尤其是在20世纪60年代之后现代主义建筑风格的式微、后现代主义思潮的兴起，跨领域及学科思想的援引以及计算机信息技术的发展，使得各种历史上前所未有的新建筑风格异军突起。公共类建筑对这种现状的回应尤为迅速，不仅如此，不同设计领域中各种风格迥异的设计语言在当代社会的语境中冲突、调和，共同演绎出复杂多元的视觉景致。当前的语境显示：朴素的功能主义和色彩绚丽的孟菲斯雕塑性的设计共存；后现代主义带着历史的见证和展望未来的高技派一同辉煌；极少主义和原型主义设计共享简化美学的观点①……这说明在设计和建筑领域中多样性艺术风格

① 李砚祖，编著．外国设计艺术经典论著选读·下［M］．北京：清华大学出版社，2006：197．引自本书文献中沃克·菲谢尔的《当代设计》一文。

与形式为时尚提供了丰富的生产素材，时尚从不深究流派的渊源与内涵，任何一种哪怕是最不具影响力的艺术形式都可能成为时尚的下一个包装对象。

整体来看，这种复杂多元的现状是由于20世纪60年代之后人们对图像和创意的消费逐渐增强，受技术和社会需求影响的建筑也同样受到越来越多的关注。当代建筑也丰富了人类的物质文化，更充实了消费时代的时尚内容，而由此带来的负面影响在于：建筑失去了那些仅存的愈加值得探讨的个性。① 具体来说，公共性建筑和空间的构筑理念成为各种建筑新思潮和观念的直接体现，这种现象自20世纪50年代起便开始凸显。伴随着第二次世界大战之后世界新格局的建立，加之世界经济复苏，各种新思潮不断涌现。新思潮在设计领域中最为直接的体现便是对于现代主义的批判和否定，波普艺术、孟菲斯等激进而又前卫的设计思潮和团体开始公开对抗现代主义乏陈的设计理念。多重设计风格和流派的兴起丰富了设计的语言，这种思潮随即蔓延于各个设计领域，高技派(High-Tech)、解构主义、隐喻主义(Metaphorism)等风格应运而生，并开始赋予建筑多元化的视觉图景，也折射出建筑领域中有关复杂性问题的某些特质，正如查尔斯·詹克斯(Charles Jencks)在《跃迁宇宙中的建筑》(*The Architecture of the Jumping Univesrse*)中观察到的当代建筑的一个发展趋势是由复杂性科学所阐明的新型世界观，成为解释当代建筑现

① [意]卢卡·莫利纳里，著．北美建筑趋势1990—2000[M]．项琳斐，译．北京：清华大学出版社，2012：8.

象的最佳方式。① 当代更是将去中心化、混杂、异质、符合、多元、奇观等设计与美学特征发展到极致，尤其是设计领域中形式语言的冲突、混搭与融合，成为当下视觉文化的主要特征。

以上阐明了当代公共空间和建筑的现状及历史背景，而与此相关的具体分析和补充是与界面的概念并置展开，以求对界面语言的历史演进、背景分析及分类进行深入研究。

### 2.1.4　公共空间的转向

公共空间的转向受信息技术发展的影响，主要表现为信息技术对公共空间的赋予以及传统物理空间的虚拟转向。基于信息时代的特征，曼努埃尔·卡斯特利斯（Manuel Castells）将用来表述城市社会基本单位的空间类分为流的空间与地方空间，与之对应的为虚拟空间与物理空间。前者是新型经济运作的主要空间，后者则是人类实现传统社会活动的间域。卡斯特利斯认为，人类正处于以“网络社会”和“信息城市”为特征的全新的信息时代②，他以“延续”和“新增”两个方向去界定后现代城市社会中所发生的变化——城市化进程的加快、大都会区域化、多民族城市社区的增加等现象

① 裴峻．博物馆设计空间集成技术研究[D]．南京：东南大学，2017：19.

② ［美］理查德·T. 勒，盖茨，弗雷德里克·斯托特，张庭伟，田莉，主编．城市读本[M]．北京：中国建筑工业出版社，2013：587. 注：《城市读本》为城市研究文献集，收录了中西方在城市可持续性发展、城市理论、气候变化等领域的最新研究成果。部分段落参考文献集中依照曼努埃尔·卡斯特利斯在2001—2002年期间两次演讲扩充和修订的论文《流的空间和场所空间：信息时代的城市理论素材》。

是对既有城市发展模式的延续；而全新地理形式的浮现、虚拟社区对物理社区发出的挑战等转变则是在当下社会语境中才萌发的。随着互联网与信息技术飞速发展，信息和网络技术逐渐渗入日常生活，“虚拟”衍生为空间物质形态之外的另一种存在形式，成为诸多学者的关注对象。虚拟空间又被定义为赛博空间（Cyber Space），即卡斯特利斯所说的“流空间”，这种形式更加强调信息的内容并弱化介质的概念，信息传递更为快捷并衍生出各式各样的虚拟社区，成为人与人交往的新空间类型。可以将其简单地理解为网络中的公共空间，与物质公共空间一样，虚拟公共空间同样是人们聚集与交往的场所，例如网络中的社区，将具有共同旨趣的个体汇聚，形成新的群体。赛博空间极力模拟客观世界，试图通过新的媒体形式更为便捷地满足人们的日常活动，改变人们的生活方式。从信息传播上来讲，虚拟空间具有绝对优势，作为新兴的媒体形式，依托互联网络集合了各种信息媒介，为“事件”的传播构建了最优平台，也是最为迅捷的时尚传播路径。

一个特定的技术基础是社会和政治生活的前提和决定性因素。信息技术催生虚拟空间并产生新的社会结构和生活方式，同时影响物理空间的视觉形态。全球化进程的加快、社会结构与经济形态的转变、城市节点与网络的快速建立都得益于信息技术的发展，信息时代与当下建筑操作手法对界面的时尚性给予了新的研究维度。在这样一个范围中脱离虚拟空间而仅仅讨论物理空间中的界面语言，对其时尚性的研究显然是片面的，界面语言作用于多维度层面，尽管关于它们的体验不尽相同，但不可否认的是虚拟空间已经与物理空间产生交融。物理空间与虚拟空间表现出空间的多重形式与意义，空间形式与功能的多样性也在受到信息技术的影响后产生改观。公共空间作为聚会和信息交流场所的功能早在20世纪受新媒体的影响时就已经发生了改变，这种情形在信息时代更为凸显，正如多米尼克·斯特里纳蒂(Dominic Strinati)所说，世界将日益由媒介屏幕与通俗文化形象构成①，从大型建筑的立面到手持信息设备，屏幕被认为是塑造信息传递与美学体验新形式的重要手段。② 信息技术的介入丰富了信息传递的媒介，也改变了人们必须经由身体的位移才能经验到建筑实质的模式，图像性的媒介将不同时空的建筑归聚压缩到人们感知的界域，媒体演变为城市空间的景观之一，电子屏幕等媒介成为信息散发的窗口，通过这些媒介获取信息的过程中所产生的体验与感受直接影响了公共空间的时尚魅力及场所品质。更进一步讲，它甚至影响到对于空间场所或城市的意象感知。

以技术为支撑催生和诱发了界面的多样性，构建出当下语境中的信息美学。大数据分析、VR和AR等技术的应用带来了信息设计的革新；参数化以及生成艺术使建筑空间的形态及外观得到演化，信息的呈现形式与建筑空间发生改变，致使人与外部环境的交互行为受到相应影响。当前信息设计领域正逐步由物质性设计升华为服务性设计，以人为本、以用户为中心的设计理念越来越受到重视，用户的体验

① [英]多米尼克·斯特里纳蒂，著．通俗文化理论导论[M]．阎嘉，译．北京：商务印书馆，2001：259.

② Nikos Papastergiadis. Ambient Screens and Transnational Public Spaces[M]. Hong Kong: Hong Kong University Press, 2016: 4.

与感受成为更高理想的设计追求，它要求设计师在注重艺术表现的同时更加重视服务对象的内在感受，例如用户的情感、认知印象、反映、行为和成就等，因此将体验与感受置于当前语境中加以强调，符合一种与时俱进的设计理念。人们感知环境的过程中对体验与感受的重视逐渐凸显，也成为当下公共空间界面语言时尚性的重要评判维度之一，是技术性的影响因子。

由此，建筑的形象与意义的重要性再次得到回归，人类介入空间的方式实现了从物理空间到虚拟空间的转变，博物馆、文化中心和交通节点空间成为信息时代的关键性空间；信息传播的模式与媒介同样发生改变，实现了口传媒介、印刷媒介到电子媒介的转变，新型的模式与媒介正渗透到生活中的各个领域，技术将信息的呈现与传达带入一个新的高度。虚拟现实、增强现实或全息投影技术完全改变了观者获取公共信息的方式，并将一种沉浸式的代入感提升到新的高度，构建摩登、前卫而又具备科技感的超现实世界，而这种超现实正不知不觉地转变为现实场景。公共空间(包括虚拟的流空间)成为展现新兴科技和理念的最前沿阵地，也是科技与时尚耦合的平台。

总的来讲，在当代语境中，受信息技术及互联网的影响催生出新形态的公共空间，实体空间与虚拟空间并存，虚拟公共空间成为当下人们交流的新型社会关系节点；同时，信息媒介对物理公共空间的影响日趋凸显，构建出独特的信息美学。开展关于信息技术对公共空间影响的论述，不仅意在阐明技术在公共空间的当代转向中具有重要意义，也为公共空间界面语言时尚性中“技术先行”的观点提供了论据。

# 2.2 界面的概念及意义

## 2.2.1 界面概念的厘定

广义上来讲，界面是中介之面，泛指实体把自己提供给外界的一种抽象化物(可以为另一实体)的媒介①，它是两个分离元素的联结区域，是一种边界。界面在不同领域中有着不同的定义，在材料或化学领域，界面指材料之间、化学成分之间有传递作用的微小区域；界面也可以被视为一种非物质的联结区域，例如街道是不同阶层的人在此相遇并融合的界面；在信息和计算机领域界面是被广为提及的概念，在此界面是一种交流媒介，是两个单元之间信息可读性的表现，更广泛地来讲，界面是不同的信号和数据交换系统之间共享的边界②，即是说，界面是服务于用户的信息接收环境并对信息进行过滤与演绎的符号系统。界面不仅重塑了信息传播的关系，同时产生交互的行为。例如在计算机领域，界面是作为接口的定义被提及，人与计算机等信息设备、人与计算机程序之间的接口称为界面，因此界面可以理解为促进人与信息设备沟通的工具。尽管界面的定义在各领域不尽相同，但“区域/边界”与“传递/交换”构成了其主要的功能内核，界面既是内容的传递途径也是识别的框体。

---

① www. wikipedia. org.

② Andreas Broeckmann. Public Sphere and Network Interface-in The Cybercities Reader[M]. NewYork：Routledge，2004：380.

界面同样可以被视为实体(Mass)和空间(Space)的中介之面，实体和空间构成了城市的基本要素，二者是一种虚实对应的关系，表明了空间的客观物质属性。作为一切生产和人类活动所需的要素，空间对人的生存有着重要意义，在生活中是与人不可分割的存在。空间的含义具有多重性，可以被视为一种与时间相对的客观物质，是具体事物的组成部分；也可被描述为从点到面的多维度形态。本书中公共空间意指实体的公共类型建筑，空间界面亦可理解为建筑的界面，建筑中的界面被用以规定或描述实体(建筑的围合面)与虚体(空间)的联结处，即实体与虚体、建筑和空间的联结面，比如建筑的立面或城市空间的街道。同时，在某些建筑类型中界面也被表述为建筑内外部空间的界限和界线，例如古典主义和传统建筑。空间是物质存在的一种形式，也是物质存在的广延性和伸张性的统一。客观实体将人的活动置于某个限度之内，或者说，建筑用人工构筑体产生了内部与外部空间，建筑物的量度、形状、造型、表面、边缘以及洞口构成了空间的不同特征①，空间与建筑互相包含，建筑的形式，具体来说，建筑的围合面给予空间界限，界面被视为围合面的集合。界面通常与围护、立面、表皮、表面、外观等概念有着相近含义，这些概念在多数语境中可相互置换。

本书所指的界面，具有比较宽泛的含义，被限定为指涉建筑外部的表皮和立面，内部的墙面、顶面和地面等围合面。由于界面与表皮、立面、幕墙、墙面等在意义和功能上

① [美]弗朗西斯·D.K. 钦，著．建筑：形式·空间和秩序[M]．邹德依，方千里，译．北京：中国建筑工业出版社，1987：175.

有着部分共通性，因此本书中的界面涉及不同的建筑片段，成为一个具有统称性的概念。具体来讲，本书所涉及的界面是作为“物”的公共空间建筑的外在显现，是呈现于观者的具体外观式样。

### 2.2.2 界面的构成及范围

一般来说，界面也被视为一种边界，具体到建筑领域，界面是内外部、实体与空间的边界。在一个建筑的内部空间之中，墙壁、地板及屋顶构成了空间的边界，也是界面的基本意义之一。界面对空间予以区分，同时界面的艺术化演绎也是情感或理念的体现。界面是展现空间特性的标记，原广司(Hiroshi Hara)把建筑分解成三个要素：屋顶(Roof)、四壁(Enclosure)和地板(Floor)。上述三个要素是围合成空间的基本模型，在城市和建筑中最为本源性的边界就是墙壁，它限定建筑和空间的领域范围，控制向指定领域的输入和输出以及对意义的表达和象征。①

对界面的构筑要素的厘清，是全面认识界面的关键。宏观上讲，界面的概念涉及围合面、表皮和界限三个概念。围合面指界面作为围合要素的表面，重在强调围合面的内里表面，例如建筑内部空间中的顶面、墙面和地面；表皮则过多地涉及建筑的外部界面，例如建筑外部的各个立面和顶面；而界限表述的是内外部空间的交界处，它既可以是实体墙面，也可以是灰空间，在此均被视为建筑的界面，本书中对

① [日]原广司，著．空间——从功能到形态[M]．张伦，译．南京：江苏凤凰科学技术出版社，2017：113.

具体的界面不做细分，是以整体的视角对界面进行分析。建筑立面、墙体、顶面等所呈现的门、窗、檐、柱等片段节点也都是界面的构成要素。需要强调的是，古典和传统建筑界面中界面要素的分布是以空间为导线的，通过界面要素得以洞悉内部的空间结构；当代建筑自墙体从承重功能中脱离开来，建筑立面、表皮的形式便得到更广阔的表现空间，传统建筑中界面各要素的结构也被消解，表皮的自治导致建筑的界面与内部空间不再发生紧密的联结，通过外部界面难以获取内部空间结构的信息。①

从微观上来看，传统界面主要是由功能性界面与装饰性界面构成，功能与装饰共同组成了界面的具体内容。功能性界面指门、窗、檐等与建筑功能相关的要素，它们的分布表示出建筑的空间划分和建筑结构。当代建筑由于表皮的演化进而与结构分离，传统的几何式界面分布遭到消解，即所谓的表皮与结构的二分，因而难以从界面窥探出建筑的内部信息。装饰性界面则是建筑的饰面，通常以满足审美需求为出发点，是一种对建筑的美化。当代建筑注重装饰的复归和升格，带来剧烈的表皮热潮，使当代建筑更具有艺术性和独特性。

总之，界面作为建筑内蕴的外显与建筑的形态密不可分。从任何一个角度去观审建筑的内外部，对其美的把握都是界面与形态共同参与的结果：形态是轮廓，界面是填充

① 现代主义建筑提倡立面与内部表现要绝对一致，是基于功能主义的思维方式决定“外部是内部的表现”。这同时也是以路易斯·沙利文为代表的芝加哥学派所坚持的信条：建筑外部是内部结构和功能的表现，内部与外部应具有一致性。

物，某种情况下建筑形态包含界面，是整体与局部的关系。

## 2.2.3　界面意义的再述

### 2.2.3.1　景观层面的意义

公共空间在一定程度上具有标志性(Iconic)特征，莱斯利·斯克莱尔(Leslie Sklai)认为，标志性建筑对于公众和建筑师来说首先要具有一定的知名度，其次要有特别的象征意义及审美价值。斯克莱尔将标志性建筑划分为传统观念的老派建筑，即传统意义上的纪念性建筑，以及创新观念的新式建筑，例如当代那些奇观式建筑(Spectacle Architecture)。当代标志性建筑的一个重要特点，便是与全球化、文化产业、消费主义、跨国资本结合，将公共空间转化为消费空间，① 从而改变公众与空间的关系。得益于那些致力于社会提升的文化或政府机构，建筑的标志性作用更加凸显。悉尼歌剧院(Sydney Opera House)被视为当代重要的标志性建筑，由此开始，“标志性”被抬升到重要高度，并与其建筑结构和社会功能分离。标志性的公共空间一旦拥有了一段历史、一个符号或某种意蕴，其作为标志物的地位也将得到提升。② 这种实现依赖于对对象的强调和提示，最终结果引申为空间或城市的地标。从某种意义上来讲，这种标志物是被作为艺术产品看待的，阿尔多·罗西(Aldo Rossi)认为标志性建筑总是

---

① 吴中平．都市语境中的建筑纪念性研究[D]．广州：华南理工大学，2016：90.

② [美]凯文·林奇，著．城市意象[M]．方益萍，何晓军，译．北京：华夏出版社，2001：62.

和城市中特殊的场所、事件和形式紧密相连①，例如常被视为城市标志性建筑的博物馆，其作为文化类公共空间，被弗兰克·盖里(Frank Owen Gehry)定义为人类文化的重要组成部分，值得被给予标志性的存在。盖里用他的建筑作品回应了这样的观点：毕尔巴鄂古根海姆博物馆(Museo Guggenheim Bilbao)不仅将解构主义的思潮引入历史的聚光灯，更是以超前的形态获得了标志性的视觉语言。另一方面，诸如毕尔巴鄂古根海姆博物馆一类的公共建筑与空间，正是由于其艺术化的形态与巨大体量，使其成为影响人们理解和感知城市环境的要素，换句话说，这些建筑本身正是城市景观的一部分。

由此便凸显出标志性建筑物作为景观建筑的意义，或者说，景观层面更注重公共建筑的"标志性"价值。从形式上来讲，标志性建筑具有一定的界面形式特征，以便其与城市中冗杂的建筑物进行视觉上的分离；同时也具有一定的艺术性，通过对其自身的品质与独特性的传达来提高形态的识别度。因此，标志性公共建筑的界面便具有了景观意义，标志性建筑的公共地位代表着城市中强有力的吸引源，同时这类建筑所拥有的独特艺术表现张力使其生化为城市空间独特的视觉景致，对于城市景观的影响便尤为凸显，此外，按照凯文·林奇(Kevin Lynch)的观点，它们也是影响城市意象的重要因素。

---

① [澳]亚历山大·R. 卡斯伯特，著．设计城市——城市设计的批判性导读[M]. 韩冬青，王正，韩晓峰，钟华颖，译．北京：中国建筑工业出版社，2011：313. 引自该文献集中阿尔多·罗西所著的《作为艺术品的城市人造物》一文。

#### 2.2.3.2 精神层面的意义

作为人类文明的财富，建筑的意义早已超越传统上栖居、庇护的基本功用，在满足人类基本居住需求的同时，也作用于人类的文化活动和精神世界。正如建筑之美主要涉及的是建筑空间中人的精神性体现。① 建筑常被认为是一个时代精神风貌精确而持续的证明②，人们通常依靠建筑形态的隐喻来传达标志性建筑的意义和地位。隐喻被理解为一种语言的转译，是在摹拟中操作的：它将两个不同领域中实体之间掩藏着的、可察觉的相似之处显露了出来。③ 尼古拉斯·佩夫斯纳(Nikolaus Pevsner)曾将自行车棚与教堂比对，认为同样作为人工构筑物的二者之中，自行车棚代表一种对人类生活环境影响大得多的元素，而教堂则表现为一种令人思考、具有崇高理想的隐喻符号，这也是保罗·戈德伯格(Paul Goldberger)所指的建筑的矛盾性：最平凡的建筑对于人类的意义往往最大。只是诸如后者一类的严肃建筑具备更高层面的象征意义和愿望。

本书涉及的公共空间具有类似教堂等建筑的特征，具有精神层面的象征意义——或是反映区域的文脉及地缘，或是反应某个宏大的主题，又或是某种精神的折射——但是无论是何种形态，其界面都是将具象事物的细节忽略并保留主要

---

① 魏毅东．空间意象：关于建筑的诗学[M]．济南：山东画报出版社，2015：57.

② [美]保罗·安德森，大卫·所罗门，著．图案之于建筑[M]．于潼，周明瑞，译．济南：山东画报出版社，2012：35.

③ [比]希尔德·海嫩，著．建筑与现代性：批判[M]．卢永毅，周鸣浩，译．北京：商务印书馆，2015：287.

的内涵和意蕴。当代建筑不传递明晰的意义，所有的意义都被赋予在抽象的形态之中，抽象的思维决定了建筑在表达其意义的时候必须采用象征的手法，致使建筑艺术成为纯粹的象征性艺术。在此，建筑成为表达那些含糊不清意义的最为恰当的形式，庄严、伟大、神圣等原本就很抽象而又宏大的意义，是难以通过具象形式表达出来的。人类这种以有限具象固定模糊不定意义的愿望，使得建筑艺术具有更丰富的内涵。① 界面中的各种构筑要素也都是具备象征意义的符号，在这些符号的参与下，共同构筑了界面繁杂丰富的情感内蕴。

由于建筑通过形式、色彩、符号等不同的要素，辅以委婉的修辞手法来达到纪念和象征的目的，界面因此成为阐述某些特定内涵的工具，同时被赋予一种诗歌、文学和绘画所达不到的功用，当建筑和空间具有某种艺术特质的时候，就显得尤为重要。很明显，这种艺术特质的赋予是建造者有意识的举动。他们共同构筑成一种代表社会理想、政治声明和文化符号的单元。② 在戈德伯格看来，建筑是最伟大的社会思想的物质象征，也因此决定了建筑与时代精神、主流价值取向和审美之间的必然联系。界面语言将建筑的情感基础包含，它显现出人类的智慧和力量，暗示着一种美好的、可期待的、使人感到愉悦和振奋的未来，同时也是对艺术本质的呼应：使人的心神进入建筑制造的超现实美好世界。人们通

① 魏毅东．空间意向——关于建筑的诗学[M]．济南：山东画报出版社，2015：66-67.

② ［美］保罗·戈德伯格，著．建筑无可替代[M]．百舜，译．济南：山东画报出版社，2012：4.

过对不同界面的解读来完成对于空间的认识，或是古典的、或是雅致的、或是时尚的——装饰的内容表达了既定的设计语言，空间的可意象性被强调，它们共同影响公众对于空间的意象。在东京的国立新美术馆(The National Art Center, Tokyo)的设计中，黑川纪章(Kurokawa Kisho)提出“共生”的建筑概念，将本土化与全球化交融，基于日本的传统理念，用木材、玻璃、钢、混凝土的自然材质和色彩来打造，保留材料最为根本的特质，而在功能上又显现出当代的属性。再如，以民族传统图形通过几何式排列形成对称图案的世博会波兰展馆界面，加以镂空处理形成剪纸的效果。该建筑通过对传统图案、传统折纸艺术的再应用，表达了对民族文脉的传承，也是民族精神的象征。因此，建筑无论是对本土化的强调，抑或对文脉的传承和回应，都是在表现一种精神层面的意义。

界面的隐喻和象征构成了其精神层面的意义，它使得建筑情感与内蕴有表达的途径。精神层面的意义提升了公共建筑的存在价值，公共建筑的重要性不仅只体现在“标志性”的一面，其“象征性”功用也体现出公共空间重要性的一面。当公共建筑体现出象征性的时候，界面的精神性意义便得到进一步凸显。

## 2.3 界面风格的历史演进

自现代主义伊始，建筑技术与材料的发展进步便将建筑的围合面从传统的承重功能之中独立出来，实现立面的自治。加之弗兰克·劳埃德·莱特(Frank Lloyd Wright)、密斯・凡・德罗(Ludwig Mies Van der Rohe)等建筑大家对于建筑空间的解放，使得传统建筑的围合被自由式立面打破，同时，对于玻璃材质的大量应用强调了建筑表皮的透明性，传统砖石、钢铁建筑的厚重感被轻透的材质消弭，自由立面与透明表皮成为现代主义风格建筑界面的重要特征，并且这种设计语言在当代仍旧散发出时尚魅力。后现代主义的建筑得益于诸多哲学思想和建筑理论的影响，在计算机辅助设计及高分子材料科技的共同作用下，形成更为夸张多变的形式，逐渐丰富了建筑的时尚内涵。本章意在厘清建筑界面的历史演进，是对当代界面风格的成因及历史背景做梳理和补充。

### 2.3.1　从古典主义到现代主义

由于"界面"的多重语义，在建筑领域常与立面、墙面、表皮、饰面等概念等同，因此界面的历史演进脉络是基于建筑形态、立面等要素的演化历程而来。从现代主义进入后现代主义，建筑经历了不同时代理念与思潮的影响，加之建构与材料技术的发展和应用，引发了建筑立面、表皮的形式变迁。尤其是当代大型建筑项目，内外部的设计语言常常有着强烈的关联，因此对建筑形态、表皮等内容的关注，成为理解和研究界面语言的重要依据。

在古典和传统建筑中，顶面与墙体的共同围合产生了建筑空间，同时墙体是分隔空间的要素之一，也是表现建筑内部界面的载体。围合是建筑的基本属性和动机，正是有了围合才产生了空间。戈特弗里德・森佩尔(Gottfried Semper)不仅将空间的概念引入建筑，成为将空间概念从哲学领域向建筑领域转变的第一人，更强调了饰面对于建筑的重要性。基于对围合要素重要性的强调，森佩尔进一步发展出饰面原则(Das Prinzip der Bekleidung)，认为建筑的本质在于表层的覆面而非结构，结构只是服务于展现覆面的工具。表皮与立面作为建筑的外部界面具有二元性结构特征，最早由阿尔伯蒂(Leon Battista Alberti)通过对于身体的隐喻定义了建筑装饰与结构的二元对立特征。阿尔伯蒂的这种隐喻与古典建筑的实质吻合：结构不为装饰而存在，结构先于装饰而存在且装饰不能超出结构的范围，即结构处于建筑的支配地位。① 在很长一段时间内，建筑的外部界面都被视为建筑的附属，表述为建筑的外衣并掩饰建筑的内部结构。森佩尔"衣饰"的概念同样将表皮认为是建筑的外部装饰面，他从人类原始住所中提炼出建筑的要素，认为围栏和栅栏是人类发明的最早的空间围护，而这些原始的围护带来了编织技术的发明并被视为最初的建筑表皮。② 在森佩尔的理论中，建筑的表皮是被编织的覆盖物，编织成为建筑样式或设计语言的主要来源，比如马赛克、彩色玻璃、陶片、砖石木等装饰面的传统构造法则，都是对编织物纹理和色彩的模拟。阿道夫·卢斯(Adolf Loos)认同并继承了森佩尔的理念，认为建筑框架是后制于建筑表皮，其目的是满足表皮的固定。

不同于古典及传统建筑，现代主义建筑外墙的承重作用由于框架结构的出现而被消解，因而建筑立面等表皮面得到了演变的契机。表皮形式走向解放源于对其承重功能的脱离。从现代主义建筑开始，立面"支撑"的基本功能开始消

① 陈志毅．表皮，在解构中觉醒[J]．建筑师，2004(8)：16.

② 冯路．表皮的历史视野[J]．建筑师，2004(8)：6.

褪，墙体的连续性被新型建构技术打破，框架结构不需要依附外墙承重的结构性功用，自由立面得以形成。传统建筑依赖于界面的围合产生空间，而弗兰克·劳埃德·赖特(Frank Lloyd Wright)对于围合形式的消解才在真正意义上使建筑产生了连续和流动的空间。赖特早在 20 世纪初就形成了一种成熟的设计风格，这种风格将建筑的围合元素之间进行分离和错位，在建筑的内外部空间产生连续空间关系，这种新的空间设计手法在某种程度上也成为现代主义发轫的基础。以特奥·凡·杜斯堡(Theo van Doesburg)为代表人物的荷兰风格派也派生出相似观念，寻求建筑空间的解放。杜斯堡曾指出，新型的建筑是反立方体的，反对将不同功能的单元并置于一个封闭的盒子之中。布鲁诺·赛维(Bruno Zevi)将这种观点称为“四维分解法”：建筑的围合要素被分解为异向、独立的个体，之后重组构建为建筑要素。这种分解法改变了建筑围护体的从属地位，也突破了隔断内外空间的界限。① 当这个密闭盒子被分解之后，围护要素便不再属于有限空间的组成部分，转而构成流线的、融合的、连续的空间。同时，风格派寻求视觉上的平衡，反对古典机械式的对称性构图法则，而这种非对称性的视觉平衡操作手法，在现代主义建筑立面中是非常常见的。正如赛维所说，对称性是古典主义的一个原则，而非对称性则是现代语言的一个原则。

密斯延续了风格派思想中对建筑空间的分解，并以巴塞罗那馆(Barcelona Pavilion)的空间分析进行了回应，成为风

① ［意］布鲁诺·赛维，著．现代建筑语言［M］．席云平，王虹，译．北京：中国建筑工业出版社，2005：35.

格派空间思想的精确表达。当盒体分解，板片之间的“连”与“断”显示出前所未有的重要性，板片自身在视觉上的“隔”与“透”则进一步影响了空间自身的质量与空间之间的关系。被分解的空间边界开始消逝，界定变得模糊，板件之间以一种暗示的方式来建立空间的区域性。① 不同空间区域之间的模糊性加强了空间的流动性，对不同区域进行同时的观照得以实现，多区域之间的界面被观者叠加阅读。这正是现代主义建筑，乃至当代建筑内部空间中常有的操作手段，墙体不仅作为区域的间隔被分解，也是建筑内部界面构成形式的解放。在巴洛克文化艺术馆(Museo Internacional del Barroco)中同样可以看到空间断与连的关系，对围合界面进行旋转错位处理，形成流动空间及自由复合界面。

结构从一开始便渗透于建筑构思之中，伴随着技术的进步以及哲学思想的演进，当代建筑结构的技术思想也得到进化，传统意义上的理性思维、线性思维等固定思维模式被打破，非理性、非线性甚至共生性的思维得以产生。② 这种思维成为当代建筑以及空间形态构成的理论依据和根本动力，也使建筑界面语言的创新成为可能。在一个建筑系统中，结构体系是建筑、内外部空间、形态及象征意义等多元要素的承载体，结构系统表现出的理性、逻辑等属性，甚至其呈现出的力学美感，都将加强建筑以及空间的感染力。当结构开始与表皮分离，二者便以独立的姿态展示自身的设计语言。

① 冯琳．知觉现象学透镜下“建筑—身体”的在场研究[D]．天津：天津大学，2013：42.

② 裴峻．博物馆设计空间集成技术研究[D]．南京：东南大学，2017：99.

建筑表皮与结构的分离朝着两个极端发展：一是将内部结构掩藏于外部表皮之下；反之，是刻意将内部结构明显地表现出来。如卡地亚当代艺术中心的透明玻璃表皮，直观地展现出了内部形态。早期的现代主义建筑师寻求可以同时表现建筑内部深层空间及表面的方法，因此常常使用玻璃及其他的透明材料，这构成了一种建筑内外部辩证的分离(Dialectical Division)①，因此玻璃幕墙成为现代主义风格建筑界面的最为明显的特征。一方面，透明性呈现建筑的内部空间，传统砖石实体式的立面和顶面被各种新型材料替代，技术的支持将多种操作手法赋予透明性的实现；另一方面，透明性也呈现出建筑体量的轻盈性感知。现代主义建筑对于透明性的热衷，消解了建筑的深度结构和内部空间，这在洛杉矶郡自然历史博物馆方案中有所表达。透明性同时也转化了"表皮"的内涵：表皮不能再被理解为深度与内部的对立面，应该被作为界面来重新获得审视。这种语境下的建筑表皮被理解为透明或半透明的面罩和薄膜，成为内部与外部的交界面(Interfacing)，表皮从立面到界面概念的转化表现出表皮—结构二元关系的消融。于是，将表皮理解为有厚度的外界面或交界面是可行的，它包括建筑外立面、屋顶内部立面等建筑构件，连接包括室内外的不同空间。②

从古典主义到现代主义，建筑形态与结构的分离使建筑界面朝向自由形式发展，这表明立面的实体属性被瓦解，建

① Ellen Lupton. Skin：Surface，Substance，and Design[M]. New York：Princeton Architectural Press，2007：97.

② 陈镌，莫天伟．从建筑表皮到表皮建筑[J]. 新建筑，2008(5)：51.

筑立面、表皮已经从物质载体(本体)转向精神显现(表现),二者共同参与表皮转化历史的发展过程。现代主义建筑思想的诞生,不仅重构了结构与表皮的二元关系,同时也构建了全新的建筑空间关系,由此,界面的视觉形态也开始发生剧变,为当代建筑界面语言的多元化进程完成了历史铺垫。

### 2.3.2 从现代主义到后现代主义

后现代主义建筑无论是对现代主义思想的抵抗还是超越,都表现出与现代主义建筑形式极大的背离。① 一方面,当代建筑美学和思想呈现出多元化的局面,主导式的思想和风格不复存在,中心化属性被消抹,各种美学观念冲突碰撞成为后现代主义的主要特征;另一方面,现代主义设计上的几何套路和模度原则将建筑引向非形式的牢狱和无意义的深渊②,以去装饰化和纯净主义思想为主导原则的建筑形式已经无法满足人们挑剔娇惯的感官,因此各个流派和团体开始从理论和实践两方面展开了对现代主义的排斥和疏离。

早期后现代建筑开始重新强调立面的再现和表达意义的作品,勒·柯布西耶(Le Corbusier)的多米诺体系和自由立面遭到质疑,归咎于现代主义建筑立面蒙太奇式的拼贴语言使建筑丧失了传统上的意义。文丘里、迈克尔·格雷夫斯(Michael Graves)等建筑师提出将建筑的重点放置到立面的交流功能上,装饰重新回归到建筑界面。例如伦敦国家美术

---

① 现代主义建筑在当下并没有消亡,而是与后现代建筑等多种风格类型兼容并蓄,一同参与了当代建筑帝国多样性的实现。

② 万书元.当代西方建筑美学新潮[M].上海:同济大学出版社,2012:21.

馆(The National Gallery)翼馆的装饰性立面，不仅体现出装饰的回归与升格，也是对历史文脉的关照。文丘里通过贝斯特(Best)展厅的外部界面形成了对其“装饰棚屋”观念的回应，这种文丘里式的界面脱离建筑的内部而存在，强调了建筑的形象及交流功用。古典及传统素材常见于早期后现代建筑的界面，这些元素被以“摩登”的方式进行组合，根据功能、语境和语义学的考虑拼贴在一起。并且，这些被选择的素材不再受特定建筑意义系统的束缚，而是转化为一些符号，因地、因时制宜进行组合和调整。不同于现代建筑的蒙太奇式拼贴，早期后现代是以变形的历史元素与其他元素组合，是装饰化的、反构造逻辑的。① 在此，各种诸如屋顶式样、柱式、开窗、脚线等历史和传统素材作为基本语素，加之特定组合方式的语法和修辞手段，构成了一种荒诞的视觉语言，但却表现出立面装饰的复兴。

这种拼贴手法被称为依靠“不协调的矛盾”来反对现代主义建筑统一性的实践。但是，当拼贴的手法转向流行化趋势的时候，便会失去批判的力量，也就不存在动摇当下文脉的可能，于是“形式的拼贴只能产生拼贴的形式”。另外，囿于这种手法特殊的操作规则，加之拼贴的素材只能取之于传统和历史之中，使得这项广泛开展的实践严重缺乏新的修辞手段和语素，即拼贴的素材和手法已经穷尽。为了构建新的视觉语言，建筑师们必须寻求新型的操作手法。格雷戈·林恩(Greg Lynn)表示，异质拼贴手法与解构主义建筑的类似

① 赵榕．当代西方建筑新范式研究[M]．上海：同济大学出版社，2012：121.

之处在于，都强调建筑中的矛盾性，并通过强烈的元素和形式冲突来表现。

当一种艺术风格变得具有影响力的时候，势必会遭受到外来的抵抗，这种抵抗通常以另一种艺术风格表达出来。于是在20世纪80年代后期，这种流行的操作手法逐渐呈现衰竭的征候，主要体现在对拼贴艺术风格的摒弃以及那些抵抗力量倡导的对统一建筑语言的恢复。

### 2.3.3 从后现代主义到当代

21世纪之初，由于大卫·勒瑟巴热(David Leatherbarrow)《表皮建筑学》(*Surface Architecture*)一书的出版，加之知名建筑师诸如赫尔佐格与德梅隆(Herzog & de Meuron)、彼得·卒姆托(Peter Zumthor)等对于建筑表皮的推崇，使得建筑表皮设计成为一种潮流，人们开始重新思考建筑与表皮之间的关系。勒瑟巴热在其著作中指出，建筑实践中一直存在着生产与表现或者建造与外观之间的冲突，表皮自从与建筑结构相脱离以来便成为外皮与结构之间争议的场所(Site of Contest)①。表皮从承重功能之中脱离开来，便与建筑的空间、结构脱离了关系。例如，毕尔巴鄂古根海姆博物馆流动的外形与钛合金的建筑表皮与其内部结构毫无关联②，表皮

---

① David Leatherbarrow, Mohsen Mostafavi. Surface Architecture [M]. Cambridge: MIT Press, 2005: 8.

② 与将平面图作为起点的柯布西耶不同，弗兰克·盖里把平面图视为终点：首先构思建筑的形态，然后设计内部空间。这种处理手法模糊了形式与功能的必然关系，因此，无法看到古根海姆博物馆非定型的形态下所包含的三种不同陈列空间。

无需传递内部空间或结构信息，不再受到构造技术的束缚，因此形态的艺术表现得到解放。建筑表皮的艺术表现、交流功用等成为建筑师们强调的重点，表皮自现代主义开始具有抽象性特质并成为当代建筑学的概念之一，同时，界面的视觉语义被抬升到多元化维度。当代建筑的现状显示了各种思想理念和体现的共存，更加强调建筑表皮、立面的艺术性表现，加之各种建筑思想及建造技术的介入，使得当代界面语言呈现出更加多样性的态势。如理查德·格拉克曼(Richard Gluckman)设计的森艺术中心(Mori Art Center)的多重界面，同时透露出朴素、轻透、时髦的语义。同时，当代建筑由于受到各种学科的影响，尤其是受到非线性思想的影响，常伴有流体的、连续的、非线性的建筑形体，在这种类型建筑之中，界面之间的传统关系也被打破，譬如屋顶与墙面的垂直关系，常常被做平滑过渡的处理。例如扎哈·哈迪德(Zaha Hadid)设计的当代艺术中心(Contemporary Arts Center)，内部的混凝土地面便是弯曲向上与墙面相连融为一体，消融了两个界面的边界。

综合界面的历史演进过程可以看出，当代界面的多元化形式与技术的进步有着不可分割的关联，尤其是现代主义时期表皮的独立和自治得以使自由立面形成。当建筑界面从承重功能脱离开来，这其中建构技术的进步起到最为重要的作用。现代主义对于功能的重视使界面语言的艺术表现遭到压制，但是现代主义的建筑理念很快在战后迎来式微：新时代的建筑开始对个性化展开诉求，当建筑功能趋于一致时，界面的视觉语言成为表达建筑个性化的重要手段。而从现代主义到后现代主义，建筑领域重拾对界面的艺术性表达，装饰(图 2-1)

| 建筑风格 STYLE | 饰面态度 DECORATION | 界面语言 INTERFACE |
| --- | --- | --- |
| 古典 / 传统<br>CLASSICISM / TRADITION | 重视与强调<br>PRIORITY and EMPHASIS | 自然的模仿 / 身体的隐喻<br>IMITATION / METAPHOR |
| 现代主义<br>MODERNISM | 摒弃与拒斥<br>SPURN and REJECTION | 简洁/自由/轻透/理性/民主<br>SIMPLE / UNRESTRAINED<br>LIGHT-TRANSPARENT<br>RATIONALITY / DEMOCRACY |
| 后现代主义<br>POSTMODERNISM | 复归与升格<br>REVERSION and SUBLIMATION | 有策略的装饰 / 回应历史文脉<br>STRATEGIC DECORATION<br>HISTORIC CONTEXT |
| 当代建筑<br>CONTEMPORARY | 多元与共生<br>MULTIELEMENT and PARAGENESIS | 强调艺术表现 / 多风格并存<br>ARTISTIC EXPRESSION<br>VARIEGATED STYLE |

图2-1 不同历史时期的建筑对于装饰的态度决定了界面的语言特征

重新回归，加之新材料、新技术的进步，多元化的界面语言得以显露于历史舞台。

从建筑的古典主义—现代主义—后现代主义—当代的发展脉络来看，建筑的历史演进与发展对于界面的影响重要表现在以下几个方面：从从附到自治、从固立到自由、从单一到多重、从清晰到模糊、从实体到虚无、从静态到动态，同时，基于不同历史时期建筑对于装饰的态度，这条脉络清晰地展示了界面、表皮、边界、立面的历史转向。

## 2.4　界面语言的构成及解读

语言被费尔迪南·德·索绪尔(Ferdinand de Saussure)视为以某种特殊方式组织起来的、一个整体的系统或结构，单独的语言符号脱离这个系统便没有任何意义。“时尚性”是界面所表现出的语言或语义的一种，由各种语言符号，如材料、色彩等，以某种特殊方式，如设计思想、形式法则等共同构成。在界面语言中，一块砖，既可以是时尚的也可以是非时尚的，其意义决定于“砖”的编码形式以及此符号所处的语言系统。例如泰特现代美术馆(Tate Modern)外部砖制表皮，砖块的堆积和叠合构成密集的表皮纹理，这种时下流行的操作手法常因地域和文化不同产生细微差异。从图像学角度来看，界面语言成为阐释设计师意图的对象，作为文化史研究的对象之一，被用来揭示设计主题的文化、社会历史背景。

设计语言是视觉图像或形态所呈现的符号体系，与音乐语言、戏剧语言、绘画语言等都属于艺术语言的范畴。设计语言作为人类思想和情感的载体，自然语言是其基础，其具有跨民族、跨国界的国际性特征。设计艺术的创作主体通过对符号的挑选、加工、整合等一系列过程将语言汇集而成，既能指涉思想，又能释放情绪或情感，从而促成自己与观者之间语义信息交流的特殊艺术语言形式。① 作为一种图像化的符号，设计语言具有传递思想、观念或情感的语言功能。从构成原理上来看，设计语言与文字语言具有相似性；在组织结构上来看，二者也都具有丰富的语法和修辞关系。② 设计语言具有超强的表现力和展现途径，以此为载体的交流和沟通方式也存在多样性。

界面语言则由各种具体的专业性构筑元素诸如形状、色彩、材质、肌理等通过编码组成，这种编码可以被理解为语法和修辞手法，各种构筑元素被视为构成视觉语言的语素。某些语素可以被归纳为抽象的点、线、面，利用不同的形式构筑法则(语法或修辞手法)组成丰富的设计语言。界面语言的时尚性演进伴随着建筑的革新和发展，通过建筑风格、理念、文脉、技术等多方面因素得以实现。

### 2.4.1 界面的设计语言

界面本身包含设计语言，界面既是作为“物”的公共空间的外在呈现，又是被赋予人工痕迹的视觉文化，因此界面是否是一种设计语言也是具有自明性的。对于界面语言的阐释

① 郭菲．设计语言学概论[M]．苏州：苏州大学出版社，2014：16.

② 朱永明．图形语言结构研究及其现实意义[J]．艺术设计论坛，2004(3)：5.

援引了设计语义学相关理论，目的是组建时尚性设计语言的结构。设计语义学是设计艺术学与语义学交叉、融合产生的边缘性学科，利用现代语言学的观点，从一种新的设计文化角度对设计行为和相关作品意义的理论性阐释，涉及对形态化或符号化的设计语言的研究，包括对设计语言外延和内涵的深入研究。① 设计语义学研究对象所直接呈现的语义，同时也包含隐含性语义；包括具有感性视觉形象的物化设计形态，也包括观念、精神、文脉、文化等无形的语义。设计语义学是解释设计作品的依据，强调象征符号在文化领域中的作用，解释设计的文化内涵和文化意义是设计语义学的重要内容。由此可见，设计语义学可以解释建筑和界面的象征意义，同时也对时尚的理解和解释提供了帮助。语义学对于象征符号的强调似乎无法解释时尚的语义，相矛盾的是，我们不能将时尚性视为一种象征，但时尚性却又可以被视为界面设计语义的一种。时尚性作为一种界面的设计语义，是由界面语言所传递。

按照语义学的理论，设计语义包含两种层面的因素：外显和内涵。例如，界面中的形式、色彩、材料等直接表现的视觉形象便是一种外显因素。而在这其中还蕴涵其他深层的形象和思想，这种深层面的因素便是设计语义的内涵，而对内涵的解读是基于教育背景和经验之上的。一旦理解设计语义的双重要素，那么对于时尚性语义的主观性分析便有了可能，不同个体对时尚的差异性理解和把握便有了缘由。“时

① 郭菲．设计语言学概论［M］．苏州：苏州大学出版社，2014：32-33.

尚性”设计语言的语义通常被视为内涵意义。内涵意义与外延意义相对，指从具体语境中获得的一种暗示性意义。事物或现象的本质特征决定内涵意义，是附加于外延意义之上的补充性意义，例如联想意义、象征意义或情感意义等。人们通过语言单位认识和把握客观事物的非本质特征，是观者感性层面的认知。对内涵意义的把握因观者而异，具有较强的主观性，同时内涵意义总处于开放和动态变化之中。

要展开对界面语言的研究，必须立足于对建筑语言的思辨。历史上关于建筑是否是一种语言曾展开过争论，一般认为，建筑风格的形成与语言变化有着密切关联，这是基于“建筑是一门语言”的考量，也是被绝大多数学者所认同的观点。索绪尔也曾用建筑来解释语言相关的问题，将建筑中的梁柱视为符号、构件关系视为句段关系。显然，当人们将建筑以语言对待的时候，不仅是在描述建筑的风格以及所传递的设计思想，同时也承认了建筑所具有的文化意义和内涵，尽管这一点不为凯撒·布兰德(Cesare Brand)所认可。① 同时，我们还应该对建筑学中的两种语言进行考量：尼克斯·A. 萨林加罗斯(Nikos A Salingaros)认为，建筑设计被模式语言和形态语言两种不用的互补语言所指引。模式语言包括人类与建筑环境之间的相互作用，其中蕴含了长期发展起来的能够适应当地习俗、社会、气候等因素的使用解决方案；形态语言包含将事物结合在一起的几何

① 布兰德认为，建筑即建筑，仅仅是材料的堆砌，不具有任何意义。他呼吁人们放弃对建筑的符号学分析和研究，否定了建筑具有实用与精神双重意义的普遍认知。

法则，既是视觉上的也是构造上的。不同的形态语言与不同的建筑传统或风格相呼应。①

有必要说明设计语义学与解释学的不同：设计语义学是将立足点置于设计作品本身，认识作品本身的意义，不完全寻求作者的意图。这是因为人们对设计的确信远远强于对设计者个性的确信。② 明确这一点，才能理解“对时尚性的感知”的直观性和主观性。因此，语义学的相关理论有助于科学地理解界面语言的外延和内涵，它建立了两种解读界面语义的路径，同时也肯定了个体的经验、教育背景等因素对于设计语义把握的影响。

## 2.4.2　界面语言的构成要素

界面语言的构成是语汇与语法共同参与的结果。依照语言学的语言分层理论，点、线、面等语素是构成语言的基本单位，也是构成语汇的素材，是一种低层级的结构；语素经由不同的构筑方法实现复杂语言，在此语言是一种语素的组合，是高层级的结构，可以简化理解为从语素到语言是低层结构向高层结构的攀升。设计语言作为一种专业的符号语言，具有精确规则的表意符号系统，它由作为构成这一语言基本单位的初始符号库和相当于语法的词项和公式的形成规

① ［美］尼科斯·A. 萨林加罗斯，著．建筑论语［M］．吴秀洁，译．北京：中国建筑工业出版社，2009：11.

② 舒湘鄂．设计语义学［M］．武汉：湖北美术出版社，2001：16.

则组成。① 词汇与语法构成了自然语言体系，而设计语言则由语汇(语素)、语法共同构成。在设计或建筑领域，设计语言由专业的语汇作为基本构成单位，界面语言由建筑的专业语素组成，形态、色彩和材质是建筑最为根本的构成单元；设计师的理念、思想、操作和设计手法以及所遵循的形式法则等要素作为语法存在，与基本语素一并构成了界面的语言。在《作为建筑的语言》一书中将建筑语言的表达定义为公式 S+T+N＝L。其中 L 代表建筑语言，建筑语言由 S(空间纬度)、T(时间维度)和 N(基础感官与文字语言公共符号)共同构成。同样，界面语言的构成也可以通过同样的方式被构筑(图 2-2)，且具有相同的结构，只是其中的语汇需要被重新定义和厘清。界面的设计语言是以复杂的纬度组织起来的，包括建筑的形式、肌理、材质、色彩、符号等语素，语素与语素的组合构成语汇，通过语法和文法编码之后形成语言。语言组成了一种结构，脱离结构单独审视任何一个语素都会产生对语言的片面理解。

界面语言的构成即建筑编码，二者具有共同的构成机制。任何一种界面的风格显现都是编码的结果，克劳斯·德雷尔(Claus Dreyer)认为未被编码的建筑并不存在，建筑编码是多层面且复杂多样的，通过不同程度的清晰性来定义。它们有时以形式“语言”的状态存在(如特定的风格和几何形态，本书所论及的时尚性便是此类编码)，有时则呈现一种未完成和开放的联系，而更多时候展现的是二者的混合。具

① 舒湘鄂. 设计语义学[M]. 武汉：湖北美术出版社，2001：15-16.

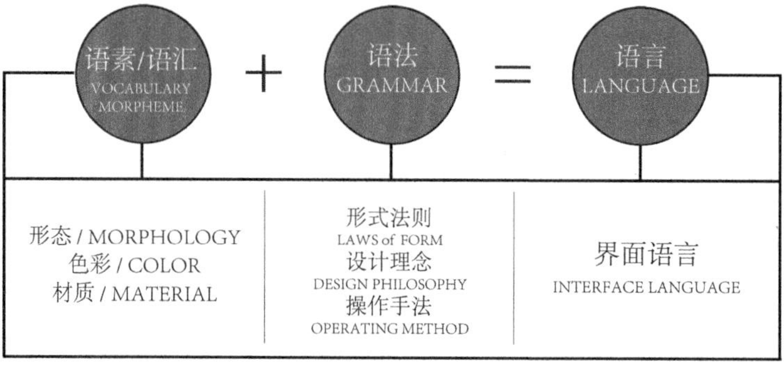


图 2-2　界面语言的构成

体表现为传统和后现代建筑中图像化和符号化编码与建筑中常用的几何(包括现代主义中的几何式样以及褶皱形态等)、数字程序化的抽象编码结合等。

依照詹克斯的观点，建筑不仅只表现功能性的含义，也可以被用来讲述和表达其他层面的意义，这种意义经过设计师对特殊编码的使用使其作品超越了建筑最为本质的交流模式。① 这种编码被视为有限符号构成的亚语言，难以被精确定义和认识，可以是传统、前卫、技术或自然语言的编码，也可能是地域主义的、商业主义的、历史主义的或其他类型的编码。多元编码的类型符合当下复杂而又多元文化的社会

① 詹克斯将建筑编码划分为精英编码与流行编码。精英编码宏观上指代历史建筑，确切地表示正统的现代主义建筑以及当代艺术、文化和其他相关领域的美学标准，这类编码的解码和理解需要建立在教育和相关训练的基础之上；流行编码则针对生活中的普遍使用对象，主要是满足这类人群对于建筑一般而实际的需求，以及对时尚、流行文化的审美需求。詹克斯通过混合异质化的元素实现创造性的组合，以此提供更多版本来满足复杂社会的审美需求，这一原则称为多重编码，被后现代主义建筑师们充分采纳。

环境，被詹克斯赋予新的价值，因为他们会引发非建筑领域的联想，如人体形态或有机形态的相似①，经由这种手法生成的建筑不再作为单纯的构筑物存在，或被视为城市空间中重要的标志物。多重编码的建筑非常适合当代复杂而多元文化的社会环境，也以此作为后现代建筑中的一个基本原则。斯图加特国家美术馆(neue staatsgalerie Stuttgart)正是典型的多语言建筑案例，詹克斯称其“集中体现了后现代主义的第一个阶段”，该方案体现了双重和多重译码的内核。沃夫冈·韦尔施(Wolfgang Welsch)将其解读为将结构表现为多语言的尝试，不仅是风格的混合，更联系了当代世界风格与生活形式。韦尔施关注多元文化下建筑的交流功能，在他的分析中，“编码”“语言”与“风格”几乎是同义词。② 多重编码不仅支持文化间的对话，同时也将自然和宇宙整合到一个交流的整体中，后现代主义建筑中常用的生物形态编码便是很好的例证。例如奥地利格拉茨艺术博物馆的外部形态便采用了生物形态编码生成。韦尔施强调这种新兴的、由电脑生成的设计形式引发的生物形态建筑概念对后现代建筑影响巨大，是在试图寻找一种设计方法来更好地融入对生物和感知上的考虑，而不是绝对理性主义的建筑理念，这也再次强调了与现代主义建筑理念的不同。

---

① [瑞]安德里娅·格莱尼哲，格奥尔格·瓦赫里奥提斯，编．建筑编码——操作与叙述之间[M]．宋昆，孙晓晖，李德新，译．武汉：华中科技大学出版社，2014：55.

② [瑞]安德里娅·格莱尼哲，格奥尔格·瓦赫里奥提斯，编．建筑编码——操作与叙述之间[M]．宋昆，孙晓晖，李德新，译．武汉：华中科技大学出版社，2014：59.

具体到界面的语言，是经过编码并致力于传递某种信息或观念，同时也传递一定的美学理念。对于界面编码的过程，实际上是对建筑语言和语汇进行设计理念、美学思想、价值观念的赋予，以上种种构成了设计语言与编码的语法，对语素进行编码形成语言，并进一步产生语义和意义。界面语言代表了建筑和空间的艺术风格和编码，需要指出的是，对界面语言的解读需要从不同视角进行，同时也需要具备一定的知识背景及经验。

### 2.4.3　当代界面语言的特征

自20世纪60年代起，人类社会开始呈现解放思想、反体制、去中心的文化思潮，这股思潮对于整个社会及文化的影响都是极其重大的。从彼时开始，在人们对自由、个性极度追求的态势下，文化领域出现空前的繁荣局面，在此语境中，设计和时尚也以不同的形式给予了回应。然而当代艺术被描述为混乱不堪，充斥着杂乱的风格和颜色、粗鄙的姿势与态度。事实上这种现状和特征在过去从未如此，尽管人们倾向于用多元化来描述当今的时尚，但这种现状引发了两个疑问：如此多元的时尚内容和形式是否如此不堪入目？多元化的时尚现状是否仅为当前的时代所有？关于第一个问题，我们可以放置于时尚的审美转向中进行理解，这是一个复杂而又难以界定的问题，这其中包括更多的主观因素和审美经验，但可以确定的是，无论是真善美还是假丑恶，在其成为时尚的背后都有着极为复杂的机制，时尚的产生和演进也不以任何人的意志为转移。而关于第二个问题，需要阐明的是，时尚的多元化现象并不是当代社会独有，只是这种多元情形在当代更为突出。齐美尔曾在1916年的一篇文章中谈论过彼时的时尚，认为他的时代是无风格的，是由于并不存在某种主导的时尚风格，而是多种风格并存。多元本就是当代性的特征之一，时尚的形式也相应变得多元，而到了后消费和后工业时代，这种发展变得更为激烈。史文德森认为当前的实际情况是一种超分化(Hyper-Differentiation)①，这是一种由时尚传播所导致的无数风格的变异衍生，而不是均质一致②。

后现代主义思想引起了建筑外部形象的变化，可以被解释为形式的语义学转变，并且重新定义了经典和当代建筑编码的作用和潜力。地域性、文脉性与情境元素等方面的整合，流行与精英文化的混合，本土与外来的表达方式，碎片化、多样化的处理等问题被再次论及。当代多元的建筑形态，其界面都展示出超强的时尚魅力，一方面满足人们猎奇求新的心理；另一方面，体现出后消费时代人们对于图像消费的渴望，在此层面上对于界面视觉语言的观审便映射出人们对于时尚的态度：人们总是寻求新颖迥异的事物来满足自身的审美意欲，无论对象是多么光怪陆离或荒诞不经。具体来讲，当代界面语言具有以下几个特征。

①界面语言多元化。当代多数的公共建筑具有不同寻常的形态，具有一定的超现代性。这些具有激进形态的建筑通

① 此处的“分化”不同于齐美尔的分化概念，此处的“分化”是一种由时尚所导致的异质多元的状态，而齐美尔所言的“分化”是关于时尚“阶级分野”的功用。

② [挪]拉斯·史文德森，著．时尚的哲学[M]．李漫，译．北京：北京大学出版社，2010：163.

常有着简洁、中性、整体、单色、轻微、沉重或短暂的语义特征①，其形态独立而又抽象，显现出与周身环境的隔离。形式丰富的界面语言构成了当代城市独有的视觉文本和景致，不但是城市景观的重要影响因素，也是视觉文化的主要组成部分。界面丰富审美特征形成于其多样的形态、构建材料与方法，这其中蕴涵了不同的美学观念与设计思想。材料与形式所具备的符号和场境，都能形成意识层面的叙述和潜意识层面的表达，这使得界面成为一种具有文化意味和属性的产品，具备审美和文化表达的艺术形式，与界面形态互相界定、互相对偶转述的建筑空间也同样具备这种特性。② 正是基于建筑式样的多元化，才得以展开对界面视觉语言多样性的探讨，这种多样性满足了实现时尚性所必要的条件：多元及共生。例如在城市设计中，城市景观受简·雅各布斯的理论影响开始转向丰富及多元，现代主义中由连续的、统一的建筑立面所构筑的城市景观逐渐被多样性构筑物所取代。无论是城市社区与传统建筑，还是新兴建筑风格的介入，这种多样性与城市的经济发展和衰落有着密切的关系。这种美学偏好后来也延伸至单体建筑之中，对此，弗兰克·盖里用洛杉矶 Loyola 法学院进行了回应，这座建筑反映了城市的多样化面貌。

②界面语言视觉化。无需辩证地去解读科技所带来的利

---

① ［荷］汉斯·伊贝林斯，著．19 世纪末—21 世纪初的欧洲建筑［M］．徐哲文，申祖烈，译．北京：中国建筑工业出版社，2014：215.

② 史雷鸣，贾平凹，韩鲁华，著．作为语言的建筑［M］．西安：陕西师范大学出版总社，2015：13.

弊，它给予人类社会和生活的改变显而易见，人与外部环境的交互行为受到相应影响。集成模块进化成为微型芯片继续影响和改造外部世界，科技与物质形态紧密相连，应当重新审视技术与空间的关系。这直接导致信息技术在建筑领域中的应用，例如，建筑界面开始承担信息传媒的作用，甚至建筑界面与信息载体的界限会趋于模糊，例如那些充当着信息媒介的建筑立面。① 一旦技术介入，界面便开始转化为信息媒介，于是也使得界面朝着图像化、视觉化转向，转变为当今视觉文化的一部分。当代社会所蕴含的文本、图像和产品都是技术化、工业化的结果，社会每每发生巨大变革，都会对艺术和设计造成强力的冲击。巴纳德指出，得益于工业革命和机械化大生产才产生了集约化的文本和图像产品，视觉文化产品开始向大众群体衍散，视觉文化产品的多样性也得以实现。这种发展的影响构成了现代派的视觉经历以及后现代的实质内涵，成为解释当代视觉文化和经历必须予以考虑的要素，它同时也决定了现代和后现代图像和文本的大部分形象，当然在视觉文化的生产和消费中也涉及美学的思想和观点。② 于是平版印刷、摄影、电视媒体和计算机技术组成了自工业革命以来人类视觉文化演进的主要脉络，它们都是大众媒体的有机组成部分。在这里，巴纳德所论述的机器对于视觉文化的影响强调的是传播而非生产，然而机器与技术所衍生出的多元的艺术和设计语言是无法被人们所忽视的。

① 高峰，肖松，刘晓红．场所界面的构成研究[J]．南方建筑，2005(3)：5.

② [英]马尔科姆·巴纳德，著．艺术、设计与视觉文化[M]．王升才，张爱东，卿上力，译．南京：江苏美术出版社，2006：108.

当界面语言经历视觉化的转变之后，为其艺术表现及美学风格的传播起到重要的作用。

③界面语言时尚化。当下的时尚文化呈现出感性、怪诞、反讽等后现代特征，时尚成为构成后现代人类存在的重要方式。按照时尚的逻辑审视当下的文化，日益表面化和碎片化的转变是当代文化的主要表征之一，当代界面语言也开始显现出时尚化的特征。同时，由于时尚独有的包容性，使得时尚在各个设计领域中都能成为人们追逐的对象。自 20 世纪 60 年代以来，一方面随着审美意欲的增强和求新求异的心理驱动，人们迫切需要新的建筑形式；另一方面，社会传统的审美准则受到了前所未有的挑战，新的美学观念、技术、材料的出现使大量新形式建筑的实现成为可能。设计师穷尽一切手段满足人们对时尚和新奇事物的追求，展开对各种事物的挖掘以求寻找出最为独特的时尚素材，甚至不顾社会及伦理上的约束，将触手伸向非道德的、禁忌的事物，并给予不同的包装方式来参与到时尚的游戏当中。建筑在这样一个时代语境中同样难以抵挡时尚的召唤，因为时尚总是在寻找人类文化中最为先进的审美观念、技术手段及价值诉求，建筑恰恰是实现这些伦理道德及美好意愿的承载物，当建筑将这种美好愿景呈现出来的时候，便开始具备时尚的属性。当代建筑师同时也涉足时尚场域，建筑师开始从专业技术化向时尚明星化转向，英文中的 Starchitecture 一词便意为明星建筑，同时也衍生出“明星建筑师(Starchitect)”一词，表明了建筑与时尚的关系。明星建筑一般指那些能够带来巨大效应和影响力的建筑，这些建筑通常由明星建筑师来实现。根据欧洲博物馆机构网的分析，大型博物馆的设计资格

都是为明星建筑师所有，扎哈·哈迪德、诺曼·福斯特(Norman Foster)、弗兰克·盖里、伦佐·皮亚诺(Renzo Piano)、让·努维尔(Jean Nouvel)等人是大型公共建筑领域的明星设计师，他们的作品通常被视为标志性建筑，尤其是在毕尔巴鄂效应产生之后，明星建筑师更是成为高频词汇。20世纪70年代之后，后现代主义建筑致使建筑界的明星地位与流行文化产生关联，尽管遭到不少学者的批判，但是明星建筑对流行和时尚文化的影响却逐渐增强。

### 2.4.4　界面语言的解读视角

界面语言的解读是解码的过程。解码是观者对已编码信息的解读，有效的解读是信息的有效传递和信息价值的实现。作为一种设计语言，界面语义的有效传递是以视觉形式呈现的，包括形态、材料、色彩、图形(符号、标记等)或图像，由于视觉是人们获取环境信息的最主要方式，因此视觉化的表现方式是最为直观的途径，也是影响我们感知客观世界的重要因素。就人的感知而言，建筑的表面属性尤为重要①，对建筑的时尚性经验过程也是感知的过程，时尚性也经由界面这一建筑要素展现出来。克劳斯·德雷尔认为编码的描述、分析及创造性的应用都离不开一定程度的专业知识背景，对于界面语言的解码也同样如此。即便如此，对于语言的误读和曲解同样存在，但是这些都可以被非确定性和复杂编码提供的开放性潜力和新解读方式弱化。建筑编码大多

① 冯琳．知觉现象学透镜下“建筑—身体”的在场研究[D]．天津：天津大学，2013：33.

出自特定的文化社会背景，并通过习惯(约定俗成)和教育(文化资本)获得传播。建筑编码在不断地发生变化甚至消亡，新的编码也正基于文化、技术和社会发展不断涌现，他们表达了世界应对特定时代的创新和发展。① 按照萨林加罗斯的模式与形态双语言观点，并非所有的形态语言都能够适应人类感官的需求，那些不适应人类需求的形态语言无法与模式语言相关联，换言之，每一种适应性的设计方法都与一种具有可行性的形态语言相结合，否则会无一例外地产生令人感到奇怪而陌生的环境。② 这表明，对于语言的理解是建立在编码解释的可能性之上的，即界面语言的制造者设计编码的过程和观者解码③的过程都是对语言的解释和理解，二者的相互对称是语言信息得以有效传递的必要条件，知识背景、经验存储的吻合是实现这种对称的基础。倘若一个人受过专业的教育，具有界面语言中诸如建筑材料、色彩心理、形态语义等相关知识储备，那么他对界面语言的解读便会与一般观者产生巨大差异。

一切由人类生产或创造的可视的事物皆被马尔科姆·巴纳德(Malcolm Barnard)称为视觉产品，因此界面也必然被包含于此范围之中，这是立足于视觉感观的角度。从这一角度

---

① ［瑞］安德里娅·格莱尼哲，格奥尔格·瓦赫里奥提斯，编．建筑编码——操作与叙述之间［M］．宋昆，孙晓晖，李德新，译．武汉：华中科技大学出版社，2014：67.

② ［美］尼科斯·A. 萨林加罗斯，著．建筑论语［M］．吴秀洁，译．北京：中国建筑工业出版社，2009：12.

③ 解码原意指对思想结构的描述，试图揭示隐藏在任何图像里复杂层次的意义，被广泛应用于设计语汇中，表明那些设计事物具有复杂的含义和不同层面的功能。

来讲，人们对于空间的直观解读与建筑形态、尺度、色彩等元素密不可分，这种感知与认知是综合的、多方面的。无论是否基于观者的经验，某些情况下对于界面时尚性的把握和理解可以单纯地以外在形式为切入点，尽管这样会显示出某些形式主义的色彩。按照产品为基础的理论中的某个观点，观者只需要关注对象的形状、线条、色彩等其他形式，便可了解一个时期或流派的整体特征。巴纳德援引克莱夫·贝尔(Clive Bell)对于艺术品欣赏的评述，认为人们不必带有任何现实生活的东西，不必了解作品中的思想与事件，也不必熟悉作品中的情感①……既然对于时尚性的理解和把握基于个体的经验与认知而产生参差不齐的理解结果，那么允许观者带着形式主义色彩对界面视觉语言进行纯粹的解读也是可行的。尤其是面向公众的文化空间所包含的叙事结构与象征意义并不能为所有公众所解读，作为视觉产品，对其理解不能简单参照其外貌本身，但外貌所凸显的视觉语言决定了观者对于界面时尚属性的瞬时判断结果。

是否存在一种共通的解码路径？这种共通性主要表现在对语言通读的实现之上，这意味着需要生产一种超越民族、语言和文化隔阂的符号系统，以满足具有平均文化资本人群对信息解码的需求。例如，文字作为书写的语言本身就是一种无法消融的界限，它暗示着国邦或民族的地理界限，实现多语言的解读需要具有相关的语言学习，即较高的文化资本。具体到界面之中，色彩则是抽象的语言，

① [英]马尔科姆·巴纳德，著. 艺术、设计与视觉文化[M]. 王升才，张爱东，卿上力，译. 南京：江苏美术出版社，2006：27.

更多的是被人为地赋予不同意义，对于色彩的解释也囿于民族和文化背景的因素；其中的材料、形态的使用和塑造则更为复杂多元，这些林林总总共同参与了界面复杂的编码机制，当这些元素被赋予界面语言并被编码之后，其解读过程便更加趋于繁琐。因此，很难以一种标准来制定共通的解码机制，囿于个体的经验与审美喜好的差异导致观者对界面语言的解读也不尽相同，这同样也导致了个体对界面时尚性语义理解的差异。然而针对界面语言的解读提供的一些视角也是给予一种经验，以期降低人们对界面语言时尚性理解的偏差。

#### 2.4.4.1　基于感官视角的解读

语言使人们定义事物并传达某些特定内涵，语言与视觉化的图像都有着随意和不稳定的特征，对于各种不同的定义、描述并不加以限制，这便要求人们对于事物的理解并不能仅停留在直接含义的层面上。所谓直接含义，指涉的是事物之间的区分，是人们理解事物的基本层面，比如人们可以很容易区别出建筑与交通工具的不同。西方哲学从柏拉图时期就强调"视觉"在人类感官中的重要性，并将其置于五感之首，因此对界面语言的直观性解码是以视觉感官为基本路径的认知视角。而当人们面对一个建筑界面的时候，对其语言的把握不仅是将其认为是"建筑的外部式样"，而是内心所感知到的高层级结果，例如立面所传递出的"古典的""现代的""工业的""时髦的""理性的"等语义。这种结果依赖于观者对其直观性的解码，这种解码不需要观者具有深厚的"文化资本"，个体最为直观的感受即是最好的解读，正如迈克尔·克拉克(Michael Clarke)所说，欣赏者本身就是阐释者①，而人们对建筑的多重译码解读，其结果也会根据欣赏者的个体经验产生偏差。

当代已从理性化的现代主义社会过渡到多元化的后现代主义社会，导致文化由视觉性向体验性转向，后现代社会更加强调文化的多元以及体验性的因素，以体验为中心构成了当下文化的动态趋势。不可否认，视觉文化依旧占据着重要位置，视觉文化中所内含的感性意蕴成为对视像语言解码的重要手段。由于视觉的重要意义，“观看”依旧成为当前人们观审对象的直观手法，尤其是对于界面语言的解码。基于感官的直观性解码不需要丰厚的知识积累，只是一种对事物最为直接的认识，例如儿童对于一栋建筑的理解，仅仅是它看起来像某个东西，是将具象事物之间进行简单关联的过程；同样，对于没有受过相关教育的成人，对于界面语言的把握也会产生类似的效果，因此，基于感官的解读最为直观，也是最底层的解读视角。

#### 2.4.4.2 基于文脉视角的解读

自20世纪60年代始后现代建筑流派的出现使得重视文脉的理念被引入建筑领域，彼时的文脉思想是对现代主义建筑和城市规划过度强调对象本身、忽视对象之间关联和脉络的批判，认为现代主义建筑缺乏对城市文脉的理解，主张强调传统、地区、民间的内容和形式，将历史的片段或语汇运用到建筑创作之中②，后现代建筑领域中存在一种“由图像

① [英]迈克尔·克拉克，著．视觉语言——如何将艺术与设计转化为语言[M]．冯驭，译．沈阳：辽宁科学技术出版社，2010：31.

② 魏秦，王竹．建筑的地域文脉新解[J]．上海大学学报(社会科学版)，2007(14)：149.

到物质、由结构到表面、由本能到潜能、由材料到氛围”的转向，图像化、符号化应用开始转向对建筑质料及建造本身内涵的发掘，对建筑质料结构属性的关注转向表面属性，进而展现一种综合的现象，如对时间、大地或自然的回应。① 后现代建筑同样关注历史，这体现在建筑中对于历史符号的应用，例如阿布扎比卢浮宫（Louvre Abu Dhabi）的穹顶，圆顶作为阿拉伯建筑的典型特征，在此是对阿拉伯传统的回应。无论是对历史文化的再现或是对重要历史事件的回应，当建筑具有能引发回响、产生共鸣的设计语义时，便提供了另一种获取美感的途径，因为独特的历史记忆对审美有着重要的意义。对于文脉的回应需要规避建筑学中历史主义者的观点，若以一种新型材料去复制或模仿历史上基于某种独特材料和工艺而来的建筑形式，便会导致忽视当下的社会、文化与技术环境，陷入恋乡怀古的情节②，例如，生活中常见的利用混凝土结构仿制的斗拱结构。

对于文脉的回应是一种怀古（Nostalgia），它涉及人们过往的经历与经验，突出建筑对文化和情感的反映，也是地方记忆的延续。例如建筑的造型或材质纹理显示出的情感信息或许会唤起个体对以往的回忆，这是个体的经历和经验共同参与了解释的过程。以重视文脉的视角来解读界面语言，是饱含人文精神的，文脉不仅指向历史，同时也关照地域和民族的文化，尤其是后现代的建筑更加注重对文脉的回应。由

① 冯琳．知觉现象学透镜下“建筑—身体”的在场研究［D］．天津：天津大学，2013：37.

② 黄增军．材料的符号学思维探析——建筑设计中材料应用及观念演变［D］．天津：天津大学，2011：23.

于后现代艺术哲学重视语境化(Contextualization)和身体经验，因此一些美学家强调将艺术置于其赖以生长的文化、社会背景中来理解，从而有了本土化的主张。①

理解界面语言中所包含的文脉，对于界面的经验和把握起着重要的作用，也体现出一种崇尚人文关怀的内涵。全球化进程同时也在影响地方建筑的现代化演进，但地方传统文化也随之被消解。当代技术可以产生跨越民族与地域差异的建筑，却需要遭受来自传统建筑的抗拒和适应。辩证来看，新的技术所构建的奇观建筑一方面斩断了传统和地方性文脉，但积极地来看，新技术也在另一方面为文化的形成和地方个性提供了生产条件。外来文化的引入势必会使本土民族文化弱化或异化，甚至丧失其独立性而走向崩溃，这成为技术转移过程中存在的深层问题②，正如肯尼斯·弗兰姆普敦(Kenneth Frampton)所言，当今的建筑实践既是本土的，也是全球的，这归究于全球化进程与网络信息技术的发展。同时，明星建筑师的设计作品伴随着资本的流动开始向全球输出，弗兰克·盖里(Frank O. Gehry)用古根海姆博物馆蔚为壮观的造型证明了这一点。对于文脉的传承还体现在对旧有建筑的重新改造之中，那些将车站变为音乐厅、仓库转变为博物馆的建筑不胜枚举：例如南非的蔡兹当代艺术博物馆(Zeitz MOCAA)正是以旧有的粮仓改造而来，同时以当地种植的小麦颗粒为原型，对原有内部空间进行剪切而得到一种

① 彭锋. 后现代美学与艺术的几种倾向[J]. 装饰，2004(4)：7.

② 黄锰. 技术视域——解读建筑现象与形态创新的新维度[M]. 北京：中国建筑工业出版社，2012：4.

独特的艺术形式。它们一方面保留了旧有建筑的设计语言和审美风格；另一方面，用全新的设计语言对其进行嫁接，形成极度强烈的新旧冲击。同样，易北河爱乐音乐厅(Elbphilharmonie)也是在旧有码头仓库构建了新的形式语言，不仅回应了当地的文脉，同时也产生了一种强烈的时空冲突，建筑上部定制的弧形玻璃更是营造了一种强烈的时尚冲击力，使其成为汉堡市的新地标。这一种融合当代审美情趣与地方文化的设计手法成为当下的潮流，是建筑师对地域文化和价值的肯定，不仅需要顾及因不同民族、地域而产生的审美情趣，还要重视地域文化与技术的传承。同时由于不同地域和民族的建筑材料、构造技术的差异，也在一定程度上丰富了建筑创作的素材。伦佐·皮亚诺所设计的冉-玛里亚·特吉巴奥文化中心(Tjibaou Cultural Center)以锥形侧面和编制结构反映了传统的卡纳克文化。这类建筑在意义上具有历史性和文化性，但是在功能意义上却有着交换性和不确定性，这显示了对确定性消解的解构主义倾向，伯纳德·屈米(Bernard Tschumi)曾提出“事件建筑”的概念，直接解释了这种现象。从事件建筑所获得的成功来看，对于文脉的保留、风格的混搭呼应了当代的价值诉求和审美观念，正如彼得·布莱克(Peter Blake)所言，最合适的功能往往是在一处偏离原先使用功能的场所中获得。

由此可见，当代建筑对于文脉的态度本身就是一种时尚，建筑师基于这样的理念在全球范围展开了各种实践，带动了新的建筑趋势。基于文脉视角对界面语言展开解读，是一种较高层面的审美活动，它让观者带着审慎态度理解建筑，对于界面语言时尚性的把握起着引导作用。

#### 2.4.4.3 基于意义视角的解读

通常来说，当代的公共建筑，尤其是所谓的奇观式建筑，都被赋予了一定的象征性或纪念性，这种性质的界面首先具有一定的内蕴，进而是建筑意义的表现。在奇观式建筑的新时代，仅仅提供一个人长久难忘的形象是不够的，这些形象还必须是由奇观带来的意识形态说辞的一部分，建筑师们如果想传递一种具有叙事风格的信息，就会越来越多地采用象征手法。① 詹克斯认为，当代社会对于奇观建筑的追求是不可阻挡的，这种浪潮如同对时尚的追求，将反对与质疑的声音淹没。他提出，倘若无法阻止这样的趋势，不如接受这样的现实，从那些肤浅、怪异的标志性建筑中挖掘出积极意义和正面价值。同时，詹克斯总结成为标志性建筑的两个要点：首先需要具有能从城市环境中脱颖而出的造型；其次需要以某种方式表达出某种隐喻和象征意义。② 当代的标志性建筑具有多种隐喻和联想的功能，此外，标志性建筑通常还具有炫耀性的形态，被大众观赏和消费，成为时尚文化的组成部分。虽然其象征性功能隐喻着更有深度的意义，但是奇观式的形态却被公众观赏、消费或戏谑，是浅表性审美的结果。

意义与文脉在某种程度上是共生的两个视角，界面语言的解读过程通常都伴随着二者。意义通常指建筑形态、色彩

---

① ［英］迈尔斯·格伦迪宁，著．迷失的建筑帝国——现代主义建筑的辉煌与悲剧［M］．朱珠，译．北京：中国建筑工业出版社，2013：39.

② Charles Jencks. The Iconic Building［M］. New York：Rizzoli，2005：23.

或材料经过艺术化处理后所表达的生成内涵，即设计语言的内涵，一般指精神性的或象征性的。当代建筑师注重对人本主义精神的思考，将历史的、民族的文化和艺术财富赋予建筑创作，是对文化的历史连续性的重视，是极具人文价值的设计思想。当建筑成为传统文脉与当下时代精神结合的枢纽，便会引发大众对于文明和民族文化的联想。早期密斯在柏林美术馆(neue Nationalgalerie)的设计中引入八根巨型的十字型钢柱，用以支撑整个网格型屋面。在此，十字型钢柱是作为对钢铁这种材料的古典纪念性表现的探索，除此之外，钢柱形态的结构式样是对古典秩序的隐喻，钢柱的收分也是对古典主义建筑的暗示。再如多西(Balkrishna Doshi)设计的胡塞恩画廊(Hussain Gallery)，其内部界面受到原始洞穴与印度佛教洞穴的启发生成，是对印度传统文化的隐喻与象征。

界面语言涉及由建筑所构建的内外部设计语言，是建筑本身特征与内涵的表达，其精神性与标志性赋予了建筑更为深层的意义。正如黑格尔(G. W. F. Hegel)所强调的建筑的本质即象征型艺术，便是从美学角度对建筑精神性的解读。建筑被视为特殊的艺术形式并进行处理，成为人类精神的载体：其主要目标是掌控和支配自然界，让自然界从外部逐渐走到人们的心灵世界和精神领域。① 公共空间作为人类重要的社会活动场所之一，除了其本身所承载的象征性意味，同时也能满足人类精神层面和社交层面的需求。公共空间中的

① 陈立. 从精神容器到开放场域：当代美术馆的特征和形式研究[D]. 北京：中央美术学院，2017：30.

界面语言同样应该具有意义，无论是象征意义还是纪念性意义，只有对意义进行理解和把握，才能以多元的视角去解读界面语言所包含的人文价值及美学语义。

对于界面语言解读视角的提出，是正确理解和把握建筑语义的有效途径。其中基于感官的阅读属于基础层面，是不借助经验和知识对建筑得出的直观性认知；而基于文脉与意义的解读则是较高层面的认识，建筑对于文脉的重视使其有了意义深度，基于意义的解读则得以认识到建筑的象征意义与纪念意义，是一种对建筑语言更深层面的解读。

## 2.5 本章小结

本章从公共空间及界面概念的生成出发，论述了公共空间对当代城市生活的影响，提出本书语境中的公共空间及界面的概念，实为对研究范畴做一个界定，并对当代公共空间的艺术表现及风格现状做出阐述，以便为界面语言时尚性的分析做出铺垫。除了对概念界定之外，本章对公共空间的本质、现状及当代转向做出详细的论述，为阐释当代公共空间界面语言的生成及现状提供了解读基础；此外，对于界面的意义进行再述，提出了界面在景观层面及精神层面的价值，提出界面的“标志性”特征是为景观层面的意义，“纪念性”则属精神层面的意义。

针对“公共空间界面”进行具体的定义及构成分析，将重点放置于界面的历史演进之上，是对当代界面形式的成因及历史背景做梳理和补充，以便更好地理解当代界面语言的现状。书中拟出界面从古典主义—现代主义—后现代主义的演进脉络，对建筑的界面(立面、表皮)与结构的二元关系发展以及界面与装饰的关系进行了论述，由此厘清了界面的演进历程。

以设计语义学为基础厘定了界面语言的构成，将设计语言与语义学进行关联，认为设计语义学可以解释界面的象征意义，同时也可以对时尚的理解和解释提供帮助。在此，是将时尚性作为界面语言的一个语义来对待；将界面中具体的形态、色彩、材料作为语素和语汇，将设计理念、形式法则作为语法，二者结合形成界面语言，即语素/语汇+语法=语言。随后分析了当代界面语言的特征，提出界面语言多元化、界面语言视觉化、界面语言时尚化是当代界面典型的三个特征，并基于感官、文脉及意义三个层面提出了界面语言的解读视角，根据界面风格的历史演进脉络、当代界面语言的特征以及解读界面语言的多维视角，为之后界面语言时尚性的研究提供了理论支持。本章针对界面语言的生成做论述，提出界面语言的构成模式并提出解读视角，将重点放置于对当代界面语言的分析，通过分析得出当代界面语言的现状以及生成的背景，构成了本书的研究语境。

# 第3章　当代界面语言与时尚的认知语境

本章节以较为宏观的视角分析了当代界面语言与时尚的认知语境，试图通过多个维度的分析来阐明当代界面语言的生成背景；同时定义了本书语境中时尚的语义及属性，通过对“时”与“尚”的分析阐释了时尚的历时性及载体的多样性特征，以期全面地解释“时尚”。唯有理解时尚，才得以窥探“时尚性”的本真。同时也梳理和阐明了影响时尚性的多方面因素，以构建完整的“界面语言时尚性”的认知语境。

## 3.1　界面语言时尚性的阐释与认知

### 3.1.1　界面与时尚的多重关系

时尚作为被群体在某一时间段落中追求和推崇的物或事，是非常宽泛的集合，时尚性是这些集合所显露出来的某种特质，界面作为集合之中的一个元素被定义，那些表现出“时尚性语言”的公共空间建筑界面构成了本书的研究对象。建筑在当代语境中演化为抽象隐喻的符号，同时被赋予更多诸如交流、信息、批判等媒介属性及美学功能。后现代建筑元叙事向微小叙事的转向使其拥有多义与非确定性、差异与个性化、互动与体验式的创作机制，这构成了建筑广阔的创作视域①，也构成了当代多元界面语言的生成环境，丰富了时尚的形式与内容。当代西方主流文化具有图形化、媒体化等主要特征，由技术所引发的信息交流效率的提升使得各种视听形象充斥人们的生活，实质上表现为美学上的大众主义——与现代主义的精英姿态相对，大众化的趋势把艺术更进一步纳入资本主义的生产与消费体制，在这样的一种语境下建筑被理解为一种时尚或信息，这构成了表皮热潮的文化形态背景。② 第亚尼认为，一种追求风格的意识会随着消费社会起作用或呈现之时而出现，这表明，尽管不能将建筑定义为"炫耀性消费"的物品，更不能视为一种欲望性或仪式性的物品，但界面作为建筑的华丽衣被依然可以作为供人消费的时尚形象，尤其当代建筑界面所表现出的光怪陆离、形态各异的奇观特质。因此对于界面时尚性的认知，成为观者解读界面语言的重要前提。

#### 3.1.1.1　作为时尚文化的界面

首先需要指出的是，本书语境中的时尚文化并非微观的与时尚产业有关的文化，而是广义的时尚文化，涉及整体的时尚概念。此处，把各种当代的流行设计思潮、设计手法视为时尚文化的一部分，也正是借由这些设计理念与实践手法，时尚性的界面语言才得以实现。在这个层面上，界面与

---

① 张曼．当代西方建筑符号的审美研究[D]．哈尔滨：哈尔滨工业大学，2013：1.

② 赵榕．当代西方建筑新范式研究[M]．上海：同济大学出版社，2012：2.

服装、产品等其他领域的设计有着共通的逻辑关系，即时尚性的设计语言反映出当前的时代精神、价值诉求与审美旨趣，同时，也具有同样的生成结构、传播途径及演变过程。

20世纪以来兴起的都市空间、全球化空间和虚拟空间构成了当代视觉文化研究的一个重要视角。当代社会“图像转向”的语义愈加凸显，视觉机制将触角伸向任何一个领域，以求寻求更多的时尚素材，不断地满足人们对图像的消费。在这样一个语境中，任何一个事物都可以被作为图像复制传播，并充斥着现代人的文化生活。生命的本质即在于复制，文化中所产生的概念、行为方式、形式、技术等都因为被模仿而传播，完成自我复制和扩散，并被社会选择或淘汰。时尚也同样依靠模仿而传播，时尚的设计语言在传播过程中完成自我演变，时尚的设计手法和风格成为文化基因的一部分。当设计语言成为文化基因的时候，就已经是一种成功的时尚，这样一来，界面语言便成为时尚文化的组成部分。

巴纳德曾把艺术与设计视为视觉产品，他将一切由人类生产和创造的可视的且具有传达意图和美学功用的东西，皆称为视觉产品。迈克尔·克拉克把视觉文化定义为人类带给世界的视觉产物和现象，它可以是所有自然的或文化的视觉现象①，因此从视觉文化层面来讲，界面被定义为一个视觉产品。当人赋予界面以意义的时候，界面的文化性就已经产生了，同时界面的媒介形式与艺术形态传递了场所的精神特质。这种文化性使得界面语言变得更为重要，这主要源于界

① [英]迈克尔·克拉克，著．视觉语言——如何将艺术与设计转化为语言[M]．冯驭，译．沈阳：辽宁科学技术出版社，2010：8.

面语言的文化意义对于其本身自然意义的超越——人类有意识地用界面实现多重功用，界面便有了文化意义。这种文化意义是精神层面特征的转译，也是设计艺术对人文精神的体现，进一步讲，界面利用象征的手法呈现建筑和场所的精神实质。界面作为建筑和场所最为重要的视觉筑造物，秉承满足伦理价值诉求的设计理念，一定是具有更为深层的价值意义，从这方面来看，界面设计构成了修辞（艺术化的表现、审美层面的需求）与象征（精神的转化、伦理价值的诉求）两个层级的价值体系。一方面建筑师通过界面表现建筑的风格及设计意图；另一方面，界面同时蕴涵着建筑的美学特征，成为人们经验建筑的最直观途径。人们通过图像、图形和语言可以将界面的物质形态以及建筑的空间语言进行再表述，以此观点来看，建筑的语言可以通过上述三种手法表达和观念化的技术路线实现，成为认识客观世界最为普遍的方法。此时，视觉语言成为界面语言描述的重点，将界面以图像的方式进行解读，也回应了读图时代的精神内核，最终的问题也指向通过视觉呈现界面的时尚性语义。

安·霍兰德（Ann Hollander）将时尚与视觉形象进行并置，认为时尚有助于自我意识中形象的塑造。在时尚的传播过程中，图像是重要的传递媒介，图像的解读与把握受意识形态与价值观念的影响。后现代社会中，以图像为主的视觉文化更为直观地展现深层次的文化内涵，影响着人们的价值观念和认知方式。居伊·德波在 20 世纪 60 年代提出奇观社会的概念，用以描述商品社会中所充斥的图像、娱乐、产品等幻化为奇观形式的境况。德波认为，奇观社会利用影像与模型将人类带入一个由消费、娱乐和信息组成的符号世界，这个世界中真实被奇观替代，后者升格为真实世界并对受众产生催眠和麻痹的效用，受众的喜好与欲望也被隐形地操纵和控制。以毕尔巴鄂古根海姆博物馆为典型的奇观式建筑也成为这符号世界的图像之一，以夸张怪异的姿态迷惑着它的受众。

尽管界面与流行文化的关联甚微，但是将其置于广义的文化范围内来看，二者之间又有着相关联系，尤其是奇观式、地标性建筑的界面语言，在媒介时代通常被当作图像来消费。界面是建筑视觉形态的直接显露，无论是建筑外部还是内部空间，界面成为呈现建筑美学理念的载体。当代建筑技术的进步使得建筑界面得到凸显，尤其在媒体信息高度发达的当下，界面更是成为图像时代与媒介时代重要的视觉景致，也是当代视觉文化的组成部分。需要指出的是，界面一词也是其他领域中的高频词汇，尤其在计算机或移动设备应用领域，界面的设计语言更是体现出当前的审美趋势，甚至引发了相关领域中界面设计的革新。

按照巴纳德对于视觉产品的定义以及基于视觉产品作为时尚文化的属性，界面完全有理由成为视觉产品的一种，而时尚的界面语言本身就是一种文化基因，那么便建立起了界面与时尚文化的关联。作为时尚文化的界面，除了是可被消费的幻化形象之外，更多的是传播一种时尚的观念，尤其是公共空间的界面，具有向公众传播时尚观念的适合途径，这种时尚的观念也是现时审美旨趣、价值诉求、文化脉动的集合。

#### 3.1.1.2 作为设计趋势的反映

时尚性的界面语言是观察和预测设计趋势的途径之一。

时尚预示着某种趋势与潮流，对于设计趋势的关注体现了设计师对文化的敏锐程度，任何一个设计领域都应该表现出对于设计趋势的敏感度，它是实现设计创新的必备要素。学术研究、国际主题事件、市场需求等都是产生设计趋势的要因，从时间维度上来看，时尚应该是先于趋势，趋势与潮流是某种时尚演变的可能结果。

马丁·雷蒙德(Martin Raymond)致力于研究时尚设计潮流对于设计创新的影响并反复强调对设计趋势的重视，他认为对于时尚的把握有助于对设计潮流的预测，认为这种预测强化了从各个角度对于社会的观察，理解发生在文化中的新变化在时间上的影响是非常重要的，这种新变化可能是影响科学、时尚、建筑或艺术领域的大规模变化，也可能是饮食、娱乐或消费等较为微妙和难以识别的变化。设计师是时尚的创造者，创造出文化中的新鲜事物。文化中的新鲜事物是一种“素材”，一种以激发人们好奇心或引起注意的方式穿透人类视觉、情感或智力视野的独一无二的事物，是时尚潮流正在酝酿，或是文化和生活方式中新方向即将来临的第一个迹象①，对于素材的把握是预测时尚潮流的关键。他以功用和意义作为评判创新性的双重依据，这种被他描述为“精美设计”的创新是一种对潮流的超越，并创造独特的视觉文化，而这种文化的创造是在对独创性的追崇、对周围世界的好奇、对稀有之物的尊重、对创作上的无所畏惧、对至善至美的追求等基础上实现的。

---

① ［英］马丁·雷蒙德，著．什么是时尚设计预测［M］．江源，译．北京：中国纺织出版社，2013：34.

雷蒙德基于创新传播理论、创新传播路径、亨里克·维加尔德的菱形趋势模型以及加布里埃尔·塔尔德(Gabriel Tarde)的创新传播曲线来阐明时尚设计潮流是如何在人类社会扩散开来的(图 3-1)。① 创新曲线不仅描绘了时尚设计语言的演进过程，也显现出创新设计语言的发展规律，同时揭示了设计运动同时尚最为本质的相似点：都是先前各种趋势的周而复始。对设计趋势的关注对于设计创新始终具有积极的意义，必须将创新视为设计创造的最终目标，因此，若要产生新的设计思想和创新，需要对设计趋势进行追踪而非追随：设计趋势是一种信息，人们不应该仅仅拷贝这些信息，而是要对其进行分析加工并厘清趋势背后的影响因素，各种因素的串连是实现新设计②时尚的前提。无论是在设计还是时尚领域，总有一些信号表现出当下的时尚趋势。对于趋势把握的重要性如同对历史的把握，提供了一条通向未来的路径，设计的时尚、时尚的设计理念或手法都是在不断更迭回流，遵循着时尚的结构和逻辑。在这样的浪潮中彰显出对于

① 以创新者(Innovator)、早期接受者(early Adopters)、早期大众(early Majority)、晚期大众(late Majority)以及落后者(Laggards)五类群体组成的线性传播关系提出时尚潮流的"S"形传播路径，定义了在时尚传播路径中雪崩点(Tipping Point)与失效线(Flat-line)的存在。雪崩点是时尚潮流在传播路径中病毒式传播的关键节点，是某种时尚潮流发展的临界，在这种情形下，时尚潮流已从被少数人关注而扩散到大众群体并且具备明显的影响力；而失效线则处于传播路径的尾端，这个阶段中时尚潮流的影响力日渐甚微，直至消逝。

② "新"价值是评价事物创新的标准，当设计趋势集中表现为雷同的时候，创新的意义便得以呈现，这也从侧面表明一种设计的创新和时尚得到了大规模的模仿和传播。此外，跨文化分析(Cross-cultural Analysis)以及文化盲感也对设计创新有重要意义。

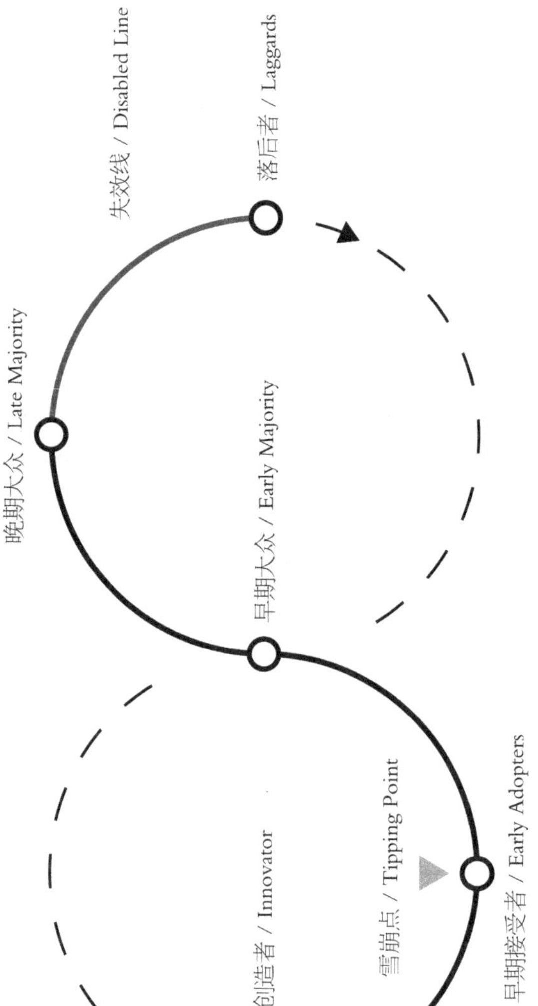


图3-1　时尚的“S”形传播路径

注：该图描述了时尚传播过程中的重要节点，同时表明了时尚周而复始的特性。

跨文化、跨领域中时尚趋势关注的重要性，对于时尚趋势保持持续的敏锐度，以文化盲感(Cultural Brailing) ①审视整个文化环境，都是至关重要的。

设计趋势一直受到各种文化的影响，最终通过对 20 世纪中期流行的现代主义的重新解读而变成单调雷同的海洋，尽管这些设计依然美丽并吸引人，但是却无法想象下一步会流行什么。正如保罗·戈尔德伯格所说，某种意义上无处不在的设计使人们变得麻木，人们对此已经熟视无睹，从感观上来讲，人们需要越来越高层次的设计密度来应付这种现状。时尚性的界面语言一定包含了当下先进的设计理念和美学思想，尤其是那些来自较高层级的视觉产品，必定引领设计趋势和走向。对于界面语言的关注不但是对设计潮流的接收和理解，同时也是艺术创作的学习蓝本。这一论证，对于界面语言设计趋势的理解和把握，对设计创新的实践具有一定的积极意义。

## 3.1.2 时尚性界面语言的建构

界面语言由语汇与语法构筑，同时与建筑的风格紧密关联。因此界面语言的时尚性与建筑的时尚性具有共通的语义，同时，界面语言的时尚性也可以被理解为时尚的界面语言，理解时尚性语言的构成，是解读界面语言时尚性的关键。巴特指出，时尚化是时尚语言的产物，要理解时尚就有

① “文化盲感”是由美国未来学家费丝·波普科恩(Faith Popcon)提出的术语，意指同盲人借由纸张中的凸起来获取信息一样去感知文化中的凸起。

必要去理解构成所谓时尚的语言。在愈加碎片化的后现代社会中，时尚更倾向于开放的文本，不断获得新的解释和意义。语言具有简单直观的结构，界面语言的构成则需要专业语素的赋予，而时尚性语言的构成则具有一定的复杂程度。期望像公式一样提炼出时尚语言的构成法则并不可行，时尚具有复杂的生成机制，以及多方面的影响因素。因此，对于时尚语言的理解，一定要置于更为广阔的范围。需要强调的是，寻求时尚性语言中语汇的历史来源并无实际意义。按照史文德森的观点，当代的设计已经步入时尚历史的终点，时尚很难再有进一步的发展。将历史的或旧有的风格进行细微变化而创作出与原有风格相异的形式，是当下创造新时尚最为可行的手法和策略，史文德森称之为“衍生修正”。这种新的时尚语言与其原始风格的历史文本之间的联系越来越薄弱——时尚解构语境又重构语境，时尚从历史中窃取的元素不再具有确凿无疑的来源。① 正如马特·马图斯（Matt Mattus）所言，当今的设计运动是先前各种趋势的周而复始，20 世纪五六十年代各种设计趋势公平竞争，而在当下这种视觉符号即将被消耗殆尽——设计界模糊了趋势的意义，同时在此过程中毁灭了任何相关的最新的设计运动。设计师对于各种矛盾或复古风格流派的拼贴与组合，显现出了设计创新的缺失。由此可见，对于设计时尚性的理解和把握需要建立在一种历史语境之中，审时度势地认识到当下的意识形态和整体语境，认清时尚的内涵和语义，才得以构建时尚性的设

① ［挪］拉斯·史文德森，著．时尚的哲学［M］．李漫，译．北京：北京大学出版社，2010：26.

计语言。

时尚语言的产生除了要遵循常规的语言结构之外，还需要赋予某些观念性的要素。形态、色彩与材质构成了界面语言的基本语汇，除构成法则与形式法则之外，意识形态、思想理念、价值诉求、审美趋势等作为语法使二者结合成为语言，表达出某种特定的时尚语义，而时尚性本身也正是一种语义(图 3-2)。若要表达时尚性语义，首先需要了解时尚的意义和内涵，其次是对具体的“时”与“尚”进行深度理解：“时”指当下的时间、或历史上的时间节点或阶段，是时尚存在的时间维度；“尚”指在某时间维度中被人们推崇的观念、行为或技术等种种类型的事物和单元。从真正意义上理解时尚之后，才使得时尚性语言的生成成为可能。总的来说，时尚性语言的创造需要理解时代背景及外部环境，以及时尚因素的赋予，例如当下阶段的意识形态、审美趋势、价值诉求、技术手段等因素。纵观那些具有影响力的时尚性界面语言和风格，无一不是由上述因素结合而产生的。更进一步讲，这也是一种理解和把握时尚性界面语言的路径，唯有此，才得以知晓各个领域中的趋势和潮流。跨领域和文化的潮流分析也正是设计创新的实现手段。

### 3.1.3 界面语言时尚性的认知

本书对于界面语言的研究，具体来讲是针对构成界面语言的语汇、语法展开的研究。其中，语汇包含构成界面的形态、色彩以及材质，语法则涉及影响当代建筑形态的各种思潮及理念。而对界面语言的时尚性认知，是对界面的表征及其语义的传达所获得的整体把握，受限于观者的知觉经验积

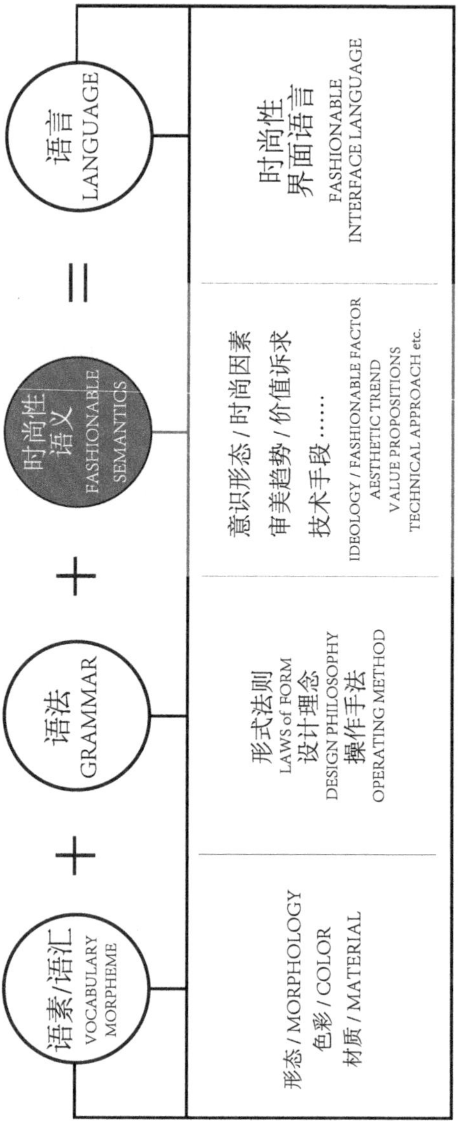


图3-2　时尚性界面语言的建构

累、意识形态和审美趣味。这意味着对于界面的时尚性解码是极为主观的活动，时尚多重的影响因子、界面语言时尚性多向度的判读框架都会导致解码过程的主观性和复杂性，可以说，对于界面语言时尚性的认知，需要一定的审美基础。无论是经验积累、意识形态和审美趣味的集合还是文化资本，都显现出界面语言时尚性解码的主观性，尤其在当下以去中心化为特质的后现代语境中，快速更迭的时尚、多元形式的交融、多重向度的时尚语义都决定了时尚解码的复杂性。

单元的时尚属性并不客观存在，其时尚属性的确立不由单元本身决定，而是来自人的主观判断，而最终结果是在单元的本质属性或外显特质、观者的审美与经验共同作用下产生的。对于界面时尚性的认知是一个审美过程，而审美涉及观者的美学经验，这种经验是要建立在一定的能力基础之上，波多将这种能力称为“文化资本”——以教育背景、知识体系和审美经验共同构建，只有当个体具有一定文化资本的时候才能对艺术或设计作品做出反应，才能理解和欣赏它们。① 因此，对于界面语言时尚性的理解，本质上来讲是“具有一定文化资本的观者对于一个美学产品关于时尚的评价过程”，不同群体或个体所拥有的文化资本不尽相同，便影响了观者对于视觉产品或时尚单元的感知结果。

巴纳德在《艺术、设计与视觉文化》中反复提到“社会团体”的概念，认为不同的社会团体对于艺术和设计之间的界

① ［英］马尔科姆·巴纳德，著．艺术、设计与视觉文化［M］．王升才，张爱东，卿上力，译．南京：江苏美术出版社，2006：139.

线、不同美学经历之间的界线有着相当大的差异，比如，一旦有某种艺术或设计的概念被提出，便会受到来自不同时期、不同团体不同的定义和解释，这或许可以理解为不同社会团体之间文化资本的异同，也说明了并不存在绝对的时尚概念。倘若时尚诞生伊始是为了标示某群体的社会阶级、审美品位或身份地位，那么就一定能遭受到来自其他群体负面的定义和评价，毕竟审美经验是群体文化资本的一个重要因素。正如巴纳德所说，并没有客观的、中性的和永恒的艺术与设计的概念，而在多元文化交汇和冲突的当下，遑论寻求有关时尚的普世价值了。而依照时尚的包容性，历史、现代、欢快、严肃、时尚的设计语言，允许与时尚表征进行关联，无论是历史还是现代、欢快还是严肃，都可以成为时尚的设计语言，决定某种表征是否时尚则需要将其置身当下的审美环境之中讨论。当下的审美环境致使新的元素不断被挖掘并产生新的时尚，加上时尚总是以各种形态呈现，便显现出不同的征候。新颖、独特、异化等都可以成为时尚的特征，这同时也意味着时尚与美之间的辩证关系：美的东西并非时尚，而时尚的事物也并非一定是绝对美的——时尚中的审美转向再次被证明。因此，对于时尚评判标尺的刻度总是非常模糊，主观上来说，个体可以依据自身的审美经验对时尚对象作出评价；而客观上个体无法主导单元的时尚属性，而对于时尚单元的美与丑的界定则更为主观。如此一来，对于界面语言的时尚性判定也并不存在唯一准则，本书也试图提出一个全面的判读框架，力求客观地展现界面语言时尚性的评判维度。

时尚的相关理论也是用以阐明界面语言时尚性的理论依据。界面语言作为一种设计形式，其时尚性一定是由自身的设计风格或价值等多方面因素决定的，因此对界面语言的时尚性进行详尽的解读，必定是要以风格、品位、美学价值等相关理论为基础来展开。由于界面是一种与服饰不同的具有非消费特征的单元，因此不能用单一的标准去度量其时尚性。意识形态、技术、风格作为影响时尚的因素，表明了时尚的生产与理解一定是多方位的。任何一种设计风格和趋势(包括但不限于建筑)的产生都是一种复杂现象，莫利纳里便认为对于建筑趋势的分析是立足于多视角的，包括人类的流动性、文化根源、大众品位、传统与现代的冲突调和过程、经济因素、地域范围以及城市化进程等。因此，一种设计趋势与政治、经济和社会语境等外部环境密不可分。界面语言对于现时主流风格、审美意趣、价值规范的展现使其具备时尚性的可能，界面的时尚属性具有非常复杂的生成机制，是多方面因素共同努力的结果，一种在客观上极力展现出时尚性的单元，其解码标准也会随着观者自身的多方面因素而改变。

## 3.2 当代界面语言的生成之境

### 3.2.1 基于时代角度的分析

工业革命所带来的生产程序的改进在艺术、设计史上是件具有决定意义的大事，工业化对于审美活动造成了不可忽视的影响，批量生产的廉价工艺品使风格与时尚的语义产生转变。尼采以“上帝死了”宣告人类开始重视真正意义上的人本主义，工业革命也使得人类的物质世界得到全面提升，人类享受这种人造文明并对其高唱赞歌，工业革命使时尚真正走向大众，一种“机器美学”也应运而生并成为新的时尚标杆，于是艺术品的本质开始得到质疑。“……美的东西并不一定合人们的心意，而只有合人们心意的东西才被认为是美的……，大量的所谓的艺术品被机械化程序生产出来，最美的东西已经被庸俗的风格所玷污，时尚刺激了多元化发明和式样的产生，这些发明和式样并不源于对于合适的事物的好感和高雅的品位”①，这表明，不同时代、社会语境下人们对于风格、时尚及审美的认知会发生相应变化，从另一个角度分析，时尚的形式同样受时代与语境的影响。第二次世界大战之后，新的世界格局形成，工业和经济飞速发展，现代主义所奉行的功能主义以及现代主义美学对日益多样化的消费者趣味和欲求的应对能力受到质疑，现代主义逐渐成为传统和单一的象征，消费、废弃、变化的观点被认为是健康、活跃的社会符号，技术被置于最高地位，传统的建造形式遭到拒绝，建筑形式被视为应该由消费者的需求来决定，个性化、流行化的语义开始浮现，设计的价值无需普及和永恒，短暂即是合理。年轻一代在对比了现代主义的遗产之后提出了新的审美标准，强调设计是对消费者欲望和需求的满足，产品的功能性则处于次要位置。以功能主义为内核的现代主

① ［英］E. H. 贡布里希，著. 秩序感——装饰艺术的心理学研究［M］. 杨思梁，徐一维，范景中，译. 南宁：广西美术出版社，2014：37.

义遭到一些人的否定，反设计、波普艺术①、孟菲斯集团等运动和流派开始将文化符号以设计的形式带入大众视野。同时，20 世纪 50 年代后期成长起来的一代，得益于富裕的物质生活条件已不满足于现代主义设计所带来的审美，开始向往新颖、温暖、流行的设计趣味，促使设计开始关注个体的消费意向，转而向人情化、趣味化、象征化、精英文化与世俗文化并存的方向发展。② 时尚文化和流行文化在消费主义的影响下发展，炫耀性消费的行为不断上演。产品符号主义被中产阶级的趣味所加强，受到波普艺术和文化的影响，被"圆满符号主义"和"无用符号主义"所吞并。③

以波普艺术为主导的后现代④设计风格迅速发展开来，随后人们逐渐意识到后现代主义所包含的折中、装饰、通俗(庸俗)、讽刺等多种特征，使其成为在一个多元论社会中当

---

① 亚瑟·丹托(Arthur Coleman Danto)认为，艺术终结于安迪·沃霍尔(Andy Warhol)于 1964 年的纽约个人展，而 20 世纪 60 年代的艺术表现深度和真正深刻人性意义的可能性也几乎彻底消失，彼时的社会生活各领域的解放为波普艺术的登场提供了社会背景。由此一来，波普艺术的重要性更是不言而喻，它是否真正意义上"终结"了艺术姑且不论，但是这种新风格将艺术输入大众流行文化的领域，同时对后现代以及当代的时尚文化产生了巨大影响。

② 杭间．设计道：中国设计的基本问题[M]．重庆：重庆大学出版社，2009：275.

③ [法]马克·第亚尼编，著．非物质社会——后工业世界的设计、文化与技术[M]．滕守尧，译．成都：四川人民出版社，1998：67.

④ "后现代"主义的概念在建筑和设计领域中第一次真正出现是在 1977 年查尔斯·詹克斯的《后现代建筑语言》(*The Language of Post-Modern Architecture*)一书，此处将波普艺术视为后现代设计的开端，与建筑领域有所区分。

代文化多样性的代表，流行文化与消费主义的盛行也予以时尚更为丰富的内容，大众媒体加速了时尚的传播，致使时尚的时效性周期缩短。当代语境明确了去中心化的主旨，多元共生的文化为时尚的生产供应了新的素材，尤其在互联网时代，个体参与社会媒体的构建导致时尚的形式和内容更为繁杂，人们的审美和感官不断受到冲击。视觉符号、流行文化、消费欲望成为在一个大众媒体能从全球各地事无巨细地引介古往今来的图像和文化的时代中的设计师所关注的重点。当下语境转变为后消费时代语境之后，人们开始转向对于消费商品之外的关注，例如体验和服务。传统意义上的消费内涵正逐渐被消解，“时尚作为炫耀性消费的符号”被重新审视，这意味着时尚的形式正从传统剥离开来，转化为符合当下时代需求的多元化图景。此外，信息技术的发展将工业社会的物质性转化为信息社会的非物质性，为设计与时尚的发展提供了新的环境，同时，信息社会所构筑的新型媒介加速了时尚的演进，最终结果表现为：时尚更加快速地更迭，经由时间检验演化为经典却愈发困难。

建筑总是反映外部世界的巨大变化，这些变化中比较明显的转变因子被建筑放大，对比政治和经济领域的转变，这种转向在建筑领域中总是先发性的。20世纪60年代到80年代，西方世界中经济自由化，以及国家民主主义福利系统陷入危机，所有将这一系统连接的结合点和支撑点被一一打破，以个人主义和市场竞争中的自由放任主义为基础的新型世界观开始形成并成为主导。在这样的情形下，对现代主义中理想化的集体主义的反对成为流行的趋势。于是现代主义中乌托邦式的规划愿景逐渐开始被公众抵制，建筑中的个人主义也开始凸显，集体凝聚的价值观开始与自信的个人主义价值观产生对峙。建筑环境开启碎片化进程，新的建筑秩序产生并与强调秩序尊卑的旧有建筑设计结构产生对抗。自由化的个人主义丰富了建筑的视觉语义——这一转变激发了建筑师们的创作灵感，长远来看，它使建筑设计走向瓦解和更大的分裂。① 这种转变将现代主义所期望构建的理想化集体主义幻景支解，伴随着个人主义世界观的逐步推进，这种情形愈演愈烈，最终演变为建筑设计向个人化、艺术化转移。建筑对于个性、艺术的强调可以追溯到现代主义运动的开端，例如苏格兰建筑师查尔斯·雷尼·麦金托什(Charles Rennie Mackintosh)对于"个人自由"的华丽展示，又或者在20世纪早期构成主义和表现主义对于建筑的影响中也有所体现，这样的设计理念被一些主张"个人至上"的设计师演绎到极致，他们把夸张的设计理念融入建筑并强调作品自身的视觉形象，将建筑的风格置于关注的重点，这一切成为德波所定义"奇观社会"②文化的一部分，同时也为新型建筑手法的生成创造了条件。伴随着20世纪七八十年代西方世界的一系列社会运动和变革以及全球化进程的加剧，这种对建筑个人化、艺术化的表达，以及试图通过建筑构建全新美学观念的思潮愈演愈烈，为当代界面语言提供了生成语境。

① [英]迈尔斯·格伦迪宁，著．迷失的建筑帝国——现代主义建筑的辉煌与悲剧[M]．朱珠，译．北京：中国建筑工业出版社，2013：32-34.

② 奇观社会(The Society of Spectacle)由法国情境主义者居伊·德波(Guy Debord)所命名。

### 3.2.2　基于文化角度的分析

从文化领域来看，当代文化表现出对时尚的不同态度。史文德森在《时尚的哲学》一书中也提到，20 世纪 60 年代时尚开始进入动荡而多元的时代：自 20 世纪 60 年代以来①，服装时尚传统的“取代的逻辑”转变为“补充的逻辑”②，自此服装“统一风格”的历史局面被打开，“时代之符号”的概念被逐渐消解，“变化”与“解放”概括了彼时时尚的主要特点③，时尚的形式和内容也开始变得多样。多样性共存的局面满足了后工业社会语境中不同文化群体的各种诉求，形成了多种类型风格共生的情形。这股新风潮的兴起不仅是大众多元的文化需求，同时也是消费时代的大众生活方式所导致的。人们的审美对象变得丰富，更多的以流行文化为卖点的时尚产品开始进入公众的视野。可以肯定的是，多元文化的并存、大众对审美和消费的需求以及媒体的发展为时尚文化在设计领域中的植入提供了契机。当下的社会语境既是后消费时代又是信息的时代，需要重新思考设计与时尚的定义，随着技术与理念的进阶衍生出更多更新的形式语言，无论时尚是否作为消费符号存在，社会语境要求更多时尚单元的生产，以满足人的需求。

当代建筑的转向同样受到其他文化领域的影响，尽管一

① 也有观点认为这种情形产生于更早的 20 世纪 50 年代。

② ［挪］拉斯·史文德森，著．时尚的哲学［M］．李漫，译．北京：北京大学出版社，2010：163.

③ 张黎．性别化的设计批评——空间、物、时尚［M］．南京：江苏凤凰美术出版社，2016：162.

些设计思潮和理念发轫于建筑领域，但是在一个更为开放的环境之中，包括各个文化领域的发展、全球化经济的发展，以及依靠那些致力于推进人类社会发展的人群——这些人具有让建筑构想得以实现的能力及话语权，新的建筑类型才得以朝向奇观化道路前进。正如海嫩所说，建筑形式与建筑物都是在相仿、相似以及差异的过程中构建和设计出来的，其中的各种参照点在特征上的变化极大，涉及需求、物质环境、类型、形式语言和历史内涵等。① 对于当代纷繁芜杂建筑风格的审视要从建筑领域狭隘的范围中抽离出来，置于一个更为广阔的视角，即思想的、经济的或技术的角度。例如，作为科学之科学的哲学，对许多学科的发展都有着重要的启示和指导意义，德里达的解构主义哲学便对解构主义建筑产生了巨大的影响；德勒兹的褶子理论与游牧思想同样是实现非线性建筑的理论参考；数学中的混沌理论、分形理论同样影响了当代建筑的设计观念。詹克斯也认为，作为一种新兴模式的多重译码受复杂理论、宇宙学、非线性理论、德勒兹“褶皱”理论等影响。加之计算机技术提供的表达多种形态的可能性，建筑的编码进一步丰富起来并成为一种对新世界的理解和表达方式。在宏大叙事和整体叙事消解之后，多重编码挑战了与当代生活相悖的开放性的翻译方式。② 在这其中，尤其是德里达及德勒兹的理论，这些源于法国的哲学思想在20世纪后期开始向全世界传播，逐渐形成一种相对

① ［比］希尔德·海嫩，著．建筑与现代性：批判［M］．卢永毅，周鸣浩，译．北京：商务印书馆，2015：284.

② ［瑞］安德里娅·格莱尼哲，格奥尔格·瓦赫里奥提斯，编．建筑编码——操作与叙述之间［M］．宋昆，孙晓晖，李德新，译．武汉：华中科技大学出版社，2014：63.

主义的、破碎化的后现代主义世界观，这些理论给予新现代主义令人信服的知识基础，并展开对现代主义理论基石的不断冲击。德勒兹将“块茎式文本”作为游牧思想的集中体现，“块茎”理论本身便强调“一切去除了中心、结构、整体、统一、组织和层级”的后现代意义上的实体，有着强烈的反结构、反中心、反整体、反意指等倾向，同时有着随意性、异质性、多样性等后现代特征，在德勒兹看来，一切文化、自然相关的事物都是块茎，世界遍布块茎。① 利奥塔德(Jean-Franconis Lyotard)在 1979 年《后现代状况：关于知识的报告》一书中指出，传统结构叙事方式的不合法，被认为是对叙事方式的解构。传统意义上的开始、高潮、结尾的叙事范式被消解，单一的元叙事(a single Metanarrative)被终结，而丹托更是评价安迪·沃霍尔的作品《布里洛盒子》为终结风格和元叙事提供了契机。丹托曾经在经验层面上阐明艺术之间历史分期的合理性，由此论证当代艺术的多元化趋势。

意识形态影响着文化的形式与内容，文化同意识形态一样都是较为宽泛的概念。如果说意识形态是观念的集合，那么文化便是人类生活要素形态的集合，也是各种思想理念的集合，无论是当代的时尚还是建筑，其生成都与文化有着密不可分的关联。

### 3.2.3　基于建筑角度的分析

从建筑领域来看，战后世界经济的恢复将商业建筑的发展推向高潮，现代主义的建筑理念在这一发展中得到全面实

① 刘显成，郭志炜．游牧思想对建筑思潮的影响及意义[J]．四川建材，2013(2)：2.

现，但是钢架结构及玻璃幕墙的广泛使用开始暴露出现代主义建筑创造力缺失的弊端。现代主义建筑思潮在20世纪50年代在全世界各地传播并成为彼时的设计风尚。从历史角度来看，彼时现代主义流行的盛焰即将在不久的未来淡灭，却依然在南美和苏联等地区得到广泛的接受和采用：卢西奥·科斯塔(Lúcio Costa)对巴西首都巴西利亚的规划辅以奥斯卡·尼迈耶(Oscar Niemeyer)的建筑，使现代主义对于秩序的愿景被诠释和扩张，实现了美洲新世界的现代性①；而在苏联，现代主义中的集体主义思想对于苏维埃阵营国家的社会主义城市建设起到积极作用。但是无论如何，以欧洲和美国为主的资本主义世界已经开始展开各种反对现代主义的思潮和运动，新的建筑理念和形式正不断地被建筑师实践。伴随着一系列外部环境变化以及意识形态的转变，到了20世纪60年代，西方世界对于现代主义的规划和建筑开始失去兴趣，于是涌现出不少设计团体和组织开始着力对抗这种乏陈和无趣，他们呼吁建筑师们从当下流行文化中汲取素材，将呼应大众审美旨趣的形式视为建筑设计的目标。诸如英国的建筑电讯派(Archigram)、日本的新陈代谢派(Metabolism)、意大利的超级工作室(Superstudio)等，这些流派对现代主义理念的拒斥体现在他们科幻小说式的艺术图像之中。每一个建筑理论家都对现代主义发起进攻，从各个方面对其进行鞭挞，借以否定现代主义思想对社会进步的宏大叙事，其终极目标是瓦解旧有的确定性。按照迈尔斯·格伦迪宁(Miles Glendinning)的观点，每次冲击都是建筑师随

① P. Williams. Brasilia's Superquadras [J]. Docomomo Journal, 2008(39): 30-34.

机地从哲学和后现代文化中提取理念完成设计实践，但这一运动在宏观上的方向却保持一致：对确定性和现实性的打击，使之相对化、个人化和破碎化。① 文丘里的《建筑的复杂性与矛盾性》对于建筑界面的多样性和复杂性具有不可忽视的影响，尤其是书中提到的核心原则：注重立面、历史元素、材料和历史寓意的复杂运用以及片段化与曲折化②，正如罗伯特 · 斯特恩(Robert A. M. Stern)所言，文脉、隐喻与装饰是后现代主义建筑的基本特征。文丘里指向建筑历史丰富的可能性，提出现代主义枯燥的方盒子式样源于历史的缺失。相对于正统的现代建筑，文丘里认为杂乱的活力胜过明显的统一，是对当代生活复杂性的附和。可以说，现代主义美学和古典主义美学长期处于一种稳定的结构之中，而当代建筑美学始终处于确认与反确认、建构与反建构这样一种不断变化的态势之中③，可以说，现代主义的建筑美学处于一种静态状态，而后现代建筑美学则是处于不断变化的动态过程，这种动态集中反映在几种后现代主义建筑类型中，例如解构主义建筑或流体建筑中所呈现的动态形式，是对这种不断变化态势的回应。

多元化、差异化受到当代西方社会的推崇，总体性、普遍性的宏大叙事遭受到后现代主义的拒斥和解构之后，现代

① ［英］迈尔斯 · 格伦迪宁，著．迷失的建筑帝国——现代主义建筑的辉煌与悲剧［M］．朱珠，译．北京：中国建筑工业出版社，2013：65.

② ［美］戴安 · 吉拉尔多，著．现代主义之后的西方建筑［M］．青锋，译．北京：清华大学出版社，2012：15.

③ 万书元．当代西方建筑美学新潮［M］．上海：同济大学出版社，2012：22.

建筑的教条和审美准则被颠覆，曾经试图以形式革新和空间转变来改变社会生活的现代主义建筑思想的宏伟目标已经破灭，宏大叙事的瓦解及语言游戏的泛滥成为近几十年来西方建筑中主义、流派层出不穷的背景。① 同样自20世纪60年代始，在“语言学转向”的哲学背景下，一些建筑师开始探讨建筑符号的逻辑法则，并赋予其表达建筑意义的媒介属性，基于对不同视角的考量，以此开拓了现代主义、结构主义、历史主义等建筑新思潮，实现了现代主义向新现代主义、理性主义向心理性主义、结构主义向解构主义的转化，通过这样的手法实现了个性化、多义性、拓扑式、互动式的建筑美学表现。②

### 3.2.4　基于设计角度的分析

从设计领域来看，第二次世界大战之后物质生活水平的提高使得大众对于多元化消费的欲望在20世纪60年代开始喷发，并直接导致设计向多元化转变。以匀质和功能为导向的现代主义建筑所呈现出的单调的国际式样（International style），是建立在应用规则之上的方法，这种可预言的线性特征③成为国际主义风格的致命弱点，其单调无趣于20世

① 赵榕．当代西方建筑新范式研究［M］．上海：同济大学出版社，2012：2.

② 张曼．当代西方建筑符号的审美研究［D］．哈尔滨：哈尔滨工业大学，2013：3.

③ 线性是与非线性相对应的概念，指代一种可预测的机制，非线性则充满未知性和不可预测性。

纪 50 年代后期被作为对抗者的波普艺术（Pop art）打破①。以商业和文化符号为创作元素的波普艺术同时催生出弥合建筑中阳春白雪与下里巴人分野的波普建筑，以人们熟识的符号作为装饰，表现出商业化、通俗化和游戏化的设计语言，大众得以与建筑进行交流和对话。② 设计领域开始逐步远离含有象征内容的大众文化，而转向产品本身的设计美学。随后一些制造商和设计师从影响大众品位的文化现象入手，作为对大众需求的回应，从流行音乐、时装和年轻人的叛逆行为的角度出发来探索设计中的象征性和趣味性，以此设计生产满足新标准的产品——设计师开始关注服装以外的时尚现象，并将其中的文化因素抽离出来并转化为视觉符号，设计与时尚开始亲密接触。

到了 20 世纪 60 年代，彼得 · 穆什多、保罗 · 克拉克（Paul Clark）、德 · 帕斯等人发展了一套新的设计标准，忽视“形式追随功能”的现代主义教义，并开始推翻功能主义遗留下来的影响，旧有的设计秩序被颠覆，经典的设计理论遭到对抗。他们的设计理念不赋予任何理性和道德理由，将产品的时尚、风格和象征意义作为重点，强调产品的趣味性和可消费性③，多元的文化与大众媒体的发展开始为设计领域输入更多的创新元素。设计领域真正开始引发对时尚的重

---

① ［英］彼得 · 多默，著 . 1945 年以来的设计［M］. 梁梅，译 . 成都：四川人民出版社，1998：128.

② 李姝 . 波普建筑［M］. 天津：天津大学出版社，2004：131.

③ 李砚祖，编著 . 外国设计艺术经典论著选读 · 下［M］. 北京：清华大学出版社，2006：174-179. 参考自本书献集中潘尼 · 斯帕克所著的《从大众品位到大众风格》和《反设计》。

视，肇始于以波普设计为主的新风潮，由此设计开始走向多元化发展的道路，这种多元化走向是来源于当时的“反文化”思潮和20世纪70年代的女权主义：社会对待女性身体的态度被改变，身体不仅仅只是自然个体的身体，而且是能够表达自我的身体。① 除此之外，摄影领域也受到影响，在以青年人为主的青年文化、亚文化影响下盛行，纪实报道成为宣传的核心，登载的作品被杂志所左右，摄影报道家退到了联盟最下层的位置。② 统一的时代风格逐渐消逝，时尚开始从消费市场过渡到视觉文化领域，尤其是流行文化的发展体现出对时尚强烈的需求，催生出繁复多样的视觉景致。这种视觉百科全书主义为设计师和消费者提供了更丰富的视觉排列方式，时代给予时尚更为宽泛的表达场景，人们在此基础上进行进一步的创作，同时也带来了更为强烈的自由意念的表达。

这种思潮开始转向更为宽泛的设计领域，并很快涉及图像业、出版业等视觉文化领域以及工业化生产的消费领域，尤其以趣味性、消费性为宗旨的产品成为消费时代的宠儿，自此之后，一切似乎都变为可消费的对象，包括文化和建筑。这种设计思潮的转向，恰恰是意识形态转向的折射，自20世纪60年代起爆发的一系列社会运动也正体现出新时代人们对自由化、多元化的追求。由此可以看出，文化、艺术、建筑、设计等领域常常对各种理念和思潮进行回应，从

① 齐志家．时尚与身体美学[M]．北京：人民出版社，2015：4.

② [日]白石和也，著．视觉传达设计史[M]．王传杰，译．北京：机械工业出版社，2009：262.

而引发各种时尚的形式，这也再次表明时尚强大的包容性和广延性。

## 3.3 对时尚的再认识

本章节基于研究对象和议题界定了本书语境中时尚的概念，阐明了时尚的生成及本质，从历时及载体两个维度展开了对时尚之“时”及时尚之“尚”的论述，以上构成了对时尚的再认识，也阐释了时尚的基本特征，为理解时尚的生成及演化逻辑提供了解读视角。

### 3.3.1 时尚概念的厘清

时尚性是关于时尚属性与经验的研究，对于时尚概念的厘清是研究时尚性的重要前提。作为一种文化①，时尚是人类实践的结果，时尚的发展反映了人类活动的演化，多数情

① 时尚是一种文化现象，对于时尚的理解和把握不仅涉及观者经验，更要立足于社会学和美学基础之上。齐美尔把时尚视为最复杂的社会心理之一，代表着大众行为。他以人对事物的普遍性与特殊性追求为引来解释人与时尚相关的行为，人们寻求专注于人和事的平静，也寻求旺盛的自我表现引起的斗争，被视为人们追求时尚的动力因素；且时尚是既定模式的模仿，不仅满足了社会调适的需要，也是时尚发展与传播的动因。尽管齐美尔基于哲学的视角解析时尚，但是从时尚的特征与属性来看，始终都伴随着社会心理学的理论缩影。既然时尚是社会现象和社会需求，因而无论从哪个视角来看都不可能单纯地对其进行定义，对时尚的分析势必需要借助社会心理学的理论。因此，本书对于时尚经验与属性的论述主要立足于社会学视角，辅以美学相关理论，务求以宽泛全面的视角构建清晰的时尚逻辑，以理解设计的时尚内涵。

况下时尚被定义为一种“外在行为方式”的流行。现代社会的时尚紧密联系于世事派生的各种单元，因此仅仅将时尚视为外在行为方式的流行便显得过于片面，但是这种社会现象自古以来便与人的生活紧密联系，有关时尚的生产、消费与迷恋的行为构筑出独特的文化景观。迪耶·萨迪奇（Deyan Sudjic）认为时尚是以多种方式来推动人类唯名流是从的，是推陈出新的最成熟的形式及推动文化改变的原动力①，也是人类创新能力与审美追求的写照。今日的时尚转向更为多元化的承载物，语言、思想理念都可以与时尚建立起关联，因此对于时尚的理解应从多个角度认识：作为符号系统的时尚，是个体个性去审美趣味的体现和确立，并制造身份；作为炫耀性消费的结果，时尚是文化资本的积累——对新鲜元素的占有以确保与他人的区别；作为社会准则的塑造力量，时尚促使了文化的多向度发展。②

本书中时尚的概念，偏向于一种不可消费的设计结果的时尚，具有多重意义，不仅是设计师精心推敲的结果，包含理性的逻辑与感性的修辞；同时也并不仅限于流于表象的外在形式，其内在价值迎合了时下社会语境中主流价值观念。由此将时尚定义为：经由技术手段实现的由某种艺术风格、价值理念、时代精神相融合，在某一特定历史时间段中被推崇且具有一定的时效性的多形态单元。

---

① ［英］迪耶·萨迪奇，著．设计的语言［M］．庄靖，译．桂林：广西师范大学出版社，2015：171．

② 姜图图．时尚设计场域研究——1990—2010年中国时尚场域理论实践和修正［D］．北京：中国美术学院，2012：25．

### 3.3.2　时尚的产生

很难具体地描述出时尚是如何产生的。在时尚的产生背后隐藏着复杂的社会机制，既有群体内部的力量施加，也有外部社会力量的干扰，是众多影响因素共同作用的结果，且具有一定的随机性，因此也难以具体阐明一种时尚现象的形成机制。事实上并不存在单一的时尚体系，现有大多数有关时尚的文献与理论都忽视了时尚系统的复杂性，仅仅把时尚作为一种抽象系统来对待。某些学者认为时尚是一个杂糅的主题，对于时尚的研究需要理解高度碎片化的生产方式与多变且往复无常的需求模式之间的相互关系，而日常生活中有关时尚的经验却并没有得到研究。① 鉴于此，时尚的形成和演变的复杂程度使其依然很难被界定、控制和预测，正如恩特维斯特尔指出的，任何以追问"为什么变化"为出发点的理论在方法论上都是幼稚的。布鲁默将时尚相关的问题与时代精神进行关联。时尚的制造者往往都能够抓住这种精神，并具有预测时尚潮流的能力。埃里克 · 霍布斯鲍姆(Eric Hobsbawm)认为，对于潮流引领者的分析是非常困难的——他们是如何预测和创造时尚的，成为历史中难以捉摸的问题。而史文德森强调，时代精神同样也是一种难以准确定义的概念，尤其是在当下的社会语境中，时代精神成为一种毫无约束的多元主义和极其快速的变迁，而这些正反映在当前

---

① 齐志家. 时尚与身体美学[M]. 北京：人民出版社，2015：11.

的时尚之上。①

社会中正在进行的且有时会断断续续辩论的结果驱动着时尚的形成，辩论的议题使大众得到心理上、伦理上、环境上和社会上等各方面信息。② 这些议题大都比较边缘化，但是经过持续发酵便会获得更多的关注人群，且背后都存在着不可思议的联系，某些毫无关联的事物反而会成为催生时尚的触媒③，就像大部分人无法理解 20 世纪 30 年代比基尼泳装的风靡与次氯酸钙这种化学物质之间有何关联一样。时尚的诞生受制于时代、社会、人文等各种因素，而具体到某一时尚事物或现象的产生，其缘由又不尽相同。以 14~17 世纪的文艺复兴、18 世纪的启蒙运动以及 19 世纪的阿拉伯文艺复兴为例，这些现象都是彼时人类社会中偶然出现的思想碰撞产生的结果，而在人类历史中这些现象的出现都是随机、无规律可循的。④ 倘若将时尚认定为事物某种外在性显现的话，那么将其与艺术风格的形成并置进行解读就显得更有说服力——丹纳(Hippolyte Adolphe Taine)提倡艺术形式的外在

① [挪]拉斯·史文德森，著．时尚的哲学[M]．李漫，译．北京：北京大学出版社，2010：50-51.

② [英]马丁·雷蒙德，著．什么是时尚设计预测[M]．江源，译．北京：中国纺织出版社，2013：43.

③ 史蒂文·约翰逊在《我们如何走到今天：重塑世界的 6 项创新》中分析引发比基尼泳装成为时尚的蝴蝶效应，阐述了次氯酸钙这种潜在的致命性有毒物质与比基尼之间的关系。时尚的发展始终伴随着人类文明的进化。在此所要强调的是比基尼与次氯酸钙之间意想不到的关联，更易于阐明时尚产生背后的偶然性和复杂性。

④ [英]马丁·雷蒙德，著．什么是时尚设计预测[M]．江源，译．北京：中国纺织出版社，2013：43-44.

式研究，认为艺术风格的形成与时代、环境与种族有必然联系，其观点是建立在他对先前艺术风格形成原因的总结，并被后来的艺术风格发展特征不断证实的基础上。他阐明了想要了解一件艺术品，必须正确地设想其所属的时代精神和风俗概况，这是艺术品最终的解释，也是决定一切的基本原因①，由于风格本身就是一种成功的时尚，因此风格形成的机制解释了时尚形成的复杂程度。总体来讲，时尚的生成是极为复杂的一个过程，它受到外部世界多方面的影响和制约。基于时尚的生成机制，以及对于当代界面语言生成语境的解析，对于理解和把握界面语言的时尚性有着重要的意义。综合以上要素可以得出，那些林林总总的外部因素和环境对于时尚的产生或多或少有着影响，这些外部要素共同构成的意识形态已经成为时尚生成过程不可获取的条件，它解释了时尚产生—传播—消亡的整体过程。

### 3.3.3　时尚的本质

时尚的本质是对新异的追求，也是致使时尚更迭的动力。费尔南德·布劳岱尔（Fernand Braudel）认为，时尚的改变不但透露着新事物的创造，也代表着对旧事物的扬弃。鹫田清一（Kiyokazu Washida）把时尚定义为激发人们对新的东西的欲望，而同时又不断地推翻自己已经完美铸造的模型。

① ［法］伊波利特·丹纳，著．艺术哲学［M］．傅雷，译．安徽文艺出版社：1998：46.

这表明时尚脱离、解除甚至破坏一切既定的体系，对可以称为我们共同生活轴心的各种标准与规范一概否定①，因此时尚毫无顾忌地搜索各种素材以实现目标，哪怕是历史上曾经时兴过的元素。这样的例子在时尚产业中屡见不鲜，“古着”“复古”“回归”等词汇都蕴涵着历史的意味，然而这样的时尚生产手段在建筑中是否受用有待商榷，例如，勒瑟巴热便在其著作《表皮建筑学》一书中明确了自己对当代建筑中表皮热潮的态度，反对当代建筑采用历史上的风格和符号。但是无论对何种素材的追崇，都体现出人们对新异的追求，因此审美对象的不断更新与更迭便始终伴随着时尚进阶。

时尚之异，表明人们对奇异化事物的追求。这种奇异化事物有别于人们常见或熟悉的事物，以另类或新异的姿态侵入，以满足人们的感官刺激。对素材进行“异化”的处理，往往可以实现这样的期望。异化是一种常见的艺术处理手法，也称“陌生化”，其过程就是将人们熟悉之事物变得陌生，使观者获取新的发现和感受，并增强审美快感，是一个习见到新知的转化过程。按照亚里士多德(Aristotle)的修辞学理论(Rhetoric)，对熟悉事物的陌生化处理能使风格避免平淡并给予观者新奇的审美体验；黑格尔也认为，艺术的发展是不断维持惊奇的过程②。因此，陌生化的手段是为追求新异和

① [日]鹫田清一，著．古怪的身体——时尚是什么[M]．吴俊伸，译．重庆：重庆大学出版社，2015：194-195.

② 沈东晔．建筑·审美·现代性——现代性张力中的建筑美学谱系[D]．天津：天津大学，2007：77.

惊奇，以此来达到满足观审者感官的目的，而时尚正是借助人们这种原始的需求，才能以充沛的动力更迭演变。从炫耀性消费(Conspicuous Consumption)的角度来讲①，托斯丹·邦德·凡勃伦(Thorstein B. Veblen)定义时尚的根本原则就是对新颖的需求，人们不断求新求异，使得流动与变化成为时尚所要求的根本。

① 时尚与身份认同有着紧密的关联，按照凡勃伦的观点，时尚本身是炫耀性的消费与休闲，更是超越生存所需，也是对价值、品位、身份和意义的符号性消费。身份认同是对主体自身的认知和描述，例如文化认同、种族认同等形式，涉及个体或组织的属性、内蕴、精神内核等向度，无论是对于个体还是组织，身份认同始终是高层级的价值体现。身份(Identity)与认同(Identify)被视为两个维度进行定义，首先是个体在社会层级中的地位构建，其后是对其地位的认知，某些时候身份与认同可被视为相同的概念，英语中 Identity 便同样具有认同的语义。身份认同作为意识形态是社会结构中重要的精神活动，也是人的社会性生活的主要体现和自我位置与价值的强调。对于个体而言，身份认同本身就是时尚的功能之一，大众经由对于时尚的消费来完成身份信息的建构、表征与确认。时尚是个体自我意象的外在表露，无论何种形式都是个体用来强化自我魅力以突出于群体之外的手段。瓦尔特·格罗皮乌斯(Walter Gropius)认为时尚与身份的制造是现代设计师的职责，风格所体现的“签名理论”正是对设计师自身身份认同的表征，设计除了参与个体身份认同之外，同时也参与到组织、团体甚至城市的身份认同构建，于是空间界面对于城市身份的显现也成为构建界面语言时尚特性的驱动力之一。设计创造时尚与身份，通过设计完成对于自身身份的塑造永远不会过时。尽管对于身份认同的构建是多层面共同实现的，但设计以一种外显的视觉表现强化了客体的识别性，为身份的构建提供了最为直观的感知方法。

正是因为人们对新异的追求，使得没有哪种特定的美学风格可以主导潮流，当其风格变为一种时尚时，便会受到来自更为“新异”的思潮的抵抗。自20世纪60年代起，时尚领域中就没有存在过主导的风格，而当下多种时尚并存的多态性愈发显著。因此从社会学角度来看，时尚与乌托邦所背离，因为它消解了普世价值存在的可能。时尚显现出其集权的一面，其逻辑作用于几乎所有领域，甚至是科学与政治领域。时尚体现某些群体的普遍审美价值，但也展现出了另一些群体对新颖、独特事物的追求，在人类对时尚的消费和追求的作用力驱动下，时尚的更迭与回溯不断上演。同时，时尚中新兴单元与旧有单元之间的相互博弈促进了时尚的不断刷新与演进，这种情形映射了人类社会的发展变迁与文化内涵，伴随着人类文明前进的脚步周而复始。

### 3.3.4 时尚之“时”——历时性分析

从时尚最初被定义为某时期内所崇尚之事物伊始，其历时性特征便根植其中，时尚将人们的必需欲望在某个周期中集中体现。时尚从来都是用来遗忘与替代过去的东西，唯一的作用就是更新过去（巴特，1985），而时尚的本质就是变迁①，唯有变迁才能产生新异。基于此，时尚必须不断地演

① 英文“Fashion”的中文翻译精准地诠释了时尚的内涵：在特定时期内流行、随后就有可能变化的衣着、发型或行为方式——对于这一概念仍存在争议。若以某个单元的流行程度来界定时尚的概念，某种情况下是与时尚的目标相背离的，因为时尚一旦成为流行状态便会消逝，而某些情况下流行却又是时尚的终极目标。时尚、时髦、摩登、流行等概念交集而又模糊，而在特定语境下其含义又相通。

进、持续地推陈出新，才能满足人们日益膨胀的审美。“新”是时尚最为重要的特质之一，正是由于人们对于“新”的追求，严重影响了时尚的生命周期。卢斯曾认为，唯有事物经历了足够长的时间考验还是时尚的，才能享用“时尚”一词，也就是说，当所有的装饰和变化都已被历史淘汰，时尚才真正完成。显然卢斯曲解了时尚在时间维度上的内涵——经过时间考验的时尚只能是成为经典，时尚只能是短暂的，或者是相对短暂的①。时尚在其生命末期通常会转化为流行，直至消逝，又或者继续接受时间的考验，最终幻化为经典。时尚最终只有两种结果——流行或者过时，极少数的情况下会经过时间和社会的检验演变为经典。流行是时尚在空间维度上的扩散，无论是在群体之间的漫渗或是从高层级群体到低层级群体的下渗，都是时尚在空间上的转移；时尚转化为流行表明时尚在时间维度上的行进，无论流行还是过时，都是时尚更迭特性的表征。

时尚一词以“时”显示了其时效性，这是基于时间维度对于时尚的定义，“时”被表述为与时俱进的流行风尚②，即人们对某些“即时”单元的崇尚，说明在时间维度上时尚的存

① 时尚本身就是一种快速变化的风格，具有某种瞬时性意义。时尚在经过人与社会的价值评判之后，其瞬时性的语义会产生相应转变。将时尚视为某一特定时期所流行的风格(奈斯德姆，1928)，便是强调时尚的时间维度。这表明作为一个时间维度上的节点，其时效性并不会得到较长的延续，否则就不能称之为时尚。

② 刘清平．时尚美学[M]．上海：复旦大学出版社，2008：1.

在并不是永恒的。同时，时尚的目标暗示着没有终点，时尚要创造无限的新形式和新格局。以服装为例，从19世纪到20世纪，时尚的演变从每十年循环一次的周期缩短为每季度循环一次，时尚的生命周期正不断加速，这种速度越夸张，越是与时尚的短暂性本质契合。巴特曾在20世纪60年代设想服装的未来问题，认为流行周期可能会被阻断，除了细微的季节变化，服装在很长一段时间都没有发生变化，于是“历史就必须去解释新的永恒……”也就是说，时尚的更迭是历史选择的结果，是一种必然。这种变迁的出现是作为社会符号存在，其发生的历史节点和产生形式受限于外部因素。正如巴特所说，历史无法类推地对形式施加影响，但它确实能对样式的周期产生作用、干扰或改变周期①，并且这种更迭基本上毫无规律可言，巴特认为这种情形是由于“流行体系远远超出人们的记忆”所导致，甚至在某个微观历时过程中也观测不到任何变化规律。

尽管对于大多数人来说时尚、潮流、流行和趋势之间的界限相对模糊，但可以明确的是，趋势或流行只是时尚进化发展路径中的某个阶段，从概念上来讲它们之间具有某些共通性。当我们剖析埃弗雷德·罗杰斯(Everett Rogers)的创新传播曲线与亨利克·维加尔德(Henrik Vejlgaard)的菱形传播模型(图3-3)后不难发现，上述几个概念之间在时间上的逻辑关系印证了时尚的历时性。尽管创新传播曲线与菱形传播

① 刘清平．时尚美学[M]．上海：复旦大学出版社，2008：1.

模型都没有明确地标示出某一时尚的存在时长或更迭时率，但却可以解读出时尚自诞生至消亡过程中各节点历时性的结构关系。

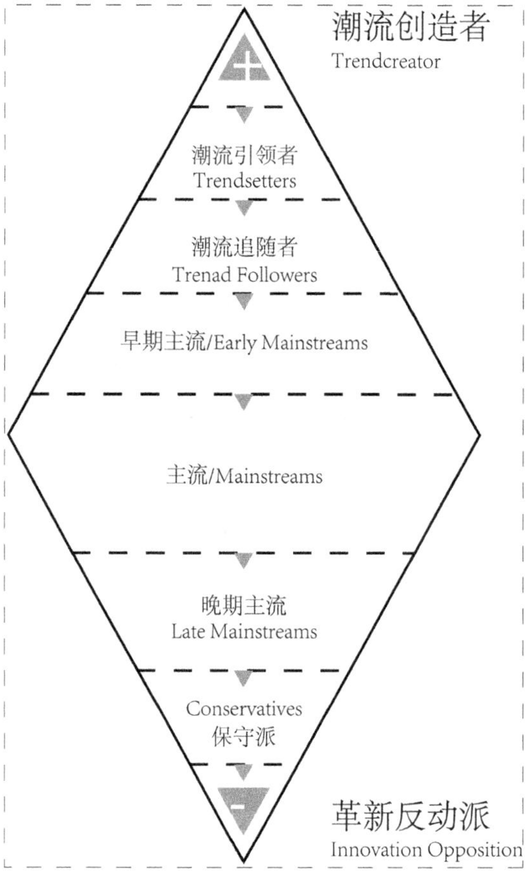


图 3-3　菱形传播模型

当前的社会语境表露出后消费时代的特征，人们对商品的消费被视为对产品本体功能的升级，通过对时尚的不断消费来达到个体身份的重建；同时，信息技术重构了社会空间结构，时尚的演进与游移不断在现实和虚拟世界上演，致使时尚的传播速率高于历史上任何一个时期。由于对时尚的消化不断加速，致使时尚的更迭也随之加快，某些时尚成为瞬时性的文化现象。尽管时尚中存在瞬时性，但是某些已经消逝的时尚会再次复苏和回归。①

在建筑领域，也有一套关于历时性的理论。由于建筑对

① 这是时尚演进过程的另一个历时性特征，即时尚的回流。这种回流现象在时尚领域非常普遍，例如复古就是一种回流现象。复古不是将旧有的时尚全部照搬，而是根据当下的语境进行微小的调整，以适应当前的审美旨趣，正是史文德森所谓的“衍生修正”的概念。回流的现象同样在设计领域里上演，今天我们看到，乌尔姆的设计美学在苹果的产品设计语言中得到回溯并扩散到众多的设计领域。需要注意的是，尽管以苹果为代表的众多科技公司是以乌尔姆美学风格为设计主导理念，但并不是乌尔姆风格的完全复原，而是对乌尔姆设计美学的延伸和进化，因为设计的传统定义和它们所需要的技巧已经被物品迅速变化的本质边缘化：在乌尔姆时代产品的功能是单一的，而得益于技术的进步将具备多样功能的产品整合成为可能——同样的设计语言，但是在功能上却有质的飞跃；同样是乌尔姆风格的回归或复兴，但是苹果在新的制造工艺、使用体验以及情感化设计的共同作用下造就了更为卓越的产品美学以及时尚内涵。某种意义上新兴设计语言的出现是在削弱乌尔姆风格成为主流设计思潮的可能性，但正是因为这种动机才造就了多元化设计并存的局面，人类的物质世界由此变得更为丰富多彩。同样，当代界面语言中时尚的简约主义、极简主义设计手法也可以被视为现代主义的回溯与升格，也是对现代主义的衍生修正。

时代精神的证明，设计风格的生命周期常以年为计量单位，因此时尚的设计风格不同于时装，具有较长的时效性。同时尚一样，建筑中同样存在一种悖论：一方面，无论建筑的时尚周期多么长久和持续，总是具有一定的时效性；另一方面，建筑理论却不断呼吁一劳永逸地对建筑进行重新定义而梦想达到永恒①。伊贝林斯从建筑学的观点提出建筑的形式和风格周期通常年限为 10 年或 15 年。并非所有的形式和风格都可以永久地留存，大多数情况下建筑所展现的各种特定的形式理念的结合都具有较短的生命周期。尽管现代主义的设计风格保持了较为久远的优势地位，然而在当下的社会语境中，“现代主义”能否作为时尚被看待则有待商榷，或者说因人而异。虽然本书限定的“当代”时间阶段是自 20 世纪 60 年代至今，但由于当下的社会语境复杂而多样的特征，因此对于时尚时效性的界定趋向临时性和概念性。

历时的长短是时尚向其他形态转换的标尺。先锋、前沿、时尚、趋势、流行、经典等概念都是经由时间考量的结果，了解这一点对于展开设计时尚性的研究尤为重要，一种设计风格对人类社会影响时间的长短决定了其自身的时尚周期，越是能抗拒时尚周期的风格就越有成为经典的可能性。从另一方面来讲，时尚也可以被定义为处于趋势、流行发生之前的某个时间节点的状态。

① ［美］保罗·安德森，大卫·所罗门，著．图案之于建筑［M］．于潼，周明瑞，译．济南：山东画报出版社，2012：35.

### 3.3.5 时尚之“尚”——载体的再认识

时尚之“尚”表达出人们对时尚单元的追求与崇尚，时尚的单元与某种具体的社会发展形态关联①，狭义的时尚是一个与服饰紧密相关联的产业概念，广义上来讲时尚则可能与任何人造事物发生关联，具体的客观事物、文化、理念或社会行为等都有可能成为时尚。引用罗兰·巴特所提出的“世事派生出来的单元”这一概念似乎可以更好地概括这些内容：将一切客观的事物、行为、理念等视为单元，也就是说当今社会中任何单元都有成为时尚的可能，单元可以是衣着打扮、消费商品，也可以是某种设计风格和行为理念——时尚总是以变幻多样的形式不断增强对品位、理论信念乃至生活中道德基础的影响。物质上的时尚映射出其拥有者的审美品位与身份象征，即时尚的符号性消费。亚当·斯密(Adam Smith)认为，时尚最先并且最重要的应用领域都是与“品位”相关的，尤其适用于时装、家具领域，但同样在艺术领域有着重要影响，例如音乐或建筑领域。尽管亚当·斯密以人类学研究角度给予时尚重要的地位，但史文德森还是将其划归于哲学范畴。同样，齐美尔也把时尚视为一种广泛的社会现象，时尚作用于所有的社会场所，而时装只是其中一个例

① Joanne Entwistle. The Fashioned Body: Fashion, Dress and Social Theory[M]. John Wiley & Sons, 2015: 10.

子。罗兰·巴特也提出服装只是时尚的物质基础①，而广义上的时尚则是文化性质上的意义体现。

---

① 时尚总是很狭隘地被人们定义为一个和女性的时装联系起来的用语，也常被表面地解读为服装、服饰的代名词。《牛津英语词典》中把时尚定义为一个社会采用的服装、礼仪、家具、说话风格等的方式。可以看出，服装具有与时尚最为密切的关联，但不能完全代表时尚。斯帕克指出，时尚在日常生活中主要集中体现在服装领域，其次才是家庭室内的陈设与装饰(Sparke，1995)。时尚的词意与时髦、摩登相近，对于大众来说，这些词汇与服饰的关系不言而喻，因此作为时尚主要承载物的服装具有一定的特殊性：尽管时尚是以多种形式交织于人类社会中，但时尚总是与服饰有着密不可分的关系，对物品的消费成为人们追求时尚的有效手段，其中最常见的便是大众对服饰的消费，驱动时尚更新的主要动力便源自大众对服饰审美的普遍需求，并且更多是一种高层级的或精神上的需求。服饰之所以成为时尚最主要的代表符号，一方面是因为服饰作为身体的一部分向他人展示，是具备个人所有性的实体，这种实体的组合可任由个人支配来展现其多样性；另一方面，服饰不仅带给自己，同时也带给他人以审美的愉悦性。服饰满足个人的审美需求，也得到他人的承认与赞扬，正所谓女为悦己者容——这是人与人之间关系的实现。个人不仅以服饰去取悦别人，这种行为还包含另一种深层意味，即借服饰来得到他人的承认与赞扬，这种承认与赞扬被视为个人的人格价值，包括对于自身审美旨趣与品位的认可，随着这种需求不断地攀升，导致最后转变为权利意志的体现。这种动机使服饰的外在性与内在性交织在一起，成为同时具备利己主义和利他主义的承载物，这样服饰便成为展现齐美尔所说的人的自为存在(Fürsichsein)与他为存在(Fürandresein)的样板。社会普遍观点认为，在服饰上的消费可以最大限度地向他人展现自己在经济上的优越，这也是评判一个人的身份地位、社会等级的依据。除此之外，服饰展现了个体的审美趣味，是作为个性化的装饰体现个体品位的独特，时尚成为服装变化与生成的游戏。巴纳德认为，服饰中的视觉暗示同样有助于文化群体的构成，具有非常的意义，这种视觉暗示定义和区分了文化群体并使其相互区分开来。服饰以其独特的符号寓意，成为时尚向大众群体输入的主要载体，若一个人关于服饰的消费没有达到社会习惯所决定的标准，便会不由自主地感到局促不安，产生一种在他人面前感受到的卑下感。但他同时承认这种精神需求并不算是人性的弱点，是消费定律间接通过爱好准则和礼仪准则的形成发挥其支配作用的，通常情况下，大众群体对于服饰的追求是一种为了与社会时尚保持一致的自觉动机和对公认审美标准的适应。

对时尚服饰的追求并不是现代社会才出现的，当今社会服装已经从民俗文化过渡到大众文化，即从过去的“风俗衣着”演化为现代的“时尚衣着”。① 现代社会中人们对于服饰的消费相较于其他类型的消费更为活跃……为了夸耀而用于服饰的花费，其情形总是格外显著……②正如凡勃伦所说的，任何一个阶级对于服饰的消费都是为了外表体面，而不仅仅是防寒。尽管服饰并不能指代所有时尚，但仅从服饰一方面就能洞察出时尚的一些本质——服饰革新与进化的创造性动机除了由上文所提及的人的需求引发，还因为人类总是努力寻找能够更好地展现美感的事物：服饰同大多数时尚一样，为了实现某种表现形式总是接连不断地革新，致力于在形式、色彩等方面的进步。时尚的不断更新也正是由上述动力所致，当代社会从时尚中衍生出经典难以实现，转化为流行却很容易，并且其更迭有着更高的刷新速率。总的来说，服饰的时尚特性是建立在满足个体审美、需求满足、集体趣味、价值体现以及关系实现等多方面条件之上的，服饰作为承载物实现了人们快速而又低成本的模仿，拉近自己与时尚和其他群体的距离，人的身体本身成为美的游戏场所。一种理念、行为或风格从时尚转变为流行或许需要相当长的时期，但服饰作为时尚的最优载体压缩了这个时间段，尤其是在后消费时代。③

① 齐志家．时尚与身体美学[M]．北京：人民出版社，2015：2.

② [美]凡勃伦，著．有闲阶级论——关于制度的经济研究[M]．甘平，译．武汉：武汉大学出版社，2014：105.

③ 服饰作为典型总是被包裹在流行文化之中，因而与服饰相关的流行风潮便有着较快的更新速率，这是由于人们总是假借对服装的消费来达到对时尚的模仿和追崇，这些手段便是加快时尚更替的动力，同时催生出各种时尚风潮在人类世界交替上演的现象。

本书中的界面便被视为时尚的承载物。界面与服饰或其他时尚有着本质的不同：首先，界面不是消费品，因而不能为个人所有，但是却能展现设计师的品位与审美旨趣；其次，界面不是一种行为方式或理念，也具有物质属性，但却能通过界面语言表达出时尚的语义。日本东京的表参道足以表明时尚与建筑的微妙联系：这里从参拜道路演变为著名的时尚地标，集聚着众多世界知名品牌的店铺，因此也以各种风格迥异的建筑作为商业公共的载体。这些建筑充满了时尚性和多样性，被迈克尔·索金(Michael Sorkin)评价为对所有过时的旧等级规范的有效打击，这其中充满了对于建筑根本要素诸如光线、密度、透明度、结构的摆弄，消解了前景与背景的关系，将建筑的趣味性和丰富性表现得淋漓尽致。表参道的景观特征表露了时尚场域对于建筑语言多元化的渴求，同时表明建筑是如何借时尚产业来展现自身的时尚性。独特的建筑总是能创造出某种程度的兴奋，尤其是在其面世的初期，总能引发更多的争议，因此并不能以美与丑来评断建筑的时尚性，当一个建筑吸引全世界关注的时候，对其形态或设计理念的探讨本身就是一种时尚。当然，按照戈德伯格的说法，这并不意味着建筑本身不能成为流行的事物：时尚瞬息多变，艺术是长久的命题。只有当一座建筑从其周围的喧闹中作为一件时尚物品崛起的时候，我们才能看出它是否具有或将会具有长久重要性的多种品质。① 界面的时尚性同样遵循这样的规律，不同的风格此消彼长，形成设计时尚

① ［美］保罗·戈德伯格，著．建筑无可替代［M］．百舜，译．济南：山东画报出版社，2012：128.

的永动机。从柯布西耶的自由式立面到文丘里的拼贴式立面，再到赫尔佐格与德梅隆的图像式建筑表皮，不仅揭示了界面视觉语言中所蕴含的时尚规律，同时也说明界面被作为独立系统进行操作的时候对建筑风格及理念呈现的重要性。

时至今日，时尚的承载物早已不限于服饰，语言行为、生活方式、思想理念等都可以成为时尚，因此对于时尚的理解应从多个角度进行认识：作为符号系统的时尚，它是个体审美趣味的体现和确立，并制造身份；作为炫耀性消费的结果，时尚是文化资本的积累——对新鲜元素的占有以确保与他人的区别；作为社会准则的塑造力量，时尚带来了文化的多元化景象①。而本书所关注的时尚的概念，偏向于一种不可消费的设计结果的时尚，具有多重意义，不仅是设计师精心推敲的结果，包含理性的逻辑与感性的修辞；同时也并不限于流于表象的外在形式，其内在价值迎合了时下社会语境中主流价值观念。因此，可以将时尚表述为：经由技术手段实现某种艺术风格、价值理念、时代精神相融合的多种形态单元的生产，且在某一特定历史时间段中被推崇。

## 3.4 影响界面语言时尚性的因素

### 3.4.1 意识形态因素

巴特曾指出，流行的变化是一个新的社会符号，取决于

① 姜图图．时尚设计场域研究——1990—2010 年中国时尚场域理论实践和修正[D]．北京：中国美术学院，2012：25.

其经济制度和意识形态①，这致使意识形态成为解释时尚的方式，它赋予一种独特的幻象，致使人们表现出对其时尚的青睐，即拉弗所说的时尚的“引诱性”，而无论出于何种诉求的时尚生产，其表现出的各种征候都折射出生产者的意识形态。维多利亚时期女性的长裙体现了英国在政治经济文化发展巅峰时期开放的社会风气与女性身体与权利束缚之间衡制的结果；斯大林时期炫耀社会主义建设成果衍生出社会主义古典主义(Socialist Classicism)建筑风格；现代主义风格建筑中的白墙，体现的是民主平等的意识形态；当代建筑的多元化图景则是后现代主义去中心化本质的呈现……这些都是意识形态的映射。

当今社会意识形态对于时尚的影响主要体现在物质消费与文化构建方面，对于其影响机制的分析主要涉及以下两个方面。首先，特定媒介文本中的形象和文字与人们对社会及文化事件的思考甚至定义方式是否吻合是意识形态分析的关键。意识形态影响个体对于时尚解读的结果，并非所有时尚都被注入精心的艺术修辞，往往奇异、诡谲、另类甚至丑陋的单元也会成为时尚，而个体对于这种时尚的理解建立在自身的观念、审美经验与价值规范之上，这导致了意识形态对于时尚机制影响的复杂性。其次，意识形态也可能是某个群体的共识，例如政治层面的意识形态就是所有政治运动、利益集团、党派乃至计划草案各自固有愿景的总和，因而可以理解为时尚是某阶级和群体意欲体现的形式之一，是基于共

① [法]罗兰·巴特，著．流行体系[M]．敖军，译．上海：上海人民出版社，2011：272.

同愿景而制造的意识投影（Projection of the Class Consciousness）和符号系统。当符号系统的价值规范与个体吻合的时候，对符号时尚性的感知便会被塑构。意识形态对于时尚的影响体现于主客关系之中：对于个体而言，时尚的生产是某阶层和群体意识形态影响的结果，是团体价值观念、审美趣味与意欲结合的产物，也是影响个体对时尚性认识的上层建筑的形式之一；个体的意识形态则决定自身对于时尚性的判定结果，意识形态由于复杂的构成维度，也意味着对于时尚解读过程的复杂性。

由于时尚集中体现了某段时期内的群体思想和意识，因而成为意识形态的产物，同时也传递了人们对生活的意欲及态度。时尚性的界面语言阐述的不仅是设计师个人的创作理念和审美情趣，同时也是当代社会意识形态的折射。例如，古典主义建筑常反映出封建社会的伦理道德，是因为这类建筑是由统治阶级的世界观、价值观构成的意识形态而生成的；现代主义建筑则反映出平等、民主及理性的社会意识形态。历史上很长一段时期里，建筑都是服务于统治阶层，是封建社会“上下尊卑”伦理的体现，由此引发的美并非大众所能平等享受。这类饱含封建社会意识形态的建筑并不能带给大众真正精神上的愉悦，也满足不了大众的心理需求。而现代主义建筑以其对民主、理性的关照，创造了面向大众的审美语言，体现出平等共享的意识形态，这是现代主义建筑至今散发时尚魅力的重要因素。当代建筑则反映了差异、多元、去中心的意识形态，同时也体现出当下大众文化的精神内涵，也由此建立起建筑界面与时尚文化的关联，成为消费社会、奇观媒体语境下重要的物质文化。由此可见，当代界面语言的时尚性在很大程度上受到意识形态的影响。不同时代建筑服务对象的差异也是意识形态的折射，表现为不同的时尚语言。以鲍里斯·叶利钦总统中心（Boris Yeltsin Presidential Center）为例，博物馆作为叶利钦总统中心重要的功能性场所之一，体现了对当时意识形态的折射——首先，根据俄罗斯政府的要求，每一任总统离职之后都需要建立一个场所来记录和保留其任职期间的政治工作历程，这也是总统中心的构建初衷；其次，总统中心建筑立面的几何矩阵穿孔可将建筑内部的照明率提高60%，呼应了叶利钦在任期间开明、自由的价值观，多重功能的结合使其成为真正意义上的现代文化中心，以及吸引居民和游客的地标，尽管建筑本身是对现有旧建筑的翻新和改造，却被赋予超现代化（Ultramodern）的设计概念，旨在强调俄罗斯第一座总统中心的抱负：恢复城市现有的隐性资源以及创造新型的公共空间。叶利钦总统中心也成为近年来公共空间的时尚标杆，具有当下公共空间典型的复合性功能，展现了信息时代的时代精神，运用了高科技材料和技术，这些无一不在彰显总统中心的时尚魅力。

正是由于意识形态是人类多方面内容的合集，对于人类生活的影响便显得尤为重要，更是从多角度影响了当代建筑的发展现状。例如，意识形态导致了宏观上多元化的格局，又生成了具体的建筑风格和艺术表现形式，对于时尚性建筑语言的构建起着重要作用；意识形态引发了建筑对于文脉的呼应，这是当代价值诉求的体现。界面语言中所蕴含的对人文与历史价值的重视，与当前先进的价值观念与规范同步。时尚之“时”不仅强调了某一历史时间节点或阶段中时尚的时效性，也表明了当下的、与时俱进的特征，是时尚对“现时”意识形态、审美趣味、社会语境、价值规范等多方面的体现。由此不难看出，意识形态对于时尚产生的影响，而时尚性界面语言的生成也有着相同的逻辑。

### 3.4.2 风格因素

风格意指在艺术区别系统中，由独特的内容与形式相统一、艺术家的主观方面特点与艺术的客观特征相统一而构成的动力结构。① 对于多数人而言，很难区分时尚与风格的具体含义。对于界面语言时尚性的研究从设计风格入手有证可循，设计涉及时尚性的关键问题，尤其在人们表述某种设计风格“看起来很时尚”的语境下。风格是界面语言时尚性最为重要的表现维度，它以艺术化的手法演绎了空间的内在属性与特征。风格的形成表明时尚的成功，至少在历史某个阶段曾经是时尚的。界面的时尚性是形式系统的表征之一，也就是说，界面的设计风格在很大程度上决定了其时尚特性。风格与时尚都是建立在群体性基础之上，暗示着统一的或同类的主题被群体认可，源于一定的形式特征。② 辩证地来看，所有的事物或艺术品都表现出一种风格，或是视觉上的，或是其他，但并不一定具备成为时尚的条件，而时尚的事物却总显现出某种特定风格。某种程度上来看，风格是一个社会

① 陈望衡，主编．艺术设计美学[M]．武汉：武汉大学出版社，2000：299-300.

② 不仅如此，从时间纬度上理解风格，风格也具有一定的生命周期，出生、成熟、衰退、死亡贯穿其发展历程，沃克将此划分为早期、中期和晚期，这在某种程度上也呼应了时尚的生命周期。

阶级的全部意识形态的特别形式，而在艺术或设计领域，风格通常被理论家或史学家用以描述视觉产品的特征：风格借由产品的内在结构表述出来，结构作为事物表达的关键构成了事物外在的表达形象和内在的秩序和观念。视觉产品的结构是图像图形、视觉语言、题材式样和表达观念等多方面整合的结果，结构不仅存在于视觉产品自身的内部形态关系中，同时也涉及与人的生理、心理相互关系的表达。视觉符号通过结构得以表达，结构系统的构成被观念、认知和审美等因素扩大，结构蕴含了人的强烈意向与追求，也反映出涉及时尚和风格等多方面的符号内涵。①

风格与时尚有着紧密的关联，从艺术作品的形式特点、形状、色彩和风格出发，人们可以了解这段历史时期的精神、思想倾向或氛围，事实上，一种成熟的风格正是一种成功的时尚。时尚不仅与人的外在和行为紧密相连，也包含了视觉产品自身风格的展现结果和精神内蕴。因此对时尚性的把握便等同于对艺术风格形成的理解，它关乎时代、环境甚至种族因素。在《秩序感——装饰艺术的心理学研究》一书中，E. H. 贡布里希(E. H. Gombrich)指出，时尚的产生基于审美、社会和商业三方面：首先，人们出于心理原因对不断变换的事物有着自然的需求，这一点解释了为何艺术和设计会存在多种类型的装饰手法或修辞手段，如此种种直接导致了多元化艺术和设计风格的形成；其次，人们出于社交需求需要时尚对于自身的补充，以期得到更多的认同感，这是

① 海军. 视觉的诗学——平面设计的符号学向度[M]. 重庆：重庆大学出版社，2007：146.

对“加强自身身份和印象”需求的反映；最后，出于商业利益致使时尚生产者不断开发新的时尚，是源于时尚不断“更新”的首要原则，以满足人们求新、求异的审美趣味。

进一步来看，风格与时尚在某些程度上其语义是互通的，有些情况下甚至很难区分二者的界线：英文中的Style一词除表示风格的意思以外，也有时髦、时尚的含义，表明了风格与时尚之间本质上的某种关联，风格成为时尚的一种模式。事实上时尚比风格更难定义，从基本概念上来讲时尚既是一种文化现象也是一种人类行为，而风格是具有明显特征的艺术形式，二者的关系在于，时尚的单元总是具有风格的，而有风格的事物未必会成为时尚。风格与时尚都有可能超越时空的限制成为时代精神的象征，每一个时代的风格与时尚既体现出时代的进步性，也无法避免受时代的局限性所影响。当某种界面语言被定义或描述为“时尚的”，“时尚性”便成为表述设计语言的词汇，也表明这种界面的设计风格具有一定时尚意味。通俗来讲，人们会将一种时尚的设计风格口语化为“时尚的设计”“看起来很时尚”“凸显时尚气息”等说辞。

评价一种界面语言是否时尚，除了与自身所具有的时尚设计语言或元素有关之外，也与观者自身的认知和偏好相关。因此需要指出，并不存在绝对的时尚。时尚不以个体意志为转移，无论其表现出的特质是否为个体所接受，正所谓彼之蜜糖，吾之砒霜。同样，一种成熟的设计风格，无论个体是否接受或喜欢，总会受到某些特定个体的青睐，因此，个体也必然不会全盘接受当前社会所流行的各种时尚设计风格。界面语言总以某种视觉形式呈现，因此对其的艺术化演绎不可避免，这种艺术化演绎便呈现了界面的风格特征。如果说某界面语言是时尚的，其风格特征一定与当前社会语境的主流、审美意趣是相呼应的——即便很难确立当下“主流的”风格的具体形式，毕竟“去中心化”成为当代文化和艺术领域中最为明显的特征。因而界面语言的风格成为影响时尚性的重要因素，这是因为风格是界面语言艺术内蕴最为直观的呈现，也是观者对界面语言时尚性认知的主要手段。修辞是设计风格的体现，界面语言作为一种符号系统必须借由某种风格来完成。波利索夫斯基认为，风格本身就是符号系统，任何一件视觉产品都具有某种风格，因而没有风格或中性的视觉符号并不存在。这是站在普遍性立场来描述的，即风格与视觉产品如何表达有关，与内容无关。风格作为一种象征性的代理具有一定的含义，它用形式隐喻地说明视觉产品的核心特质。

当代的设计领域中并不存在某种单一的流行风格，可以说极简主义风格是时尚的，解构主义风格也可以是时尚，有机建筑同样如此……此外，后现代的界面语言还显示出多重性，是詹克斯所谓多重编码的体现，例如同一个建筑中所表现出的多重风格语义。伦敦科技馆温顿画廊（Winton Gallery of London Science Museum）的界面语言既是非线性的又是有机的，其基于空气动力学生成的翻转形态，体现出德勒兹褶子理论的缩影以及数理美学，类似的根据复杂理论认知范式而生成的界面语言，更是多重编码的典型。可以看出，同一件产品具有不同的时尚语义：可以在形态上是时尚的，也可以在观念上是时尚的，又或者是其他方面的时尚。

意识形态影响艺术语言——风格的生成，风格是形而下层面的具体显现。其中包括反映时代精神的艺术表现、形态的生成，以及它们共同反映出的审美旨趣和价值伦理。结合丹纳的理论来解读时尚的形成不难理解——时尚与艺术、设计风格形成都是受外界条件制约的。如果以某种时尚事物或现象为例，追根溯源可以清晰地勾勒出其形成脉络，并发现除了上述影响因子外，阶层从属、个体审美等主观因素也是影响时尚形成的要素。设想一个绝对理想的环境，其具备了上述一些条件，在这样的环境中是否可以发酵出一种时尚的风格？没有人可以给予肯定的结果，是因为时尚的形成除了必然性因素，也存在偶然，这决定了其导向结果具有一定的随机性。

### 3.4.3 技术因素

技术在人类发展历史上始终居于重要位置，体现出人类的智慧与创造能力。技术是时尚形式变迁与演进的重要推动力，是其进阶中不可忽视的力量，具体来讲，技术的介入导致界面在构筑方式、表现形式等各方面的变革，是对界面设计语言、形态、结构、材料等多方面的影响，正因如此，在技术的加持下时尚才得以呈现出更多新颖、前卫、独特的语义。① 技术贯穿人类发展历程的历史现象，它促进人类文明

① 雷纳·班纳姆在1950年的文章《第一机器时代的理论与设计》中提出，“二战”后应该是一个信奉技术和大众文化的时代，认为20世纪50年代应该是属于第二机器的时代，电视机是象征该时代的机械，因为它成为一种大众传媒发布流行娱乐的手段。这说明技术的引入是先进媒体实现的重要条件，这对时尚传播的影响非常深刻，由此可理解技术与时尚之间的深度关系，也从侧面说明技术加持下的社会转型对于文化、消费理念的影响是巨大的。

的发展，展示出人类的理性与智慧。由于技术的加持，当代空间界面表现出复杂与多元的特征，公共空间对于新技术的引入和应用使得其界面视觉语言呈现出丰富而又多变的图景，也是营造时尚性的重要手段。技术从来都是被人们所推崇的、实现良好设计的必要条件，同时也是影响时尚的重要因子，而建筑设计的实现也正是技术与艺术的融合。

设计领域中技术与艺术的结合从审美效果上显现，审美特性构成视觉产品的本质，意义的表现和情感的蕴含是通过审美感受所进行的设计活动的终极目标。视觉产品的功能性与审美表现力是在符合科学技术规律的基础上表现出来的，功能、结构和形式的对应关系在视觉产品系统中为实现形式自由度的发挥和审美创造的多样性提供了可能。① 技术也是时尚的阶级性象征基础。以服装领域为例，技术性因子的引入不仅区分了不同阶级的着装，还在社会与文化领域生成有差异的品位与旨趣②，当代的产品设计中最重要的动力也是来自技术。建筑领域中高科技是一个风格范畴，更多涉及的是相关材料的应用和独特视觉形象的创造。技术的提升为新的风格提供了良好的实验平台，新型材料、工艺的开发与使用都在力求跟上潮流，制造技术的发展也明显在风格和范例上影响设计。从音乐播放器、手机等个人消费品到计算机生成、虚拟现实等技术，无不体现了技术对于时尚塑造的重要

① 凌继尧，徐恒醇．艺术设计学[M]．上海：上海人民出版社，2000：347.

② 张贤根．论时尚阶层性的技术建构及其问题[J]．服饰导刊，2016(5)：16.

性。这些单元除了显现自身的科技和时尚基因之外，也表现出与当前时代语境吻合的设计语言，新颖、前卫的设计语言借由新技术被塑造出来，丰富了设计的时尚维度。

在设计领域，技术也总是带来革命性的颠覆。纵观整个设计的发展历程，技术几乎都是起着决定性作用。随着技术进步所引发的多元化设计风格已经与文化和政治接融，设计与非主流文化、亚文化或政治事件相互影响，不断产生新的设计形式和内容。设计一旦与技术发生关联，就不会再与之分离，设计的形态在技术的支持下得到重构，人类的设计思维与行为一并受到影响，技术成为人类创造性实现的必要手段，人类的创造意识也只能通过技术实现。一方面技术将人的设计活动由潜在的意识转向物质现实，即技术在某种程度上决定了设计的形式；另一方面，技术所决定的创造性必然会抛弃多样的创造意识，使设计趋于单一而失去丰富性。①因此“技术即是主体彰显自我的力量的象征，也是自我毁灭的力量，乃是技术根深蒂固的二元性”②。

而在建筑领域中，技术起到的作用更是举足轻重，技术不仅将建筑构想实现，同时也衍生出独特的技术美学。技术在建筑的历史中一直起着决定性的作用。人们总是建造技术允许他们建造的事物，从古希腊建筑的石柱到罗马的拱卷、哥特式建筑的飞扶墙壁到摩天大楼的钢筋框架，这其中的演进总与技术紧密关联——并非所有的建筑形式都是技术的反

① 李立新．设计价值论[M]．北京：中国建筑工业出版社，2011：168.

② 吴国盛．技术与人文[J]．技术与人文，2001(2)：92.

映，但几乎所有的建筑内部结构都利用了技术的优势，随着技术和科技的进步，建筑必然会对技术所提供的潜能做出回应。正如密斯·范德罗所言，技术根植过去、主宰当下、伸向未来。技术的差异成为导致建筑复杂与多元情境的因素之一。目前，发达国家引领建筑技术的发展方向，发展中国家积极引进先进技术，成为展示技术潮流的平台，而落后的欠发达地区则保留乡土化建造技术，对传统技艺有着较好的延续。① 由此引申出建筑技术表现的多元化态势，传统的与现代的、民族的与国际的等技术手段的引入，构建了当下形式丰富的建筑帝国：技术发展出新的建筑结构体系，大跨度的结构丰富了建筑的形象，同时新材料的发展也为建筑形式做出重要的贡献；混凝土技术的发展、复合膜材料的应用使薄壳结构、薄膜结构的实现成为可能，引发了趋向轻薄的时尚语言；轻薄、透明的建筑表皮有别于人们对传统建筑的认知，这类建筑所引发的陌生化美学气质为人们带来全新的感官刺激；从现代主义建筑的玻璃界面开始，建筑就已经展现出轻盈透明的发展趋势，当代建筑引入高分子透明膜材料，更是将这种趋势引向极致；信息技术的赋予更是让本就轻透的建筑得到更为多样的展现，例如对建筑内外界面透明度、颜色的控制与调整，使建筑富有动感和个性，是典型的借助技术手段实现的时尚观感。同时，技术的进步也丰富了材料的多样性，多元材料的运用隐喻了当下娱乐、波普、奇观媒体等大众文化的融合精神，也是社会形态、伦理意识的投

---

① 黄锰．技术视阈——解读建筑现象与形态创新的新维度[M]．北京：中国建筑工业出版社，2012：1.

射。设计风格也进一步呈现出完全不同于过往的图景，形成具有当下语境的独特视觉语言，技术成为时尚生产的重要推手。

当下界面语言中体现的是先进与传统技术手段并行、高新与自然材料共存的现状，相较于先进的建筑技术，传统技术处于较低的层级。在建筑实践中，低技术高品质、低技术高情感的理性思辨取向已经得到广泛的认可。① 传统技术是人们长期建筑实践的结果，具有浓厚的经验色彩，代表着地方和民族对自然环境的适应水平。传统技术对于界面语言的影响在于，其仍旧保留了古典主义建筑时期结构与界面的二元关系，承重体系与围护体系密切联系，结构即界面。传统的建造技术基于古代技术的积累形成，不仅是建筑设计中的文明财富，同时也是地区和民族文化的传承。传统技术所表现的是一种质朴的结构形式，较偏好于体现自然或原始材料的性状和质感，例如砖、石、竹、木等材料，并且注重构造工艺、联结方式等技术手段。这种对传统工艺、材料的应用，着重于对情感的触发，一直都是突显传统魅力行之有效的手段，同时也是对地方文脉的一种回应。王澍利用宁波地区独有的民间传统技艺，将残砖剩瓦混合混凝土技术构筑了具有独特美学语汇的瓦爿墙，并被实施于宁波博物馆的建造当中。一方面作为对于传统文脉的重视，这种操作手法很大程度上拯救了旧建筑材料，避免了地方性建造技艺与材料的消逝；另一方面，传统工艺和材料的赋予，回应了博物馆公

① 黄锰．技术视阈——解读建筑现象与形态创新的新维度[M]．北京：中国建筑工业出版社，2012：50.

共空间“收藏时间”的本质。显然，这种巧思的设计方法将老旧的材料复活，使其在当代的建筑中延续生命。同时，瓦爿墙特有的界面语言也成为一种时尚的设计手法，被许多人借鉴用于私人空间的建造。

先进技术则处于较高的层级，具有鲜明的时代特征且领先于传统技术。先进技术被注入了当下最具技术含量的手段，体现出人类最高的科技和智慧水平。先进技术更加体现出建筑作为科学综合发展的特性，材料学、力学、数学等学科的支撑使得建筑设计更具有表现空间。从历史角度来看，科技、机器工业等行业的发展都对建筑技术的革新带来巨大影响，新构造技术不断在建筑实践中得到应用，同时，诸如合成金属、特种材料等复合化建筑材料受到人们的青睐。对于先进技术的审美倾向同样肇始于 20 世纪 60 年代，不同于现代主义的第一时代机器美学，当代材料、施工、信息等技术的发展拓宽了人们的设计思路，技术万能论为人们所推崇，高技术美学成为主流。这股审美潮流裹挟着由混沌理论、非线性理论等科学理论和生物技术、计算机信息技术等高科技为支撑的多种学科，构成当下独特的美学思潮。在这种思潮的影响下，建筑形式开始脱离现代主义的信条和规范，解构、非线性、有机等建筑形态争先面世，建筑界面语言愈发多元化。

此外，信息技术的发展也为人类社会生活带来更为明显的革新，它渗透并影响了多个领域。一方面信息技术带来独特的艺术表现形式，信息可视化、建筑生成、故障艺术等新生视觉形式表现出与传统艺术形式巨大的差异，新颖的视觉语言不断滋生；另一方面，信息技术与互联网构建了新语言和新风格传播的新型媒介，设计领域中时尚的瞬时性特征也愈发明显。例如，在叶利钦中心的界面营造中，设计师提出媒体立面(Media Façade)的概念，引入信息媒体技术作为建筑的界面，因而实现一种超级平面的视觉呈现。LED 矩阵成为媒体立面的主要显示手段，LED 灯间隔 5 毫米布满 2500 平方米的建筑表面，以便 LED 矩阵在对媒体进行回放时达到高清的分辨率、60Hz 的刷新率及 24 帧的帧率，并通过特定的设计手法将其隐藏于建筑立面之后。同时，博物馆内部空间得益于信息与美学的联结，成为跨代人群之间聚合的要素，同时也是当前与未来的符号，信息技术的使用将博物馆变为具有交互性质的媒介，从而对参观者产生更显著的吸引力。多元设计风格与形式的并存构成了后现代设计的文化景致，技术的导入使更多新兴的设计语言萌生，不断充实以时尚为主的各个文化领域的视觉层面。

总的来说，技术对于时尚的影响隐藏于“技术为新的艺术形式实现提供可能——艺术形式为时尚的生产提供契机”这样一个逻辑关系之中。宏观来看，新兴技术和高新科技包含先锋和实验性因子，同时也催生出更为多元的时尚单元。在消费领域，对于高技术单元的消费成为个体炫耀的手段；在建筑领域中，无论是着重情感回应的传统技术还是强调感官刺激的先进技术，也都体现出不同的时尚魅力。意识形态从形而上的角度影响了风格的形成，技术则联结了意识形态与风格(图 3-4)，通过形而下的技术实现形而下的艺术表现，这表明技术对于界面语言时尚性的形成来说也是尤为重要的因素。

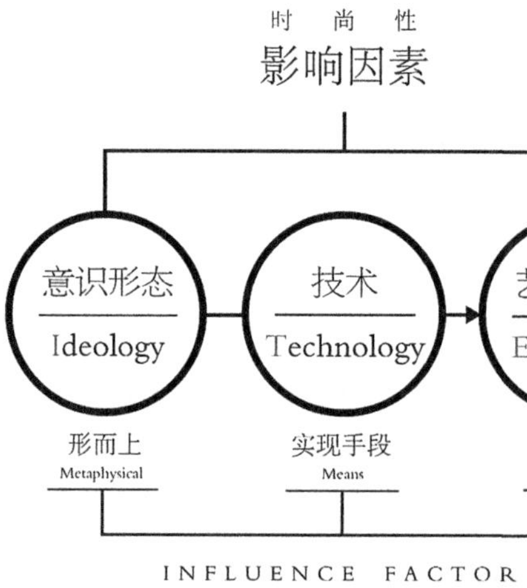


图 3-4　时尚性的影响因素

注：具体来讲，意识形态作为观念的集合包含构成界面语言的文法并决定界面形态，技术是实现形态艺术表现的手段。

## 3.5　本章小结

时尚是经由技术手段实现的由某种艺术风格、价值理念、时代精神相融合、在某一特定历史时间段中被推崇且具有一定时效性的多形态单元。时尚在人类社会中扮演多重角色，既是一种符号系统，也是炫耀性消费的结果，还是社会准则的塑造力量，它促使文化的多向度发展。本书语境下的时尚是一种不可消费的单元，具有多重意义，不仅是设计师精心推敲的结果，包含理性的逻辑与感性的修辞；也并不仅限于流于表象的外在形式，其内在价值迎合了时下社会语境中的主流价值观念。因此，对于时尚的解读不仅要着力于多视角，分析其生成背后的复杂机制也应如此，时尚的形成和演变的复杂程度使其难以被界定、控制和预测。时尚的本质则传递出人们求新、求异的审美态度，时尚之“时”表明了时尚的历时性特征，时尚具有难以量化的时效性，维持的长短决定了时尚究竟是流于大众稍纵即逝，还是经受住时间与社会的考验演进为经典；“尚”则表达了时尚的具体形式和内容，即时尚的载体，时尚的单元具有多种具体的形式，不仅仅表现在服饰方面，行为方式、思想理念都是承托时尚的载体，对时尚载体的论述意在减少人们对时尚片面、错误的认识。

时尚性的界面正是一种不可消费的时尚，与其相关的种种均与时尚建立起关联。本质上看来，时尚性的界面语言与界面语言的时尚性具有相同的语言，都是对于“时尚的界面”的解释。界面与时尚有着复杂的关系，它可以是时尚文化的一员，也可以是设计趋势的反映，当界面语言中被赋予“审美旨趣、价值诉求、时代精神”等诉求的时候，其时尚性便得以凸显。

当代时尚性界面语言的生成受到时代、文化、建筑、设计等多方面影响，本章对当代界面语言的生成做了全面的论述，是对现状的解释，同时也是本书整体的研究语境和背景。艺术风格及技术是影响界面语言时尚性的重要因素，界面语言对于现时主流风格、审美意趣、价值规范的迎合，使其具备时尚性的可能。总体来讲，意识形态、艺术风格、技术构成了界面语言时尚性生成的三要素，其中意识形态作为形而上的视角影响着界面的艺术表现，技术以形而下的手段将这种表现实现。

本章以时尚的再认识、多角度生成语境及影响因素构成主体，阐明时尚的内涵及特征，多角度分析了当代界面语言的生成环境，突出了各种要素对于时尚产生的重要性，整体构成了理解和把握当代界面语言时尚性的语境。

# 第4章　时尚与美、设计的逻辑关系

## 4.1　时尚与审美

### 4.1.1　时尚与审美的逻辑

时尚是当下复杂多元文化环境的重要组成部分，对于时尚的追崇成为人类最为重要的审美活动之一，一切关于时尚的评价或品鉴也都是一种审美行为。美学作为哲学的一个分支，侧重从哲学的宏观角度研究美和艺术的各种现象，对于时尚的经验和把握，无疑是将其作为严肃的哲学命题来对待，诸多哲学家对于时尚加以剖析，这些思想体系对于加强时尚在美学领域中的认知起到了重要作用。按照胡塞尔(Edmund Gustav Albrecht Husserl)对人类世界的划分①，人们在“美”的领域中主要通过表现人性的内容来获取感性的精神愉悦。之所以强调对时尚的追求是一种审美现象②，是因为

---

① 有别于客观世界，胡塞尔把和人的生存活动内在相关的世界定义为生活世界，并划分为真、善、美、利、信五个领域。

② 刘清平．论时尚文化的审美意蕴[J]．学术论坛，2004(3)：21.

这种冲动源于人对于美的渴望。贡布里希认为，美的东西并不一定合人的心意，而只有合人心意的东西才被认为是美的。这表明，当某种时尚的单元与个体内在的审美旨趣相契合的时候，这种时尚对于个体来讲就是美的。个体的审美旨趣不尽相同，当时尚所传达的时尚美学与观者自身的审美相背离的时候，便会被认为是非时尚的，对于时尚性的把握便会服从于主观意欲的表达。

有关时尚的审美行为涉及人的感性层面，因而“感性”对于理解时尚文化和判读时尚性质有着极为重要的作用。所谓感性，是相对于理性的概念，理性强调逻辑思维，人类具有理性层面的认知能力，这种逻辑推理的思维能力构成了人类区别于动物的本质。而感性则包括了人类生活中所有的不能最终归结为逻辑思维能力及其产物的因素，包括感官的经验认识、基于生理的本能欲望、心灵深处的情感意志等。① 依照史文德森的观点，寻求时尚变迁的法则可能劳而无功，这表明时尚的变迁无法利用人们的逻辑思维来进行捕捉，其发展演进是一种非线性的轨迹，无法预知一种时尚何时出现或何时消亡；同样，对时尚的评判也无法用科学的逻辑加以衡量，一切对时尚的认识都与个体的感性认识相关联。毋庸置疑，时尚具有一定的美学特性，这种情况下对时尚的追求解释了人们对美的渴望，此般持续不断的兴致存在于任何形式的文化中。

然而是否可以断定，凡是时尚的都是美的？显然这是一个错误的观点。伊曼努尔·康德(Immanuel Kant)提出，美并

① 刘清平. 时尚美学[M]. 上海：复旦大学出版社，2008：7.

不是事物的属性，美存在于观察者的内心。他解释道，对于美的感受和评价来自对某一个对象的反应，个体对于美的判断是独立的。① 正如克里夫·贝尔(Clive Bell)所认为的，美在本质上是主观的，每个个体都有自己的体验标准……任何标榜建立在客观事物基础之上的审美体系都是荒谬的、不值一提的②，因而个体有绝对资格与经验介入对单元的时尚性的评介。这再次表明了时尚本身的矛盾属性，人们对于时尚的追求一方面满足了对差异性、个性化的要求，另一方面也将个人行为变为样板。而正是由于这样普遍的美存在，人们才得以在对时尚的追求过程中产生相似集群。

个体对于某个时尚单元的审美自有主见，但基于对共同时尚单元的追求，致使多数个体聚集到一起形成群体，这个时尚单元除了体现了个体之间共同的审美倾向，也释放出反映群体品位和特质的信号。当代语境中新的元素不断被挖掘并产生新的时尚，加上时尚总以各种形态呈现，也显现出不同的征候。新颖、独特、异化等都可以成为时尚的特征，这进一步表明时尚与美并无绝对的限定性关联。

### 4.1.2　时尚的审美基础

首先需要指出的是，美只作用于人。无论是何种形式的

---

① 但康德同时也提出了普遍的美的存在，这种形式美与个体的主观体验没有任何关联。康德这个观念是在一定条件之下成立的，即个体应该以“无关紧要”的心态去审视某个对象，只有在这个先决条件下普遍的美才得以形成。

② ［英］罗伯特·克雷，著．设计之美［M］．尹弢，译．济南：山东画报出版社，2010：13.

美，包括时尚，只有对象是人才有意义。个体通过感官和心理经验美，这种特定的感知使人形成愉悦性体验，由此催发一种精神性的动力，推动人们创造出美的生活和事物。唯有当人们具有愉悦的感性体验时，美的存在才有意义。个体与个体、群体与群体之间的审美经验不尽相同，这决定了对事物多方面的认知结果，对于单元的审美体现在两个层面：单元是否时尚？如果是时尚的，那么是否美？对于这样的评判，个体的主观经验占据主导地位，然而时尚文化中关于美的认识是无法言说的，正如齐美尔所述，有时候丑陋和令人厌恶的事物居然变成时尚，人们因为时尚而不得不接受痛苦的事物，这种被驱使显示出时尚强大的力量。时尚的本质就是混乱，这种混乱来自时尚观念的社会学与现象学角度本质上的冲突，是异化的源头，进一步讲，对于时尚性的确立并没有一致性，这种一致本身就是一种分裂。① 因而并不存在统一的时尚审美准则，更无法用公式或数值量化，个体依据共同审美品位汇聚为群体，导致个体自身的品位与格调参差不齐，统一的审美标准并不存在。比如爱好，显现了一些个体因具有相同的审美水平而汇集的根本缘由，而时尚则从更高层面上区分这些群体。

对于时尚的审美无法借助任何工具或模板，个体的主观感知经验才是最为重要的评判依据。可以说，人是时尚审美的尺度，正如马克思所强调的，任何一个对象对于人的意义，都以人的感觉所及的程度为限。詹克斯曾提出现代文化

① Jessica Wolfendale, Jeanette Kennett. Fashion-Philosophy for Everyone: Thinking with Style[M]. Oxford: Wiley-Blackwell, 2011: 36.

范畴中的两种译码：现代译码与传统译码——这两种文化分野能很好地佐证个体或群体之间认识和审美的差异。现代译码是基于现代派建筑师的训练和思想体系，而传统译码则是建立在个体对通俗建筑艺术因素的体验之上。由于不同译码的兼蓄，会产生相反的意义，例如现代派建筑师所构筑的和谐的、比例完善的纯体积，在大众的审美经验中则被视为“鞋盒子”或“档案柜”①。

因此，对于时尚的审美也是一个解码的过程，在文化资本与教育背景的共同作用下完成。时尚评判标尺的刻度总是非常模糊，主观上来说，个体可以依据自身的审美经验对时尚对象作出评价；而客观上个体无法主导和决定单元的时尚属性，而对于时尚单元的美与丑的界定，则更为主观。如此一来，对于界面语言的时尚性判定便不存在唯一的准绳。

### 4.1.3 当代的审美转向

时尚包含着基本的美学特征，对于时尚的评价也是一种审美活动。尽管时尚的形成不以个体意志为转移，但是在美学领域中，个体的审美活动无论如何也无法避免主观唯心主义。通常来说，一件事物是否能引起人们的愉悦体验，是衡量其美与丑的标准。按照这样的逻辑评判一个单元是否是时尚的，似乎是行之有效的方法。但从事实上来看，总有某种无法称为“美”的现象与个体的审美相冲突。在时尚的情境中，有人随波逐流，有人则坚持己念：哪怕一个时尚单元被

---

① ［英］查尔斯·詹克斯，著．后现代建筑语言［M］．李大夏，译．北京：中国建筑工业出版社，1986：24.

他者定义为是“丑”的，但在个体的观念中依然具有美的本质——因为个体从中经验到了愉悦。当下社会语境中，这种时尚中美与丑的相对主义经验更是无处不在。

康德开启了审美自律性的观念，在美学史上具有深远的影响。作为人类三大活动之一的审美，一直具有无功利的特征。美学家、艺术家都将艺术和审美理解为与商业活动、日常生活相对立的高雅活动，而不涉及实际的功利和目的。后现代则进入审美泛化的阶段，一切都与商品化、消费文化紧密联系，文化与艺术一并成为消费社会的一部分。于是审美活动超出纯艺术的范畴并渗透到日常生活之中。经典艺术门类文化中心的位置被一些诸如影视文化、时尚文化等泛审美的活动所消解，图像、符号使现实遭到审美幻化。① 现代主义到后现代主义的转向导致后现代社会呈现一种审美化的外观，威尔什(Welsch)所谓的全面审美化进程(Aestheticization on Processes)指出当代的审美化趋势：表面审美与深层审美。表面审美是对外观装饰、文化享乐主义和经济生活中的审美策略，例如对服饰等时尚产业的消费；深层审美则是利用新材料改变物质的结构、通过传媒构建现实的策略，例如奇观式建筑或信息公共空间等。② 弗雷德里克·詹姆逊(Fredric Jameson)同样认为，在一个如此多的由视觉和影像主宰的文化中，审美经验的概念随处即是，并且广泛地渗透到社会与日常生活中，这种文化的扩散使审美判断的前提变得不慎恰

① 张兴华．后现代空间中视觉文化的审美特征及美学批判[J]．文艺研究，2015(11)：180-181.

② 彭锋．后现代美学与艺术的几种倾向[J]．装饰，2004(4)：5.

当，即审美经验的浅表化。① 在这样的语境中，高雅文化强调精神与心灵内涵的丰富性，而世俗文化则更加侧重大众的肉身感性因素。

当代人类文化正在从现代性的、以逻各斯为中心的理性——语言文化，逐步向后现代的、以肉身为中心的感性——体验文化过渡②，表现在后现代文化语境中愈发明显的雅俗对立和冲突现象，在消费主义情境中尤为明显。传统古典主义“真善美”的美学标准遭到质疑，而“假丑恶”同样可以成为时尚，正如齐美尔所说，某些情况下丑陋和讨厌的事物也会变为时尚，时尚通过驱使人们追崇那些痛苦的事物来展现它的力量；时尚时而推崇某些古怪的事物，时而推崇与美学无关的事物，具有一定的随意性。同时，经典的美学话语基本上都注重从“美与审美”的本体论或认识论方面逻辑地诠释人的生命精神现象，探讨人生价值的终极理想，而面对当代时尚文化与流行文化的具体需要以及复杂的文化变异，这种经典的诠释结构又未免过于封闭。③ 文化、意识形态、社会结构等方面的转型，都给予审美活动转向的动力，唯有此，才能理解和把握当代文化与时尚的现实境遇。

由此看来，雅俗共赏、美丑并存、兼容并蓄成为当代社会时尚文化的主要特征，因此需要以有别于传统或古典主义审美的另一种角度去诠释当下的时尚现象。一方面，由于个

---

① ［美］弗雷德里克·詹姆逊，著．文化转向［M］．胡亚敏，译．北京：中国社会科学出版社，2000：98.

② 刘清平．时尚美学［M］．上海：复旦大学出版社，2008：107.

③ 王德胜．审美文化的当代性问题［J］．文艺研究，1998(3)：37.

体的经历、教育背景、审美旨趣的异同，导致了审美标准的不确定，也给予了真善美与假丑恶等事物存在的空间；另一方面，后现代社会允许时尚文化多元性的特质，这不仅是时代精神的体现，也是对不同群体审美需求的回应。上述两方面不仅解释了当下时尚文化中的审美现状，同时也是对审美转向问题的回答。

## 4.2　时尚与设计

### 4.2.1　时尚与设计的关系

若要展开关于时尚与设计的逻辑，那么对于设计与时尚之间关系的厘清是一个无法回避的要点。某种语境下设计创造时尚，这种情形在以服饰产业为主的时尚场域中尤为明显。首先要解释关于设计与时尚的问题：是研究作为时尚单元的设计本身还是设计的结果？当设计作为时尚单元的时候，是将其视为文化的一部分——比如我们可以认为从事设计工作是一种时尚的行为，或者说某种设计手法是时尚的，并引领了某种设计趋势或潮流；当设计结果作为时尚单元的时候，是聚焦具体的设计呈现——时尚的家具或产品、某件衣服看起来很时尚等——是一种对客观物象的审美感知或评价。尽管本书的研究点聚焦于“界面作为一种设计结果的时尚性”，但是这种结果的产生与那些流行的设计手法是密不可分的。必须清楚，视觉产品的表现结构是多方面的，结构决定风格，因而界面的设计风格化是决定其时尚性的前提，但并不是全部。无论设计遭遇何种变化，其成为时尚的过程中便已经确立了一种风格，界面通过艺术化的演绎和修辞形成既定的设计语言，是影响其时尚性的重要因素。

时尚有能力启动所有当代生活的按钮，它代表的是崇高文化和流行艺术的结合，因而拥有真正的力量，时尚既可以针对严肃的议题，也能掌握流行的想象，拥有比设计更为强悍的影响力。事实上设计也是创造时尚的途径和手段，设计创造和影响时尚，同时也被时尚左右，是时尚与设计的辩证存在。时尚侵入各个文化领域，包括设计文化；设计作为一种文化的反映，代表了社会主导性审美取向。设计风格则是设计文化整体性的表现，是一种设计形式发展成熟的标志。审美理想被设计师赋予其中，同时也注入了时代精神，因而设计成为反映人类审美趣味和时尚观念的最为直接和有力的工具。① 修辞派(Rhetorical)认为，任何一个复杂的社会都有各种各样的书写风格和演讲风格可以被学习或模仿，风格是公众的和社会的，具有一定的人造性特质。② 约翰·沃克用"签名理论"来解释风格，艺术的风格如同个体在签名时对自身特质的表现，在此笔迹成为鉴定书写者身份的工具，风格是视觉产品特质的呈现。因而从修辞的意义上来讲，风格是一种资源，也是艺术生产的要素。作为最早表达思想的特定方式，风格可以被视作以外显的视觉语言来表达设计理念的特殊变形，它反映艺术品的修辞和演绎，也折射消费者对产品的品位标准。任何一种既定的表现形式都具有相应的风

① 杭间．设计道：中国设计的基本问题[M]．重庆：重庆大学出版社，2009：269.

② [英]约翰·沃克，朱迪·阿特菲尔德，著．设计史与设计的历史[M]．周丹丹，易菲，译．南京：江苏美术出版社，2011：133.

格，文学、艺术、电影、音乐等表现形式以文本的、视觉的或听觉的方式显现自身的风格；设计领域中的风格是设计结果对设计理念的外在呈现，由形态、材质、体量、色彩等多种语汇交织形成。对于多数人而言，很难区分时尚与风格的具体含义。

对界面时尚性的研究从风格入手，是因为设计一样涉及时尚性的问题，尤其是在当某种设计风格“看起来很时尚”的语境下。时装、消费品、媒体或是艺术品，都以某种设计或艺术风格呈现出其内在的精神特征，它们共同构筑了多彩的视觉文化，时尚将各种视觉文化形式进行重组与应用，影响着人们对艺术和设计的理解。在设计领域，功能与形式共同定义了设计对象的风格属性，尽管所谓的风格大部分涉及设计品的外显性要素，但是仅仅从外在的艺术风格去定义时尚性还稍显片面。任何单元都有可能成为时尚，这种超越外显性结果的对时尚的定义表明了一种更加理性的判定逻辑：风格不是单纯的形式，更不是决定时尚性的唯一因子。风格大部分是由设计的修辞手法体现，修辞作为一种演绎手法，需要艺术的处理手法与文化、情感等因素的融入来刻画设计对象。

鉴于当下对时尚的多层面定义表明时尚性更深层次的内涵，其价值不再以外显性的多元化视觉表象体现。对于设计对象精神内核、人文关怀、情感体现等层面的挖掘，使得界面不仅是建筑的视觉游戏，更是情感因素与人文精神的外在映射。哈特穆特·艾斯林格曾对设计进行分类，发现设计师对于设计目标的侧重点不尽相同：有的设计师设计功能与美观并重的产品，这类设计师创造经典；有的设计师专注于风格和个性的表现，他们被时尚所牵制。从这个角度来看，可以说时尚的设计是关于艺术的、有风格的视觉产品(图 4-1)。

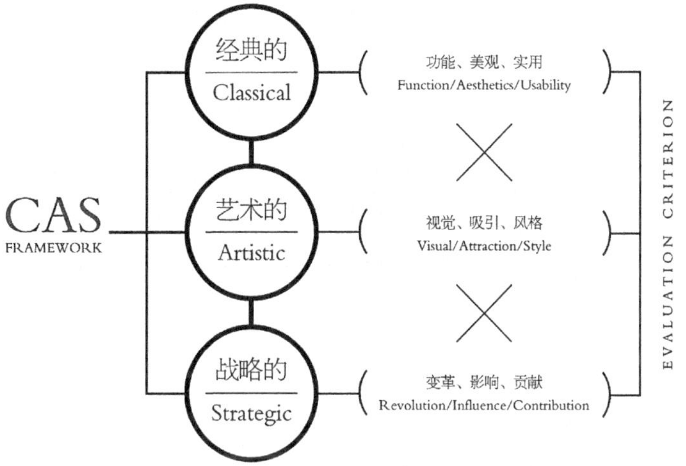


图 4-1 设计的 CAS 框架

注：该框架表明了不同层级的设计需求，其决定了设计的高度。

辩证地来看，所有的事物或艺术品都表现出一种风格，或是视觉上的，或是其他，但并不一定具备成为时尚的条件，而时尚的事物却总显现出某种特定风格。服装与时尚的关系在前文已有论述，这表明服装作为身份认同与审美旨趣符号的特殊性。斯帕克所陈述的理念不仅限于此：一方面意味着时尚总是与客观物质建立关联，强调可消费性；另一方面，体现了设计在时尚中的价值。不同于符号性的时尚文化，消费时尚的生产总与设计息息相关，设计在服装、建筑、产品等领域不断缔造时尚的视觉语言。

设计之所以可以具备时尚的特征，是因为它同样会被流行的趋势所操纵，设计风格与时尚有不可割裂的关系，任何一种新的设计语言的诞生都是一种创新。在设计领域中，一种风格得以确立并成为时尚、流行或经典，是多方面原因共同作用的结果，不但取决于其自身的社会价值和影响力，还取决于这种风格在时间和空间维度上的感染力。从极简主义到解构主义、非线性建筑、流体建筑等，任何一种能称为时尚的建筑语言和风格，都具有浓烈的艺术表现力。根据时尚的逻辑，一种表现过于浓烈的设计风格势必会遭到来自其他风格的抵触。现代主义以功能主义为基础寻求设计评价标准中的唯一性，这种理念并不适应“二战”后快速发展的社会。不同文化群体的需求表明，现代主义构建普世设计价值为崇高目标的愿景并没有实现，它无力阻挡新兴流派的诞生，波普艺术成为这股潮流中最为出挑的流派，其中还包括意大利的前卫设计①，这些不受拘束的、敌对的、奇异新颖的概念用以挑战和迷惑一般公众和设计领域。如果说波普艺术着重对商品符号和流行文化的引用，那么以索特萨斯为主导的孟菲斯集团则更加侧重对时尚的探讨，但并不是对功能的完全摒弃，沃克·菲谢尔认为，这些语言和风格虽然超越了功能主义，但仍然是反映功能和以功能为主导方向。索特萨斯关注宽泛的文化参照，从当代世界中取材意象并利用外来文化，用大众文化的象征主义手法探讨物品的身份和意义。其早年在阿齐米亚工作室的经历使其形成了“平庸”的设计哲学：将平常的、日用的消费品用色彩图案和其他附加元素进

① 一场先锋前卫的激进艺术运动，以阿齐佐姆联盟和超级工作室为主，以及索特萨斯的孟菲斯小组都被视为反设计的代表。

行装饰，进而转化为具有美学企图的物品，参照各种类型的设计风格进行移植和嫁接，形成没有常规美学身份的非文化图像，探讨了设计中沟通的界限。索特萨斯由1970年米兰先锋派试验发展而来的Calton书架设计表达了他对于现代主义功能性理念的强烈反对，该作品通过色彩与形式提供了丰富的视觉特性，表明了与以“优雅和提炼”为主要理念的当代主义思想背离的态度，是当时最为时尚的设计作品，它刷新了设计语言和设计文化的内涵，而又没有失去实用性，被白石和也(Kazuya Shirasu)评价为“体现了尊重和超越技能的设计姿态”，这种新型国际风格的观念意味着全球化背景下特殊文化概念的商品化，相关产品被赋予了文化身份并成为富裕精英阶层的“甜点”①。

时尚性界面语言体现界面所散发的时尚魅力，正是一种当代各种文化或美学方面思想的折射，通过建筑的风格和语言借以表达。魏滔·黎辛斯基(Witold Rybczynski)视建筑风格如同服装或事物的风格会定期改变，例如不同时代对于材料的偏好：玻璃属于20世纪20年代的现代主义建筑，而90年代末期则偏好用锌或钛金属包裹建筑表皮。建筑形态与色彩也如出一辙，正因为如此，建筑才有了显著的风格区分。风格是建筑的一种历久不衰的特质，大多数成功的建筑师都对风格有着强烈的意识。② 建筑风格同样遵循时尚的范式，现代主义是对传统和古典风格的抵触，后现代主义则是对现

① [英]乔纳森·M. 伍德姆，著. 20世纪的设计[M]. 周博，沈莹，译. 上海：上海人民出版社，2012：206.

② [美]魏滔·黎辛斯基，著. 建筑的表情——建筑风格与流行时尚的演变[M]. 杨惠君，译. 台北：木马文化出版社，2005：14-15.

代主义的拒斥，这些都体现了时尚中的逻辑。

依照时代精神(Zeitgeist)分析理论来看，从艺术作品的形式特点、形状、色彩和风格出发，人们可以了解这段历史时期的精神、思想倾向或氛围。① 时尚不仅与人的外在和行为紧密相连，也包含了视觉产品自身风格的展现结果和精神内蕴，尽管脱离了统一的时代风格，但仍旧反映出时代精神。优势常常站在新颖、奇异的模式一边时，那就是时尚的时代。② 格罗皮乌斯表明，一个现代人不会接受过时的服装，同时还需要现代的家庭空间和产品来映射其现代性的身份，并与其所处的时代精神相呼应。一方面，时尚单元的多变表明了当前时代人们的审美需求，且这种现象自 20 世纪 60 年代就已经显现，也是后消费时代的主要特征之一；另一方面，时代语境总是在催生新的时尚形式，统一的时代风格自后现代主义开始就已经消逝，多元的设计风格并存成为当代特征之一，人们开始关注视觉文化的生产，功能已不再是衡量设计优劣的唯一标准，这为时尚的生产提供了契机。总之，时代需要时尚并且创造时尚，在时尚生产中占据重要角色的设计便突显出其重要价值，这也成为推进新的设计风格、流派产生的重要动因。总有新的设计风格出现，对旧有风格产生替代、抵触或排斥。正是由于多元风格的出现，才使得设计领域中有着如此丰富的艺术表达，不断地创造新的风格和时尚。当下时代对于设计时尚性的要求不断提高，一

① [英]马尔科姆·巴纳德，著．艺术、设计与视觉文化[M]．王升才，张爱东，卿上力，译．南京：江苏美术出版社，2006：29.

② [法]加布里埃尔·塔尔德，著．模仿律[M]．何道宽，译．北京：中国人民大学出版社，2008：140.

方面需要更多元的时尚设计满足消费与审美需求；另一方面，时尚性的评判标准开始与设计质量建立联系，设计的时尚性不止流于表象的修辞，人文关怀、精神象征等维度同样被纳入时尚性的评判体系。界面由于其自身特有的限制使其区别于其他的设计艺术，其时尚性只能在风格、技术、人文与精神所限定的框架中寻求。总之，时代催生更多时尚的设计，同时又发展出更高的对设计时尚的评价标准。

### 4.2.2　时尚中的设计创新

在展开对于时尚与设计创新的讨论之前，需要理清设计之时尚性的最终目的①：究竟是让设计对象实现某种特定的功用，还是单纯地使其看起来更有趣或更有吸引力——即将设计的形式作为关注的重点？大部分观点认为，当设计与时尚建立起关联，追求的便是后者，这完美地回应了雷蒙·罗维(Raymond Loewy)的“设计即形式”信条。众所周知，美存在于功能和形式之中，完美的产品是二者的结合，具体来讲，是工程师和设计师共同协作的结果。然而从现代设计到当代设计，回顾一个多世纪的发展，不难看出，设计的各个领域当中，时尚通常是由设计形式而引发，尤其是在商业设计领域。各种新型产品无论其形式多么迥异，总能引起时尚的关注，无论多么诡谲另类的造型，都有其独特的美学逻辑。设计中的创新，不论功能还是形式，往往会触发关于时尚和美的热议，然而美与创新的共同点并不明显，有时甚至

---

① 在此将所有的相关——服装、工业品、建筑、家具等统称为产品，以便论述。

互相冲突。大多数人将美与自身经验的美学标准并置，然后新产品(特别是激进式创新的产品)并不一定迎合当下的审美标准，而是试图倡导新的美学规范。①

设计创新是创造时尚的过程，时尚也常常是一种创新。伊贝林斯认为，每种新的设计风格都是一种对主流实践的偏离，也都始于一种创新。对设计时尚性的追求是界面时尚性的动力导向，也是设计创新的驱动力，包括更新(Renovation)与革新(Innovation)：更新是在现有设计风格基础上的换新，革新则是彻底的创造和变化。新现代主义是在现代主义设计风格上的换新，而后现代设计语言则是一种全新的创造。在追求多元化的当下，时尚性无疑是催生设计创意的重要激素。一种设计手法与风格被社会普遍接受并引发追随者的效仿，便会成为设计潮流。这种潮流的浮现和延续是基于社会语境和具有话语权的设计师的认同，最终演变为一种文化。设计潮流的理念由自身的风格体现，无论是其外显还是内涵，其社会价值才是这种潮流存在和延续的主要原因。设计的创新与革新总会引发关于设计的时尚与趋势，无论是过时的还是实验性质的，都会导致两种结果：一方面，新的设计风格通过某种媒介，尤其是网络空间得以快速传播，在短时间内形成新的设计趋势和潮流；另一方面，由于这种宽泛的传播范围，使得时尚的设计风格更加容易被模仿和复制，新兴的设计语言一旦被输入大众群体，时尚的语义便会消逝，这对设计本身时尚属性的时效性产生巨大影响。

① [意]罗伯托·维甘提，著．设计力创新[M]．吕奕欣，译．台北：马可波罗文化，2011：63.

界面语言能带来某种设计趋势和革新——正如毕尔巴鄂古根海姆博物馆，它经历了社会与时间的检验，最终演变为一种经典，从最初新颖时尚的设计语言蜕变为一种设计的范本。尽管有学者认为建筑界在思想层面日趋沉闷，建筑日益沦为一场形式游戏；时尚化刺激了经济利益的增长，却无法解决创新的根源问题①；建筑思想的枯竭与形式的复杂形成鲜明对比，表现为追求时尚、精神的消逝。但不可否认，这场形式游戏所带来的感官刺激，以及这些丰富的形式对于其他设计领域的启迪。

界面语言同时展示出某种设计趋势，无论是一种风格趋势还是时下流行的设计手法。设计趋势表明一种时尚的设计在某个时间段被认可，并具有多种传播路径，尤其在信息时代，最为时尚的设计风格只会迎来最为快速的模仿。同时尚一样，设计领域中具有话语权的设计师缔造各种趋势，新兴的设计语言自上而下“被输入”各个大众群体。与消费符号不同，空间界面不强调个体的身份与审美趣味，当期被输入下层群体时其自身的时尚语义并没有消除。在这个语境中时尚的设计不是作为消费品被公众消费(其不被个人占有，并不显现个体的个性和身份认知的强化，而对于城市和公共空间来说却有着积极的意味，同时这种时尚在群体之中具有较小的扩散维度)，而是一种审美趣味的体现和身份的确立，并作为符号系统和文化资本的积累手段存在，因此，时尚的设计一旦显现出某种设计趋势，便具有较长的时效性。

凸凡·奥瑞尔(Tufan Orel)将“自我—时尚”行为指向人

① 方晓风．建筑：时尚还是永恒？[J]．装饰，2011(3)：16.

类在现代社会中的发展，它帮助人们认清单元与个体行为、经验之间所建立起的关系。这种"自我—时尚的冲动"是人类追求变异的行为，这种行为使人类除了实现生活的空间和框架之外，将创新变为可能。奥瑞尔以日常生活中的创新产品为例，认为这些产品的出现极大地修正了人们在以前几个世纪形成的习惯性姿势。① 如此一来，当代社会的奇观式建筑都可以被视为创新性产品，因为它们改变了人们对建筑的传统审视模式，从不同程度上挑战了人们的审美经验。即便是被视为乏陈无趣的现代主义，也曾经体现出与以往思潮的不同，例如现代主义建筑体现出的去装饰化特性，或是对古典/传统建筑表皮与结构二元对立的消解，这些都是当时的设计创新，更勿论后现代主义、解构主义建筑语言所表现出来的创新性了。

综上所述，时尚应该、也必须是一种创新。尽管时尚不以个体意志为转移，相对于个体来讲，无论多么鄙夷不堪的元素都可以是时尚，尤其是在设计领域，历史元素的耗尽似乎表明了时尚内容的空乏。不管设计领域中的时尚多么纷杂，也都无法体现出真正的创新，长此以往，任何趋势和潮流都只会将设计引向毫无新意的道路。对于设计来讲，多元的表现形式并不为了展示对于某种风格的追求，而是源于一种刺激当代设计发展的美学力量和创新动机，当代多元化的设计现状充分表明了传统美学和艺术理念的衰退，但是艺术

① [法]马克·第亚尼，著．非物质社会——后工业世界的设计、文化与技术[M]．滕守尧，译．成都：四川人民出版社，1998：77-78.

与美学的力量始终不能忽视，各种艺术风格所蕴含的美学理念为当代设计运动的语言和语义学建构起到重要作用，丰富了现代设计的时尚内涵。①

## 4.3　时尚设计的传播路径

时尚的传播路径表明了其传播的维度。时尚经由各种媒介进行辐射，对于时尚传播路径的研究有助于解释设计的时尚、趋势和潮流是如何传播的。设计领域中具有话语权的人生产时尚的设计，同时决定了设计的时尚属性，一种新颖的设计理念化身为时尚扩散开来并被复制和效仿，最终演化为过时或经典，这种设计时尚的演进需要被解释，以便厘清时尚的传播机制。理解了时尚的传播机制，也便理解了设计时尚的传播模式，对时尚设计在不同阶层、群体之间的游移便可做出全面的阐释。齐美尔指出，时尚具有模仿(Imitation)与分化(Differentiation)的特征。模仿行为是形成部落的本质力量，体现了个体审美的趋同，由此集结成具有共同审美旨趣的群体；分化则从横向(部落)和纵向(阶层)两个维度划分不同的群体。时尚从来不是个人的，它需要群体的共同认可，这些群体具有一种不确定的参数——性别的、相貌的、时装的，甚至思想观念的性质②。尽管时尚是个体表达自我

① 李建盛，当代设计的艺术文化学阐释[M]. 郑州：河南美术出版社，2001：58-59.

② [法]马克·第亚尼，编著. 非物质社会——后工业世界的设计、文化与技术[M]. 滕守尧，译. 成都：四川人民出版社，1998：230.

个性的一种方式，但其有效性的基础是基于群体对其肯定的共性之上，“真正的个性被贬斥为反常或古怪，时尚并不能将个体区分开来，相反，时尚将个体融入、合并社会整体”(Finkelstein，1991)。因此，个性与共性、个体与群体之间总是有一种模糊的、相对的关系存在——个体的审美导致了非同一性，时尚作为对同一性抵制的手段之一，将具有同一性审美旨趣和品位的个体集聚为一种文化的部落。时尚为部落划分界限和确定范围，使群体拥有可被诠释与解读的符号，即时尚的身份。但是，矛盾在于，身份的确立意味着社会的认可，这种共性表明个性的消逝。随着时尚在群体内部流行广度与深度的加强，其最初的意义便消失殆尽。

无论如何，在时尚内部存在一种源动力，它使得时尚迅速被传播开来，并且是以群体和阶级多维度展开。具体到设计领域，这种动力同样把新兴的、时尚的设计风格和手法推向更为宽泛的境地，对于设计风格的模仿便如同着装一样普遍。每一种时尚性的界面语言都暗含了设计师的设计风格和理念，或者总能向上追溯到某位明星设计师的设计哲学。明星设计师处于时尚制造的高阶层，大众设计师则模仿或拷贝他们，在这种语境下，设计时尚的传播动力及路径便变得尤为清晰。

### 4.3.1　传播动力

模仿是时尚传播最为根本的源动力，对时尚的模仿行为是时尚的传播以及快速成为流行现象的主要诱发因子。例如青少年对于偶像明星衣着、发型式样的模仿，安德鲁·泰乌塔(Andrew Teutta)认为，这是一种自己同化的观念和模仿意识的衍生物。① 模仿作为时尚的重要特征之一，对于时尚性设计语言和实践的传播有着重要的影响。

康德的“延迟”理论成为后来关于时尚研究的基本模型，他在《实用人类学》一书中提出，时尚是被上流社会抛弃之后被下层社会捡拾起来的，认为人类具有一种将自身的行为举止与某个更为重要的人物作比较的自然倾向，例如儿童模仿成人、卑微的人模仿高贵的人，康德把这种模仿的法则定义为时尚。凡勃仑也指出，人们总在试图超过相同阶层的人，总在试图达到更高层人们的层次，模仿是达到这样目的的最佳途径。换句话说，有两个可行的原则：在我们自己的阶层中向内展示自己的与众不同(Differentiation)、对高阶层的则刻意模仿(Imitation)。② 在特定的条件下，时尚仅仅影响较高的社会阶层，前提是时尚对于社会形式、大众审美、服装或某些流行行为产生了影响。时尚在较高阶层中的嬗变是非常剧烈的，时尚作为阶级界限的划定与阶级象征，一旦扩散到下等阶层，便会在较高阶层中变化或转移，之后较高的阶层便会转而去追逐或创造新的时尚，以便继续与其他阶层区分开来。处于较低社会阶层的人们通过模仿与效法上一阶层的时尚，来表达其对于高层级生活的希望与向往，以及对所处劣势阶层的克服与超越。超逻辑模仿律表明了模仿行为是从上到下辐射的，即地位低的阶层和人总是模仿地位高的阶

① [日]白石和也，著．视觉传达设计史[M]．王传杰，译．北京：机械工业出版社，2009：260.

② [挪]史文德森，著．时尚的哲学[M]．李漫，译．北京：北京大学出版社，2010：37.

层和人。① 其意除了体现时尚的阶级性之外，还展露出时尚中所蕴含的模仿性导向，并且这种行为与生俱来。如同齐美尔所说，模仿代表着人类本性的基本方向之一，它满足于将个性与普遍性融合起来，强调变化中的永久性。这表明大众性是时尚产生—模仿—流行—消逝过程中重要的一个环节，是低层级仿效高层级的最终结果，标志着时尚更迭与再生的开始。这种现象之所以普遍存在，是由于较低阶层总是向着较高阶级看齐，这种行为源于人模仿的天性，且这种单纯的外在模仿是最容易达到的。正如古斯塔夫·勒庞(Gustave Le Bon)所说，模仿并不是群体的特征，而是每个人的天性，正因为如此，才使时尚的力量如此强大。② 这种情形在相同阶层的内部群体中也有所演绎，尽管这些不同阶级内部群体之间的差异如此之小，但两个阶层越是接近，下层对于上层阶级的模仿与追随行为便越发明显。

这种效仿与追随的现象在设计领域同样有所体现：一种新颖的设计风格出现伊始一定是具有时尚意味的，或许有着先锋、前卫、另类的印记，但是一旦独出心裁的设计风格进入大众领域，连最专利的设计都能很长久地保持被个人独占：模仿是最终的响应，同化吸收是最终的产物，流行成为最大的均等。③ 这种对于艺术风格的模仿从某种角度来讲意在视觉语义的复制，对原有符号系统的再创造可能刺激设计

① ［法］加布里埃尔·塔尔德，著．模仿律［M］．何道宽，译．北京：中国人民大学出版社，2008：232.

② ［法］古斯塔夫·勒庞，著．乌合之众——大众心理研究［M］．戴光年，译．北京：新世界出版社，2010：111.

③ ［美］斯蒂文·赫勒，米尔克·伊里奇，编著．20 世纪设计思潮的演变［M］．常宁生，孟春艳，译．合肥：安徽美术出版社，2003：1.

的全面繁荣和多元化发展，但是这种再创造的尺度也判定了模仿行为是否成立。史文德森指出，任何一种创新的表达形式都囿于一个称为“重复”的语境。他以艺术中的先锋派为例，认为先锋派将追求新颖视为宏伟目标，即创造一种不可能被超越的绝对的新。然而事实证明，先锋派的幻想并不适用于时尚的逻辑，任何所谓的新颖都会通过“复制”行为被传播开，并且任何新的事物在一定时间内都会被更新的事物超越或取代。这也从侧面表明设计时尚的形成模式，也正是设计趋势和潮流，使得那些独特艺术风格从创新沦为平庸。

单元一旦具备时尚属性，便成为人们效仿的对象。具体到建筑领域中，由于人们倾向于建筑物的趋同性①，但又控制着趋同的程度，因而人们得以见到各种具有相似设计语言的时尚风格，而当一位建筑师将一种常见的风格设计出了动人的变化，它通常会像任何时尚一样流传开来。② 人们总是通过模仿明星或时尚人士的穿着，完成对当下时尚的追崇，同样，知名设计师的理念和作品也常常被人模仿。例如明星建筑师的存在强化了人们对建筑时尚的推崇，尤其是诸如扎哈·哈迪德、雷姆·库哈斯等，他们不仅发展出了自身独有的设计风格，同时还不断从设计作品中强调个人的世界观，即他们建立了高度个人化的价值观立场，进而他们所创造的种种时尚成为大众设计师争相模仿的对象，这也成为艾斯林

① 事实上这种趋同的做法是一种非常安全的设计行为，它将个体融入主流，享受到其附加价值所带来的利益，这与时尚中的”趋同””模仿”具有同样的逻辑结构。

② ［美］保罗·戈德伯格，著．建筑无可替代［M］．百舜，译．济南：山东画报出版社，2012：135-136.

格所指出的"原创性缺失"的重要缘由。但这恰恰表明某种设计风格成为趋势和潮流后所表现出的时尚影响力。无论是时装还是设计，人们对其的追求和摹仿均是源于审美旨趣、身份认同以及群体归属。从审美上来讲，个体对于某时尚单元的认同表明此单元所散发出的美学特征与受众的审美情趣是吻合的，个体从一种炫性的时尚中获得愉悦；从身份认同上来讲，个体的时尚趣味不仅体现出自身的时尚品位，同时使个体产生一种将自身向模仿对象的阶层跃迁的伪境；群体归属则表明这种行为的安全特性，因为追随时尚与潮流的个体无需为自己的品位和行为负责，它避免了个人在成为注意对象时所感受到的非愉悦经验。

一方面，一部分人选择模仿手段的介入来寻求价值认同和部落①安全，做时尚中的游矢随波逐流，而这种行为恰恰断送了设计的创新和进步，以至于模仿行为成为设计进步的"裹脚布"；另一方面，时尚演进的过程如果缺乏模仿的环节，那么时尚的传播与更迭也会缺失动力，加之个体的内因驱动，因而无法从根本上杜绝模仿行为，这成为模仿行为的二元悖论。但是总体来讲，模仿作为时尚传播和流行转化的关键手段，始终伴随着时尚发展的进程，正是由于这个手段才使得大部分时尚转化为流行。模仿与流行是时尚的大众转向——模仿是手段和方式，流行是现象与状态。某些情况下，时尚被模仿而转变为流行一定是时尚缔造者所不期望的

① 部落在此指代时尚中的群体和群落，个体通过模仿行为向群体归属形成部落。某些层面上，这种行为具有安全特性，因为追随时尚与潮流的个体无需为自己的品位和行为负责，它避免了个人在成为注意对象时所感受到的非愉悦经验。

结果，但无论时尚缔造者的终极目的为何(阶级、地位、群体等方面的属性强调或排他)，都无法控制时尚的走向与异变。时尚的大众性一方面加快时尚消亡、生产和更迭的过程；另一方面，也为某种时尚沉淀为经典而提供契机。

### 4.3.2 时尚设计的纵向传播

如同品位一样，时尚也是由上而下传递。封建时代权贵的衣着打扮与审美趣味是低层民众效仿的对象，当代明星名人的装扮与品位，甚至语言与行为都能为大众所模仿，都再次印证了时尚在精英阶层与大众阶层之间的纵向辐射关系。早在18世纪，亚当·斯密就在《道德情操论》一书中论述过时尚中的等级现象①，他认为，由于人类对大人物的崇敬，致使产生向其模仿的倾向，这种行为易于树立时髦的风尚。所谓的“大人物”便处于较高阶层，大众模仿他们的衣着、语言以及举止，甚至他们的负面行为。这种等级现象转移到设计领域，体现在大众设计师对于明星设计师的模仿和追随。

① 时尚中的阶级特性由来已久，最初的时尚都是由贵族或特权阶级制造和引领。伊丽莎白·威尔逊(Elizabeth Wilson)指出，时尚具有更多的含义，因为时尚中那些流行的式样是对阶级障碍和其他形式差异的强调。启蒙运动批判了封建专制主义，将民主、平等、自由的思想撒向世界，由此时尚中的阶级特性逐渐消逝。尽管在当代仍旧存在所谓的精英阶层、中产阶级、大众阶层等层级性的群体分类，但是对于时尚的追求早已被注入平等共享的色彩。本书所探讨的阶级性有关于时尚的“话语权”，意指那些对时尚的生产有着掌握和操控能力的阶层。在时尚文化中具体表现在那些少数的高层级、具有话语权的少数人引领时尚，而大众则处于时尚社会结构中的下层，大众追崇高层及生产的时尚，将时尚由上至下引入更为宽泛的层面。具体到设计领域中，通常明星建筑师或知名设计师创造出时髦的设计风格，进而得以被大众设计师所模仿，是设计时尚自上而下的输送路径。

创新总是在较高层次上发生，然后向下层级被动扩散：知名或明星设计师处于较高层级，其设计风格总在被模仿和借鉴，正如同只有具有话语权的大人物才能创造时尚，进而被处于较低层级的大众所模仿。同样，布鲁默认为，时尚总是诞生于较高的阶层，这种时尚代表着群体的格调、品位和身份，是一种“集体趣味”。大众对时尚的追求是天性使然，对于时尚的参与和追求首先是建立在对其认同的条件之上，这表明群体追求的时尚与群体的普遍审美价值产生了呼应，大众对于时尚的认同、参与和追求的过程直接导致时尚的流行，也是时尚大众性的主要体现。这也表明了时尚本身的矛盾性：对时尚的追求和消费本可以认为是对个性的展现，但同时又不等同于个性，时尚要么流于庸俗被新的时尚所取代，要么进化为时代的风格。时尚被人迅速接受和青睐，表明了其自身的新颖与趣味变为最激进前卫的形式，当时尚转化为大众文化时，其形式与意义便荡然无存。①

当一位知名的或具有话语权的设计师创造了一种新的设计风格，势必会遭受来自某些设计师的抵制或效仿。一般来说，抵制者是相近阶层的，而效仿者则处于更低层级，这种自上而下的传输路径再次被清晰地勾勒出来，同时，这种效仿具有一定的安全性，尽管这种行为显现出非个性化因素，但是追随时尚与潮流的个体无需为自己的品位和行为负责，因为它避免了个人在成为注意对象时所感受到的非愉悦经验。时尚体现出了少数人群的价值观念，成为区别上层阶级与下层阶级的有效手段，上层阶级通过群体对某种时尚的缔

① 张黎．性别化的设计批评——空间、物、时尚[M]．南京：江苏凤凰美术出版社，2016：174.

造和追随来维护自己的阶级身份，用时尚将下层阶级排除在群体之外。尽管这两种观点存在分歧，但都显现出时尚具有阶级与群体分界的功能。齐美尔将时尚视为阶级分野的结果①，认为其同荣誉一样具备等级性，用于维护某群体利益的附加值。当阶级开始模仿和追随上层阶级的时尚时，上层阶级便会抛弃这种时尚而去制造新的时尚②，这是群体内部社会一致化与群体之间个性差异化相调适的结果：一方面，时尚给予相同阶层联合的契机，显现出以时尚为特征的群体共性；另一方面，时尚也使不同阶层之间的界限不断地被打破。通常来讲，时尚源自较高的层级，并纵向地向下层延伸，成为齐美尔时尚观的下渗(Trickle-down)理论模型。③ 正如保罗·瑞利所说，品位的标准会自动通过阶级由上而下传递，即在顽固的等级制度影响下，贵族阶层的价值观会成为社会其他阶层效仿的对象。④ 群体与阶级表明了时尚扩散的两个维度，群体性表明了时尚在横向维度中的扩散，阶级性则显示了纵向的扩散向度。尽管布鲁默认为时尚无关阶级，

---

① 齐美尔认为，时尚是区别不同阶级的考量标准之一，反映出相同旨趣个体的联合和群体的审美共性，而不同阶层与群体间的界限也被时尚不断消融，成为阶级分野的产物：较低的阶层总是向着较高的阶层看齐。

② [德]盖奥尔格·齐美尔，著．时尚的哲学[M]．费勇，等，译．北京：文化艺术出版社，2001：73.

③ 汤喜燕．布鲁默与西美尔的时尚观比较[J]．装饰，2012，10：72.

④ 李砚祖，编著．外国设计艺术经典论著选读·下[M]．北京：清华大学出版社，2006，171. 引自本论文集中英国著名史学家潘尼·斯帕克(Penny Sparke)的文章《从大众品位到大众风格》。文中援引保罗·瑞利(Paul Reilly)的这一观点实际上发表于1953年，正是大规模生产、消费时代之前。

是群体选择的结果，但不可否认的是，时尚在当今社会依然是有效的阶层分野的工具。

在设计领域中，高层级群体或具有话语权的个体缔造和生产设计时尚，例如明星建筑师或设计师，通过对某一新颖设计风格的采纳或进行精神层面的包装使其演化为时尚；而低层级效仿高层级的时尚，以拉近自己与上层阶级的距离。当低层级对某一时尚效仿之后，便意味着时尚的魅力已经消退，高层级便会抛弃旧有的时尚转而去发掘新的素材，以便再次与低层级区分开来——但无论何种情况，都是利用时尚进行自我身份的实现，同时借由时尚体现自身的审美趣味与品位，且表明了时尚的传播是一种自上而下的纵向维度。① 这是设计领域中的“阶级”。设计中的阶级不涉及政治或民主领域，更多体现的是一种自上而下的“权利”关系——具有影响力和话语权的人或阶层生产设计中的时尚，这种纵向关系具体表现在关于时尚“精英制造，大众复制”的普遍现象之中。设计的精英群体必定是身处设计领域中金字塔的顶端，他们利用敏锐的文化盲感创造新的设计趋势并引领潮流，这样的情形在任何设计领域都显而易见。设计领域中的泛大众群体同样较为青睐这种复制的做法，因为它“安全而又低廉”——这种模仿行为可以使那些没有创新能力的个人或群体以较低成本学习一种设计方法，通过这种方式快速地获取新潮而又时髦的结果，并且还会在小范围内受到认可。这种

① 纵向辐射映射了时尚的阶级特性，也表明了个体通过对时尚的复制行为以达到对自身身份娇饰的目的。较低层级无法制造设计的时尚，他们更多的是创造流行或通俗文化，这种文化或许会成为高层级生产时尚的素材，高层级通过对时尚的生产、操控及抛弃，不断地重复时尚的游戏。

手段在当今信息社会更为常见：网络使设计趋势和潮流得到病毒式的传播，但同时也是大众群体猎取素材的平台，他们并不思考何为有价值的必要因素，设计的时尚性在被复制的过程中慢慢蒸发。这样的手段所带来的负面影响不仅是对时尚性的剥夺，同时也扼杀了多数人的创造力，正如艾斯林格所认为的，具有专业品质的原创内容像四叶草一样罕见。

不管出于何种目的，当一种时尚的设计风格被视为追崇者的复制目标，便表明其自身所具有的阶级属性，也是促使其他个体或群体模仿的激素。尽管时尚性的产生受制于单元自身所呈现的美学特质、个体或群体审美价值的差异和与观者经验之间的距离感、陌生感等因素，但是从其在大众群体内部被动蔓延开始，便表明了源于阶级的模仿动力和时尚的消退。总的来看，无论社会如何发展，阶级性、群体性依旧存在于时尚之中，并表露于各个领域。当代社会在各种因素的激发下时尚被更快速、廉价地复制，在阶层和群体中的产生/再生—复制/传播—丢弃/消退过程不断地重复更迭。

### 4.3.3 时尚设计的横向传播

时尚不仅是阶级分野的产物，同时也是群体区分的符号。如果说时尚的纵向辐射是阶级性的反映，那么时尚的横向辐射则是群体性的标示。时尚是作为某个时期内某群体对特定的趣味、语言、思想和行为等各种模型或标本的随从和追求①，是群体内部的产物，它反映了特定文化背景中某群

① 周晓虹．现代社会心理学［M］．南京：江苏人民出版社，1991：442.

体的价值观念与审美趣味，并为身份的认同提供了榜样和材料①。时尚从来都不是个人的，它需要群体的认可才能实现，个体因为同一性的审美认知或旨趣聚合为群体，正如第亚尼所说的“部落”——他们对某个时尚有着共同的意欲，强调身份的构建与排他。例如，倘若英国人身着宽裤管的长裤，德国人便会提出窄裤管才是合乎审美的标准；而当英国人穿起窄裤管长裤时，德国人又会提出同样的批评，只是方向正好相反——由此表明，时尚的本质是不断摆动的。② 当描述英国人与德国人二者之间关于时尚的审美趣味时，使用“阶级”这个概念必定是不适当的，而“群体”也无法准确代替如此庞大的概念③，于是民族特性便显现在对于时尚的审美趣味之中，原始时期，部落之间所崇尚装饰纹样的差别尚且如此，更勿论邦国之间了。这表明，无论在何种社会语境

① ［美］道格拉斯·凯尔纳，著．媒体文化——介于现代与后现代之间的文化研究、认同性与政治［M］．丁宁，译．北京：商务印书馆，2013：264.

② ［英］迪耶·萨迪奇，著．设计的语言［M］．庄靖，译．桂林：广西师范大学出版社，2015：148.

③ 群体性与阶级性是相互重合的概念，即阶层是不同层级的群体。之所以将二者分开来讨论，是突出时尚的两种基本传播路径，大部分情况下二者是同时发生的，但群体有其自身的特殊性：基层是不同层级的群体，但如何界定群体是否处于相同的阶层？因此有必要将时尚在群体间的衍散路径单出进行分析。时尚在群体间的衍散路径体现在平面向度上的辐射，同时并列存在上下辐射的关系，这里着重强调平面向度上的辐射路径。时尚在群体之间的游移表明了文化的活跃程度，尤其在青少年群体中更为凸显。由于青少年更为渴望新颖刺激的事物与对自身身份的强调，使得时尚在这一群体中的更迭与变化更加迅速，因而催生了更多的流行文化。在青少年群体中很难发现阶级性的存在，例如我们无法确定朋克族和摇滚族的阶层高低，但是可以肯定时尚使这些族群相互影响，这种情形被视为时尚典型的横向辐射。

下，时尚的阶级性社会属性总是存在，这种特性勾勒了社会群体的边界，某些情况下甚至扩伸至民族或国家。

布鲁默认为，时尚是在群体选择（Collective Selection）中形成的，大众的情趣在极大程度上影响着选择的结果，这种群体选择无关阶级，只要这个过程发生在群体内部即可产生时尚。与齐美尔观点相左的是，布鲁默不认可时尚是由较高阶层缔造的这一观点，是因为时尚对于较高或精英阶层同样有吸引力。只是某种时尚正好与某精英阶层的审美情趣相契合罢了，加之精英阶层中具有话语权的人物更容易影响大众的时尚审美情趣，导致产生齐美尔式的错误解读。总的来说，上层阶级可以影响时尚的形成以及下层阶级对时尚的审美情趣，但并不缔造和设置时尚。如果这种影响逾越了阶层的限制，使大众在审美情趣上达成一致，便会产生共同的选择——这种影响被归纳为漫渗（Trickle-across）理论。群体或部落成为人们对时尚认知的标签，巴纳德认为，艺术和设计团体是识别视觉文化不同范例的方法，通过此将视觉文化的范例赋予不同的意义。但是他更多地强调这些群体之间的联系具有一种特殊性，这种特殊性还存在于群体与社会环境之中：有些群体或组织强烈地反对、批判或敌视现存的组织和外部环境，有的则采用另一种形式取代那些现存的组织或改善外部环境，而不是采取敌视或摧毁的手段——所有这些为一种视觉文化的专业化手段或形式区别于另一种视觉文化的专业化手段或形式提供了一种方法。①

不同事物在不同时期和不同语境下才会被冠以时尚之

① ［英］马尔科姆·巴纳德，著．艺术、设计与视觉文化［M］．王升才，译．南京：江苏美术出版社，2006：64-65.

名，一旦当其具备时尚的属性，便有了使人觊觎的魔力，但无论何种时尚，一旦被广泛地接受便不再称为时尚，但其发展的最终目的意味着时尚的泛大众化。时尚性使单元有了层级和类型之分，以此产生了不同的追求受众群体。一个绝对时尚的风格，并非一定让大多数人接纳，恰恰相反，时尚的过多扩散正意味着它逐渐变得过时。一个真正时尚的设计风格必须是被少数人推崇，并且正在逐渐被大多数人欣赏的过程之中。① 例如当现代主义建筑单调统一的形态与立面遭到人们抵触的时候，便已经解释了一种设计时尚向大众化转向的境况。抛开伦理或现实层面的意义，倘若现代主义建筑保持高阶的姿态，遏制向大众输出，即是克制了自身的流行化趋向。部分学者认为，流行是时尚的终极目的，而这恰恰正是某些缔造了时尚的群体所不期望的。社会结构总是存在一个大众群体，相较于高阶层大众群体处于较低的社会阶层，并不生产时尚，但却追逐和消费时尚。所幸的是，建筑并不作为消费品而呈现炫耀性，若有也只是设计师自身的个性彰显，否则建筑时尚的时效性则会大大缩短。假设如此，任何界面视觉语言的时尚更迭都只会成为设计历史长河中转瞬即逝的事实，对其研究的动机及意义也不会显得充分。

当设计的时尚实现了在阶层中的转移，必定是一种自上而下的纵向辐射模态，高层级不会模仿低层级的时尚，因此这种自上而下的传递向度必定是唯一的；当时尚在群体中散射，它的传播向度便可能是并行和相互的，即相同层级中群体之间时尚文化影响的平行维度，也有可能它的传播是带有

① ［挪］拉斯·史文德森，著．时尚的哲学［M］．李漫，译．北京：北京大学出版社，2010：29.

阶级性质的，此时这种影响就表现在纯粹的高层级向低层级群体的扩散，总之，无论是齐美尔的下渗传播还是布鲁默的漫渗传播理论，都表明了时尚及时尚设计的立体化传播路径。

## 4.4　本章小结

本章首先分析了时尚与美的逻辑关系，提出对于时尚的经验和把握是重要的审美活动，并在此基础上阐明审美的基础，强调时尚审美的主观意欲性及差异性，即人的主观经验、文化资本等要素成为解读时尚性的影响因素，具体的判读结果也常常受限于观者的知觉经验积累、意识形态和审美趣味，由此得出并不存在统一时尚审美准则的论断。同时，对于时尚中审美转向问题做出论述，认为当代审美是旧有审美范式的对立，正因为如此，无论何种形式或内容都具有了成为时尚的可能性，同时也引申出个体对时尚审美的差异；此外，对于审美在当代的转向提出论述，认为当代时尚领域中的审美不以“真善美”的古典主义美学为标准，“假丑恶”同样可以具备时尚之美。

其次，详细论述了设计风格与时尚之间的逻辑关系，认为时尚的设计是关于艺术的、有风格的视觉产品；论证时尚的设计是一种创新，设计创新即是创造时尚的过程，对于设计创新与时尚的论述，对界面语言时尚性的认识提供了一种导向，即时尚性的界面语言是有创新意义的，而对于创新的追求，也是缔造时尚的过程。

最后，强调时尚的传播动力，以此为理论基础来理解时尚设计的传播逻辑，认为“模仿”是时尚及时尚设计的传播源动力；随后展开对于时尚设计传播路径的论述，是时尚在空间层面的传播和游移：从空间上来看，时尚在不同阶层或群体中的游移推进了时尚的更迭和再生。引入群体性与阶级性的分析展开对于模仿和身份构建的讨论，论证时尚既是阶级分野的产物，也是构建身份认知并区分群体属性的符号；提出时尚的传播是纵向与横向的立体式传播：当时尚实现在阶层中转移，是一种自上而下的纵向辐射模态（图 4-2）；当时尚在群体中散射，它的传播向度便可能是并行和相互的（图 4-3），即相同层级中群体之间时尚文化影响的平行维度，任何时尚的产生和传播都脱离不了阶级和群体，阶级与群体构成了时尚演化的环境。

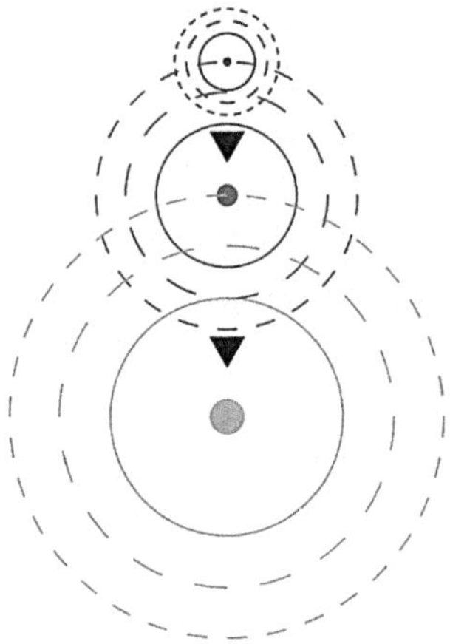

图 4-2　时尚传播的纵向路径

注：该路径是一种自上而下的由高层级向下输出的、体现阶级特性的传播方式。

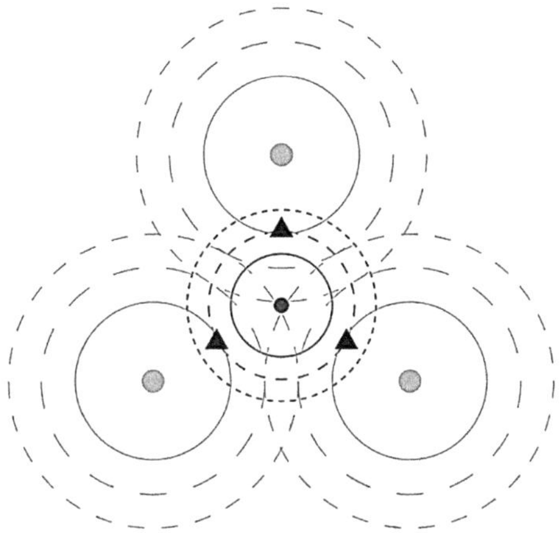

图 4-3 时尚传播的横向路径

注：该路径是一种在平行维度的、同层级群体间的传播方式，体现了时尚传播的部落特性。

# 第5章　当代界面语言的时尚性分析

## 5.1　形态语汇的时尚性

形态是艺术品风格的呈现。建筑形态与界面语言并置，不同界面语言共同表达出了建筑的设计语义和形式内涵。建筑的形态俘获了人们的注意力，激发好奇心并让人产生兴奋或厌恶的感官反应，其包含了特定的信息，有些以一种容易理解的方式影响着观者，而另一些则通过难以解释的方式，但无论有没有解释，形状的力量都毋庸置疑。① 当代建筑形态最为重要的一个特质，是传统意义上比例的消解。传统建筑的立面包含明显的比例关系，建造范式严格遵循一些数理上的逻辑，这一点在古典主义建筑中尤为明显。古典建筑的维度便是建立在数学比例之上，这种源于人体比例与数之和谐的建筑理念构成了古典建筑的美学基础，因此古典建筑体现的是数理之美。这种基于比例逻辑的数理之美在当代建筑中无法察觉，当代建筑大多体现无序之美，人们无法从当代

---

① ［美］保罗·戈德伯格，著．建筑无可替代［M］．百舜，译．济南：山东画报出版社，2012：57-58.

建筑中找寻到传统的比例关系。同古典建筑一样，当代建筑也关照数理之美，不同的是古典建筑从欧几里得几何中寻求美的法则，例如单一的黄金分割、人体比例等关系，而当代建筑则以非欧几何来创造新的艺术形式，从非线性理论、混沌理论等数理模式中寻求新的形式法则。因而传统的以比例为参考坐标的审美法则自然不适用于当代建筑，正如五十岚太郎(Igarashi Taro)所言，对当代建筑的理解已经凌驾于“比例就是美”的美学价值判断之上了。①

当代公共空间形态的另一个显著特征，是内外部界面的趋同性，意即其建筑内外部设计语言的高度一致，具体表现在建筑的外部与内部形态语言的无缝对接，共同体现出建筑师的审美意蕴。例如，UFA 电影中心与世博会米兰馆的内外部界面，是典型的统一性内外部设计语言。因此，本章节对于界面语言的分析贯穿建筑的内外部，这种内外部艺术语言的趋同性使得本书对界面语言研究结论的统一性起到推动作用。

### 5.1.1　当代界面形态的形变

形态是事物特征的表征之一。在艺术创作中，通常会将客观世界的对象进行抽象与归纳，以求达到作者观念的表现与艺术的生成，可以说，任何形态的创造都是以自然界中某对象为创作蓝本或灵感源泉，无论是宏观还是微观世界。从哲学层面上来讲，人类无法创造出经验之外的形态，这是因

① 五十岚太郎，著. 关于现代建筑的 16 章——时间、空间以及世界[M]. 刘峰，刘金晓，译. 南京：江苏人民出版社，2015：57.

为人类所有的创造活动都是受人类的先验以及对世界认识程度的影响；通俗点来说，人类无法制造出人类世界不存在的形态，任何一个人工形态都是以自然界中的对象为创作原型，或从某种自然现象中提取创作理念，无论是多么奇特的建筑、产品造型，甚至科幻电影中的外星生物，都遵循这一逻辑。

尽管如此，当代建筑仍旧以不断形变制造独特新颖的形式。这种独特与新颖是相对而言的，尤其是相对于古典和传统建筑。一方面，当代建筑中对于自然、人体等客观事物的再现已不得见，取而代之的是形态的抽象、多语义、模糊的形变，不断地刷新人们对建筑的认知和审美体验，所谓的奇观式建筑也大都如此。建筑的形变带来的是界面语言的游移，与传统建筑界面相比，当代界面的语言尤其是在语法和操作范式上与传统建筑产生了巨大的差异。由于语法的演进，后现代主义之后的建筑呈现出多风格、多元化的形态语义，各种建筑思潮和观点竞相产生，后现代主义、解构主义、非线性建筑等风格更加证实了当代建筑强烈的形变表现，传统建筑中的比例、尺度、形式都发生了巨大变化。如果说古典主义建筑形态表现的是自然美和数理美、现代主义建筑表现的是理性美的话，当代建筑的形态则表现出更为繁杂的内涵，以抽象的形态直指世界的本质。另一方面，当代建筑是穷尽各种手法以求寻找新颖、特异的形式语言，不仅立足于艺术的角度进行形态的塑造，同时也援引和借鉴其他学科的思想和理念，这些都是构成当代建筑时尚内容的主要推动力。

形态在某种程度上也是风格的表征，与传统类型的建筑相比，当代界面语言以更为丰富的形式内涵满足当代的审美需求的时尚内容。与时尚一样，当代建筑在形态上千差万别，产生根源也极其复杂。因此厘清当代建筑的历史演进及生成背景，对于认识当代建筑的语义有着重要的意义。

### 5.1.2 时尚性形态语汇分析

作为艺术作品最为重要的结构，形态含有最大比重的语义信息，是人们认识客观物质和对象的最直观路径。自然形态与人工形态构成了客观世界的物质形态。人造的形态受自然形态的启迪，基于自然形态的规律进行模仿和抽象。形态问题最终决定了设计的形式，作者将自身的审美经验与理念赋予形态，成为人造物存在的基本意义。形态是事物特点的结合，也是一种整体的结构，是最容易识别、交流和沟通的感应式的语言类型。① 建筑形态作为一种人造形象，具有一定的语义信息，从符号学角度来看，建筑形态是一种能指，既是视觉对象又是信息传播的媒介，人类认识形态、创造形态，形态可以是视觉的，也可以是符号的。② 界面形态是建筑最为直观的外在表现，直接作用于人的心理感知。形态成为构成设计语言的重要语素之一。从低层面来讲，建筑形态表现建筑特征，人们不需要掌握专业的知识也能轻易分辨出各种建筑类型的差异，这是由于形态上的巨大差异所导致的认知结果；从高层面来看，不同的建筑形态蕴涵着不同的语

---

① 郭菲．设计语言学概论［M］．苏州：苏州大学出版社，2014：56.

② 凌继尧．艺术设计学［M］．上海：上海人民出版社，2000：137.

义，是一种超越视觉存在的符号，对于语义的理解需要一定的经验。

本章针对界面单纯形态的分析回归基本的点、线、面（图 5-1）。点、线、面作为形态的基本构成元素，常被用以分析当代视觉艺术的本质及构成，三者既独立又相互转换。一般来说，点的移动产生线，大面积的点和线的阵列可以产生面，甚至点在某些情况下被视为面，例如当点的面积达到一定程度的时候，面随之产生。① 因此，三者通常相伴共生、互相转化，基于上述三要素展开对于形态的解读需要视具体语境而定。

首先来看，对于点的分析立足于两个基本维度：节点及基素。节点指建筑形态的节点，通常涉及建筑的结构特征；基素是指以点作为界面语言的基本构筑素材。二者共同参与了界面语言的构成，是建筑类型与风格的直接反映。瓦西里·康定斯基（Wassily Kandinsky）在点、线、面的研究中将建筑的形态与点进行关联，认为点在建筑中往往出现在多个平面的交接角位，点可以是空间中的一个角的尖端②，也可以是某个平面的起点，这便是基于建筑结构及形态方面的点的关系。康氏所谓的点是建筑结构中的节点和端点，基于此，我们可以看出不同类型建筑之间的差异：古典和传统建筑遵循特定的建构范式，因此点的构成被规范于一种对称

---

① 康定斯基曾针对点与面的界定进行阐释，对于点与面的判定是基于点面之间的大小关系以及点与平面上其他形体之间的关系来决定的。

② ［俄］瓦西里·康定斯基，著．点线面［M］．余敏玲，译．重庆：重庆大学出版社，2011：30.

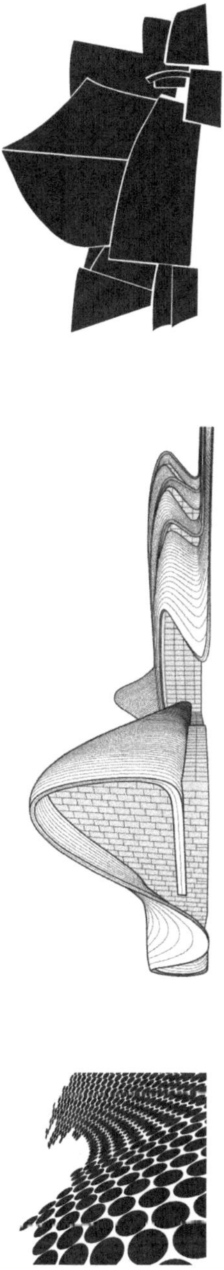

面 PLANE
（迪士尼音乐厅）

线 LINE
（海达尔哈利耶夫文化中心）

点 DOT
（塞尔福里奇百货大楼）

图5-1 当代界面语言中典型的点、线、面形态

的、平均的网格之中，形成规律的网点分布(图 5-2)；现代

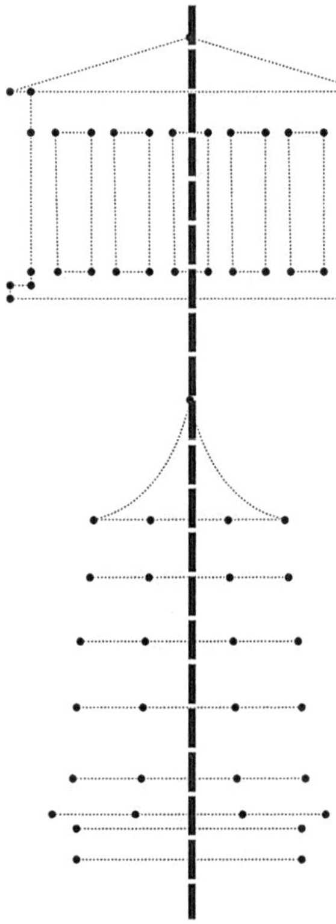

图 5-2　古典和传统建筑中典型的对称性节点分布

注：对称性是现代主义之前建筑的重要构筑范式。

主义建筑打破了传统式样中对称的布局，以非对称的均衡美体现出新的设计思想，但是这种分布依旧遵循于严密的网格结构(图 5-3)；而当代建筑以形式的多样脱离网格结构的束缚，多以游变、随机的形式分布，例如图 5-4 所示，可以看到，在里伯斯金的建筑中点的分布状态：网格被割裂，点的

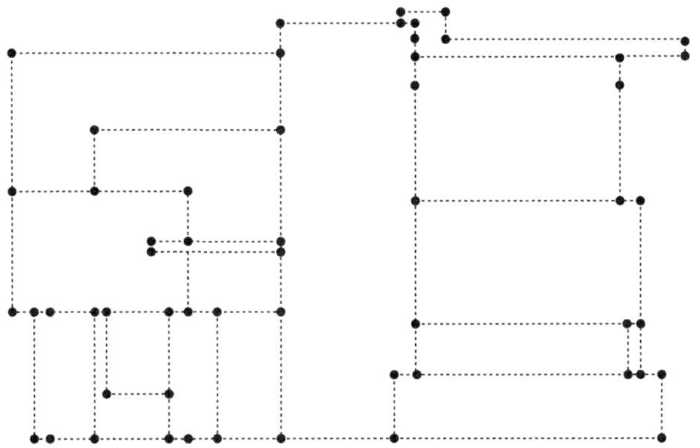

图 5-3　现代主义建筑中呈网格式分布的结构点

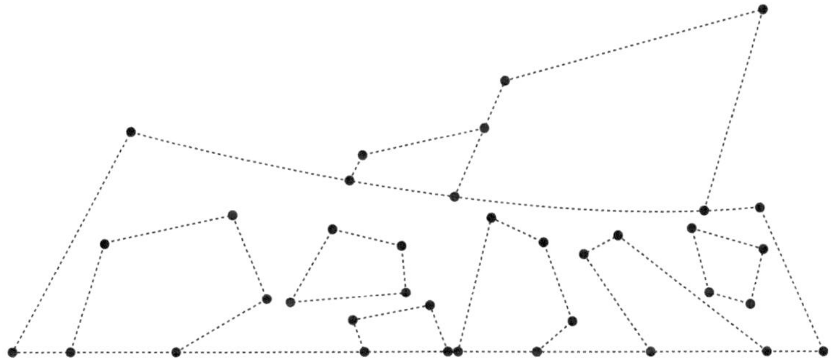

图 5-4　典型的当代建筑的节点分布

分布呈离散、自由的格式，传统建筑的中轴也被移除，整个界面呈现一种碎片的、多变的语义。传统建筑中的中心点在当代建筑中被恣意消解，尤其是结构主义建筑、流体建筑等类型，各界面边缘与界限的消融更是难以捕捉到点的结构，此时康定斯基的理论便不足以分析点的形式内涵。因此本书将点的构成动机置于装饰，将当代界面中的点视为一种装饰性的语汇呈现。点并不囿于特定的形态，任何一种形态在特定的情况下都可以被视为点，基于此得以发现，当代建筑中点元素成为一种常有的形态语言。

本书中对于点的研究主要涉及作为基素的点，不同于康定斯基所强调的作为艺术作品中构成原则的点。康氏的理论更适用于分析当代界面的构成内涵，在建筑中体现在各结构和片段的交合点，而本书所研究的点则着重强调界面中以点为基本要素的图形语言的构成基元(如银座购物中心立面的点元素)。点作为最小的形式基元素，在当代界面语言中具有极强的形式结构，常以零散、随机的形式分布，构造出独特的艺术韵味(例如宁波博物馆立面图)；又或以矩阵式密集排列，形成壮观的视觉语言(例如汉秀剧场外部界面)(图 5-5)。无论是杂乱还是规整(例如 King Abdullah 金融区建筑界面)，点的聚集总能引发出别样的表现形式，但是无论如

图 5-5　马克・费舍尔(Mark Fisher)设计的汉秀剧场

注：汉秀剧场(Han Show Theatre)外部界面呈现点和线的形态对比。

何对点进行艺术化的修辞，其手法总是在遵循经典的形式法则(例如台湾故宫南院部分界面)，强调基本要素调和对比、多样统一、节奏韵律等，这些亘古不变的法则也一直主导着人们的审美体验。

某些特殊情况下也有因功能产生的点的构成，例如在当代建筑中常因温度调节或采光而引用的穿孔墙，当穿孔达到一定数量的时候，便构成点的排列，例如印度新德里不列颠校园的外部界面。为达到良好的通风散热效果，可以将外部表皮进行穿孔处理，大量的穿孔组成密集的点矩阵，从而形成非凡的艺术效果。穿孔墙在丰富了界面的视觉语言的同时，也渲染出独特的光影氛围。

综上可以看出，无论是出于艺术表现的需要还是结构等其他因素的需求，当代界面中的点表现出更为灵动的态势：从建筑结构的交点来看，当代界面点呈离散或随机的分布，这一点有别于古典建筑的对称格局和现代主义建筑的网格式范式；从图形语义来看，点的分布更为自由和灵活，但是依旧遵循着传统的形式构成法则。

相较于点元素而言，线与面之间的联系更为紧密，通常来讲，任何面与面的交接处、面的边缘都能以线来表达，无论何种复杂程度的面也都可以用线来呈现，因此二者是一种共生的存在形式。正如密集的点可以形成面一样，线的聚集同样可以生成面，无论是按照某种序列的布放(例如邓迪博物馆)或是随机的分布(例如世博会意大利馆)，当线达到一定数量和体量的时候，便会产生面。

早期的古典及传统建筑中也常见曲线的存在，然而这类曲线大多是作为装饰存在，例如古典建筑中卷曲的花纹。以结构曲面存在的建筑并不多见，在阿拉伯传统建筑以及东正教教堂等建筑中可以见到圆弧的形态，但大多具有对称的几何性质。直至安东尼奥·高迪(Antonio Gaudi)将有机的设计语言赋予建筑之上的米拉公寓，这种非对称的曲面形态才得以被广泛传播。由于高迪对于有机形态的关注，其作品甚至被某些学者夸张地定义为后现代主义建筑。不可否认的是，这种塑性风格的建筑并不以任何具体的自然形态或生物形态为蓝本，其作品大多具有雕塑般的抽象形态，与古典和传统建筑中利用曲线再现自然和生物形态的操作手法全然不同。从这种意义上来讲，这种建筑风格是具有些微后现代语义的。

当代界面中最为显著的特征是线与面的激变。从线的角度来看，古典和传统建筑中既有庄严肃穆的直线(阶级与意识形态的映射)，也有装饰意味的曲线(自然与人体的喻义)；现代主义建筑拒绝体现装饰的、繁复的曲线，多以体现民主、理性的直线和简洁的线条作为设计要素；当代建筑则将线的形态开发得更为极致，如艾克斯普罗旺斯音乐学院(Aix-en-Provence Music College)界面，以犀利的直线构建多维的、丰富的设计语义，曲线颠覆了传统建筑几何式的形态范式，转而以一种动态的、多维的形式反映出当下的审美旨趣和意识形态，这在广州歌剧院(Guangzhou Opera House)内部界面的形态得以体现。从面的角度来讲，传统建筑、现代建筑中界面之间的垂直关系、交汇界限都被消解，弯曲、离散、转折、起伏、破碎等成为分析当代界面常见的形态语汇，非欧几何(non-Euclidean Geometry)、混沌理论、非线性、极小曲面(Gyroid Minimal Surface)等理论以及各种哲学思潮的引入，使当代建筑朝向更为繁杂的形态发展，因此，抽象、复杂、多维成为当代界面中面形态的发展趋势。

曲线的界面语言并不仅仅被视为当前建筑的一种时尚，更折射出人们内藏在基因中对于曲线与生俱来的青睐。越来越多的证据表明，对于弯曲形态的强烈偏爱实际上与人们的大脑有紧密关联，心理学家凯特·戈登(Kate Gordon)早在20世纪初就已针对这种偏好进行研究，认为人类对于曲线的反映比尖锐的线条更为积极，曲线通常也比直线具有更强烈的美观性，它们更优雅柔韧，避免了直线的粗糙感。当代科学家借助精密仪器得出结论①：当人们看到曲线形态的设计时，会激发大脑前扣带皮层(Anterior Cingulate Cortex)的活动，而这个区域正是一个有助于情绪体验的大脑区域，由此可见，曲线形态更容易刺激人们的感官。因此，相较于图形化的点而言，当代界面中线与面的变化尤为强烈，二者的形变实践了当代建筑所引申的各种思潮和理论，体现出当下主流的审美特征和意蕴。而不可忽视的是，当下建筑时尚中依然存在各种形态上的冲突，无论是几何式形态还是解构式形态，各种形式语言共同参与了当代建筑时尚内涵的演绎。

## 5.2 色彩语汇的时尚性

### 5.2.1 界面语言与色彩时尚

色彩是感知符号也是情感语言，其语义信息的含量仅次

① 基于多伦多大学心理学家 Oshin Vartanian 的研究结论。

于形态。通常来说，色彩通过知觉经验展示给人们情感信息，其作为符号又承载着象征含义。对于色彩特征的联想所得到的理解与认知，是色彩对意义的呈现。色彩所承载的语义信息主要包含情感意义、联想意义和象征意义，对情感意义与象征意义的把握受人们的经验、知识以及情感因素所影响，因而对色彩的把握具有不同程度的主观成分。任何对于脱离形态的色彩讨论都是不科学的。单独的色彩并不附带任何语义，但是色彩的性格特征使其具有了意义属性，色彩心理学便是研究人对于不同色彩的心理感知。当色彩被赋予某种形态之上，便具有更为深层的语义。

当代界面语言中并不存在最为时尚或流行的建筑色彩，尽管各个领域中色彩的流行趋势是相互影响的，尤其是设计领域和时尚产业领域，常常会预测年度的流行色彩。一般来说，建筑中的色彩通常不附庸潮流，同时也不为时尚和潮流所左右。这涉及以下两方面的原因：首先，文化领域和时尚领域所指的流行色，通常关联时尚产业或消费产品，这些物质方面的产品与建筑有着本质的不同，即可消费性；第二，可消费性决定了色彩时尚性的更迭及历时状态，这就注定了流行色彩短暂的时尚周期，而建筑的存在则具有较长的生命周期，对于色彩的选择通常也是审慎的态度。由于当代建筑类型与风格的多样性特征，表现的色彩语言也不尽相同，因而难以对界面的色彩进行具体全面的分析。哪怕是某种具体风格或类型的界面，也并不存在特定的色彩选择逻辑。例如，对于博物馆界面色彩的确立便难以用系统性框架来锚定，原因是不同的色彩与建筑主题形态的赋予会得出不同的语义及意义阐释，因而只有对某种风格建筑的色彩进行笼统的描述。通常来讲，例如波普风格的建筑青睐于饱和度较高的、乖张的色彩以产生强烈的对比（如西雅图 EMP 博物馆的立面）；而现代主义建筑或新理性主义建筑则偏向采用冷静、克制的色彩；极简主义的建筑则偏爱纯色或具有灰度的色彩（例如古根海姆博物馆）。总之，多元的建筑风格使得难以对当代建筑的色彩进行统一系统的分析，多元化的建筑风格注定产生多色彩的景致，色彩的冲突与共存也是时尚本质的真实写照。

### 5.2.2 时尚性色彩语汇分析

本章节针对当代界面语言色彩语汇的分析，选取了 50 个当代较为典型的公共空间作为样本，时间跨度从 2000 年至今，因此案例中的设计语言具有一定的时效性，能体现出当下的设计潮流和趋势。案例为随机抽取，选取范围涉及不同国家和地区的商业公共空间和文化公共空间，包括文化中心、博物馆、商业中心等，选取范围避免了包含浓烈地域和宗教色彩的建筑，力求得出具有普遍意义的分析结果。此外，案例涉及不同的建筑类型，多元化的案例取样意在表现出设计风格、艺术形态以及材料材质的多样性，务求以定量的分析得出客观翔实的结论。色彩映射图（见附录三）以案例界面中占据主要面积和范围的色彩为主，即对那些对观者感官产生强烈刺激的色彩进行取样，细枝末节不在取样范围之内。对案例的色彩分析尽可能地做到最小色差：由于光照、反射、材质、角度等诸多客观原因导致的界面色彩差异，可能会对分析结论造成影响，因此，在对界面进行色彩分析的时候，尽可能地提取中灰度和中明度区域的色彩；同时，尽量选择自然光照的案例，以求得到真实、自然的色彩样本。尽管如此，囿于设备、图片来源、选取范围等差异，无法得出精准的色彩数据，但是尽量还原界面原有的色彩。由于分析的是时尚界面的色彩潮流和趋势，因此一些细微的色彩差异对最终的分析结果产生的影响可以忽略不计。见附录二“时尚性色彩语汇分析采样案例简表”。

色彩映射图(见附录三)选取了 7 种典型色相作为参考色谱，各色谱表现了色彩的明度与饱和度变化。色谱中右上角为最高色彩饱和度，下部为最低明度，上部反之，其他部分为饱和度递减范围。将从案例之中提取的上百种色彩样本进行色谱映射，可以看出，所有取样的色彩大都集中于色谱的中灰度及亮度区域。案例中绝大部分体现出单一的色彩语言，几乎难以见到如同波普建筑一般强烈的色彩应用和碰撞，同时，也难以见到将色彩作为装饰要素的设计手法，这与后现代主义风格的式微有着紧要的关联。

经过分析发现，案例中有超过 50%的色彩未被人工处理，而是直接表露材料本身的原色，例如混凝土、金属、石材、砖、木等材料。这表明，当代界面中更倾向于表达材料的本真色彩，这也成为当代界面设计中最为常见的设计手法。研究发现，当代建筑的色彩偏向于中性色彩，即具有一定灰度且色彩倾向模糊成为当前比较流行的操作手法。古典主义建筑善于表达稳重、质朴的色彩；传统建筑也具有装饰化的色彩倾向；现代主义建筑则将白色视为理想色彩，以白色体现出与装饰的决离以及纯粹理性的表现。而当代建筑的色彩表现则更为冷静和克制，中灰度色调的使用一方面较为符合当下人们的审美趣味，例如对高级灰、性冷淡风的青睐；另一方面，这种色彩倾向也是对当前意识形态的折射，色彩倾向模棱两可的中性色正是当前社会语境所追求的去中心化、模糊化的间接反映。

由此得出，当代界面的色彩偏向于中性化及本色化的设计语言。根据案例中的色彩采样以及在色谱上的映射不难发现，当代建筑的色彩具有强烈的中性、灰度的偏向，同时，材料本身的原有色彩也是一种时尚性的设计语言，例如对金属固有的原色、混凝土或木材的基本色的保留，都是当代界面设计中常见的表现手法。

## 5.3 材料语汇的时尚性

### 5.3.1 界面中的材料美学

界面的材料美学指建筑材料依靠本身的质地、色泽、肌理或情感色彩构成的艺术之美。自然材料(低技术)、人工或合成材料(高技术)、金属材料等是当代建筑常用的材料类型，由于材料的多样性，将不同质地的材料经过组合、加工等工艺处理，形成当代建筑丰富多变的界面语汇，正如珍妮·洛弗尔(Jenny Lovell)所说，材料的确定是一个“选择并组合”的过程。① 材质，即界面的材料以及质地，是构成界面语言极为特殊的语素，基于物理、心理、功能、历史等方面有着不同的划分。其中从物理角度进行划分是最为直观

① [英]珍妮·洛弗尔，著．建筑表皮设计要点指南[M]．李宛，译．南京：江苏科学技术出版社，2014：31.

的，传统建筑中的砖、木、土、石，以及当代建筑中常见的玻璃、金属、合成材料、膜材等都是物理材料，具有强度、韧性、刚性、色泽等物理特性。心理方面的划分依据，是建立在心理感知层面上的，例如不同色泽的材质反映不同的情感色彩，又或者玻璃、膜材营造的轻透感知。赖特认为材料具有自身的信息，其表现性来自材料自身的属性以及被赋予的情感和意义，例如隈研吾(Kengo Kuma)所设计的石材博物馆(Stone Museum)，以材质反映出自身的情感意义以及公共空间的性质。早期现代主义建筑倾向于玻璃及钢材的运用，但是囿于对经济因素的考量而大都忽视材料的质地表现。早在 20 世纪 50 年代，格罗皮乌斯就强调建筑材料的表现性，认为材料的质地是影响建筑艺术的重要因素。当代界面倾向于将材料直接表现，尤其是其自身原始的材质与色泽。当代建筑界面的质地及材料成为解读建筑的新焦点，也因而得以使材料从幕后走向台前，成为表达界面语言的重要元素。

当代建筑对于材料的重视，不仅源于构造的需求，同时也是一种美学追求。材料的本真性在当代语境中已显得无足轻重，而关于材料的色泽、触感、纹理、外观等属性，成为构筑当代界面语言的重要语汇。例如，对于石材、木材等天然材料的重视，以及砖、混凝土等未加工材料的运用，都是在表现材料的一种质朴、纯真的本质。正如史蒂西所言，在当今节奏日渐加快、虚拟的生活世界中，人们真正需要的是结构真实具体、空间充满情感特质的建筑。

当代建筑对于材料的使用倾向于两个极端。一是对自然、传统的回应，重视材料的原始质地及本源性的表现，例如某些材料表现的是对于地域文脉的回应：盖里在位于德国赫尔福德的马塔博物馆(Marta Design Museum)的设计中，采用砖作为主要材料，原因是该地区所有的公共建筑都使用砖作为主要建筑材料，砖被盖里视为属于当地的语言。同样，毕尔巴鄂古根海姆博物馆使用的金属表皮，也是该地区钢铁工业历史和文脉的反映。在宁波博物馆的设计中，王澍利用宁波地区特有的建筑技艺及材料制成的瓦爿墙，也是地方历史和建筑文化的反映。二是对高科技材料的青睐，合成材料、复合材料成为常用素材，比如慕尼黑安联球场使用的复合膜材料。韩国 2018 年冬奥会中的现代展厅(Hyundai Pavilion)便使用了一种名为 Vantablack VBx2 的高科技材料，这种材料由于可以吸收 99%的自然光，被称为世界上最黑的材料，在这种材料之中人眼无法捕捉到任何形态，因为没有任何光线被反射到观者的眼中。现代展厅由于超概念的设计理念，成为当下的热门建筑。无论是天然材料还是高科技材料的使用，这其中蕴涵的是物质的自然与人工的二元走向，但无论是哪种类型的材料，其表现出的时尚性都应该从两方面进行解读：材料本身的应用趋势及材料艺术性的时尚表达。随着当代建筑审美的多元化价值取向，出现了以材料为设计起点的实践手法，即开始注重材料本身对建筑艺术表现的影响。“物质性”成为新的兴趣点，建筑开始回到建造本体层面，材料被注入情感因素，用于表现建筑的场所特质和历史文脉，是一种真正意义上回归本性的设计方式。①

① 黄增军．材料的符号学思维探析——建筑设计中材料应用及观念演变[D]．天津：天津大学，2011：64.

材料作为界面语言的构筑要素，同时也是界面情感传递和意义表达的载体，本身也能体现出独特的美学特征。传统的砖木石、混凝土材料，结合合成金属、特种玻璃、高分子等高科技材料，为建筑界面的艺术表达提供了丰富的素材。除了材料以外，界面语言的演进与建筑结构学、力学方面也有着极为紧密的关联。例如，透明材料的使用，模糊了建筑的内外界面，尽管它从空间上将自然环境与人工环境分隔，但是透明界面又可以将外部光线和景观引入内部空间，实现与自然环境的融合；再如薄膜材料的应用，使建筑的体量感得到消解，界面的轻透性成为建筑的时尚追求。在当前的建筑语境中，无论是具有乡土情怀的传统材料，还是体现技术进步的高科技材料，都为界面语义的表达提供了丰富的语素。材料不仅体现人们对文脉的传承与回应，同时也“高唱”技术的进步与人类的智慧，各种材料的冲突与调和，为界面的多样性表现提供了多样可能。

### 5.3.2　时尚性材料语汇分析

材料同样可以引发设计潮流，例如安藤忠雄的设计作品中对于混凝土的使用，不仅使得混凝土材料在 20 世纪 80 年代复兴，同时也带动了一种设计思潮，并且这种时尚思潮具有超长的时效性，例如 2015 年安藤忠雄设计的良渚文化艺术中心，仍以混凝土展现出不朽的材料美学。在武汉理工大学大学生创新创业园区的设计中，同样采用了以混凝土作为主要的表皮材料，同时保留了模具的扣压痕迹，透露出路易斯·康(Louis Isadore Kahn)式的粗野美学，形成粗犷、质朴的语义(图 5-6)。

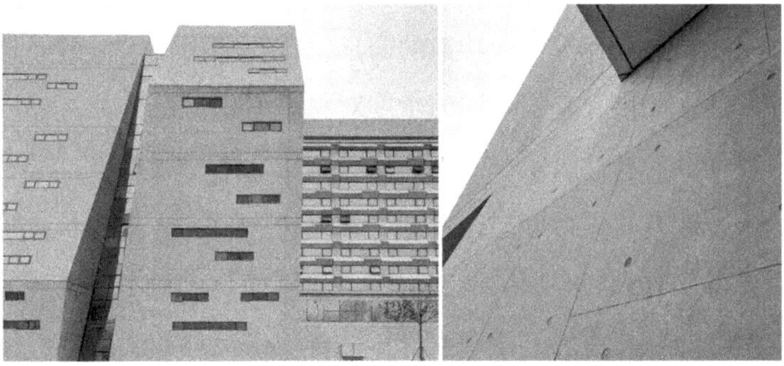

图 5-6 武汉理工大学大学生创意创业园的界面片段

注：该创业园区用混凝土营造质朴粗粝的设计语义。

来源：笔者拍摄。

由于当代界面的构建区别于传统技术，因此材料的使用受限于个性形式语言的表达，克里斯汀·史蒂西(Christian Schittich)强调，当今的建筑魅力既来自于材料本身的特性，也来自于它们被加工的方式；重点不在于建筑是否适合所用的材料，而在于那种特别的材料，其材质和视觉质量所能创造出的效果。① 如 Rojkind Arquitectos 事务所设计的位于墨西哥的 Foro Boca 音乐厅，其沉重的混凝土材质和体量经过形态和解构的演绎，形成一种反重力的戏剧性美感。材料本身可以传达不同的情感和人文内涵，同时以其自身的材质特征形成审美意蕴，尽管如此，依旧必须强调对于材料的解读和经验不能脱离形态和色彩的因素。材料的使用不仅要迎合建

① [德]克里斯汀·史蒂西，编著．建筑表皮[M]．贾子光，张磊，姜琦，译．大连：大连理工出版社，2009：58.

筑的主题，同时也需要照顾其他方面的需求，例如对于环保、照明、温控等方面功能的需求，这些都决定了材料的选择。通常来讲，基于不同的角度对材料有不同的分类，可以材料本身的属性决定，例如金属、石材、木材或玻璃；又可以其生产方式进行分离，例如自然材、人工或合成材料；甚至可以从材料的心理属性进行归类，例如石材和木材表现出自然、质朴的情感，而合成材料则体现出高科技、理性、科幻等语义。

本章节选取了 60 个具有影响力的、不同地区的当代公共空间，可以清晰地反映出当代界面语言中材料语汇的特征和趋势。同时，这些公共空间的完成时间主要集中在 2000 年至今，因此具有一定的时效性。统计表中(见附录四“材料采样表”)展示的是各案例外部界面中所使用的主要材料，并标注了建造时间、地点以及设计师，力求展现出研究结果的普遍性意义。根据统计表生成的材料占比图(图 5-7)可以看出，多元材料(同一界面中材质的多样化)依然占有很大比重，这其中包括各种材质的混搭或对比应用；单一材质(以某种特定材料占据绝对主导)的界面表现也依然是常见的操作手法；其中，现代主义建筑中常见的金属、玻璃等材质依然是当代建筑中的主角；木材、砖石等自然材质也占据一定比重，显示出他们天然、质朴语义的魅力；混凝土依旧是时尚的主角，是当代界面语言中极为常见的设计素材；复合材料，包括非天然的、人工的以及高科技材料，也为塑造当下的设计时尚起到至关重要的作用，尤其是高科技材料的使用，印证了时尚与技术的深度关联。这表明当代建筑对于材料的选取呈多维态势，既有自然的、传统的材料，也有合成的高科技材料，其时尚性特征主要表现在：首先，大部分界面都表现出不同材料的组合，形成材质冲突，这种操作手法早在现代主义建筑中便被引用，例如密斯设计的巴塞罗那馆，这再次表明，材质的冲突带来戏剧化的张力，而这种操作手法在当代依然盛行；其次，砖、石、混凝土、木、金属等材质依旧是当代最受青睐的材料，尤其是混凝土材料，混凝土的魅力自20世纪80年代复兴以来便从未式微，而其他的传统、自然材料更是当代界面语言中常见的语汇；最后，受到建筑结构和价值诉求的影响，合成材料也是常见的语汇，例如玻璃纤维、增强纤维、复合板材、聚碳酸酯等合成材料，它们一方面满足建筑构造方面的需求，另一方面实现了建筑的价值诉求，例如环境、可持续性等方面的要求。总体来讲，当代界面语言中材料语汇呈现多元化趋势，不仅沿袭传统，同时也面向当下和未来。尽管不同主题的建筑和设计师的艺术演绎决定了材料的使用，但是本章对于材料的统计和分析依旧具有一定的参考意义。

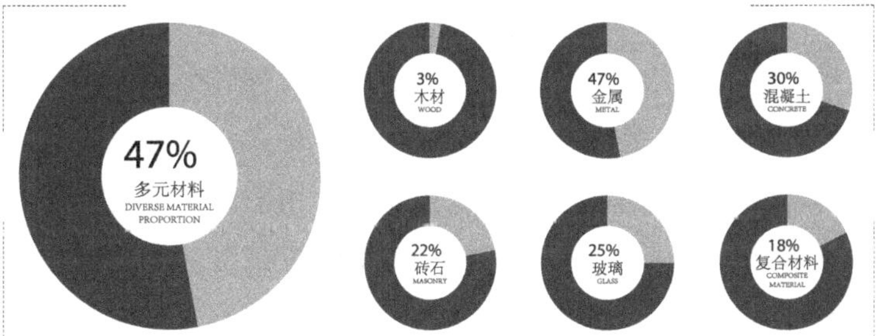


图5-7 材料占比图

# 5.4　语法的时尚性

## 5.4.1　当代界面语言的语法

后工业社会的生产方式引发了建筑领域的改变，即标准化、规模化为主的生产方式被更为个性化、精密化、定制化的生产方式取代，信息技术的赋能也改变了建筑设计的方式，催生出更多建筑设计新思维。当下碎片化的建筑图景不同于以往，以往的尊卑秩序和规范等伦理道德限制对建筑师的创作起到了约束与稳定的作用，致使建筑界面表达出乏陈的视觉语言。在去中心化和去统一化的理念下，建筑师们不得不寻求一种特有的象征手法和形式工具，每座建筑都在极力地表现自身的特色来博取关注，但是整体却又趋于雷同。这表明，尽管当代建筑领域的图景以混搭、多元为基本特征，但是却存在一些普遍意义上的相似性，这为时尚性界面语言的分类提供了可能。当代建筑形态的生成不仅沿袭了建筑学传统的操作范式，同时也积极援引其他领域诸如哲学、自然科学的理念和概念，将其植入建筑形态的构建，以求得出更为多样的艺术表现。尽管对于形态的理解受到个人经验的影响，但形态作为最重要的视觉语言是人们把握和经验建筑与空间的首要途径，建筑的视觉语言由形、色、质等语汇的参与共同完成，语法则提供了生成建筑语言的文法，种种理念构成界面语言的语法，从中也得以理解当代界面语言的生成机制和背景。当代建筑中无论呈现出粗野主义、极简主义，还是解构主义、非线性等风格语义，其背后都有一套自身的生成语法，对于这些语法和背景的理解，是认识当代界面多样性的有效手段。

弗兰姆普敦认为，当今的建筑师逐渐用一种不断改善和成熟的、全球性的技术与文化标准来评估自己的作品，其中存在着难以捉摸的时尚追求，这种品位的提高普遍存在于各种规模的项目之中。这种高品位作品存在之多，以至于很难在它们之中做出公允的选择，于是他采用六个不同的、可识别的建筑文化将这些建筑类归为地形、形态、可持续性、物质性、人居以及公共形式。这六个要素构成了当代建筑的参照框架，弗兰姆普敦对此进一步举例阐释：譬如“地形学”与“可持续性”指的是建筑在某种程度上抵御了环境的商品化；“公共”指公共建筑作为公民文化基本书脉的体现；“地形学”与“物质性”则指某种表现性的隐喻，表明了此类建筑或是受到自然界的生物形态的影响，或是强调了建筑表面的表现力，并且认为此类建筑抑制了建筑形式在空间、结构和功能上的适当表达。① 将公共空间置于这个参照框架中，可以解读出建筑的文化类别，同时，这种类别决定和解释了建筑的形态，也是透析建筑界面语言的参照依据。

萨林加罗斯以三角模式极度简明地归纳了人类世界中的三种建筑类型：传统、极简与解构(图 5-8)。其中，传统建筑代表 20 世纪之前历史中出现的建筑风格；极简代表现代

---

① [美]肯尼斯·弗兰姆普敦，著．现代建筑：一部批判的历史[M]．张钦楠，等，译．北京：生活·读书·新知三联书店，2012：392.

主义风格建筑；解构则指代那些后现代主义风格的建筑。①三角模式对于研究当代界面语言的分类具有一定的参考意义，模式中最为重要的观点在于，将当代异质多元、最具复杂性形态的建筑统一归纳为解构式的，是对当下社会多义、模糊语境的真实映射。

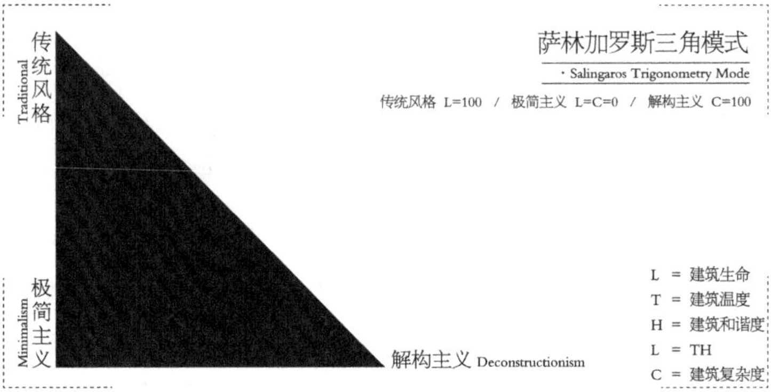


图 5-8　萨林加罗斯的三角形模式

---

① 萨林加罗斯提出建筑生命和复杂性的评估，提出 L=TH 的公式，并利用数理的方式对建筑风格的演化和发展进行跟踪。他将 L 定义为建筑生命，T 是建筑的温度，H 表示建筑的和谐要素，建筑生命由建筑的温度与和谐要素构成；将建筑的复杂性定义为 C，复杂性是建筑温度与随机性的结合，这合理地解释了当代解构或有机建筑的复杂形态中所包含的无序性语言。在这其中，建筑温度由可感知的细部强度、差别密度、线和形态曲率、色调强度和色调对比组成；建筑的和谐要素则指建筑尺度上的反射对称、形态的相似程度、几何形态的连接程度和色彩的和谐程度。利用这些量度可以分析建筑的风格与历史脉络，从而进一步解读建筑的属性，例如，萨林加罗斯认为极简主义的形态是不具备生命和复杂性的，其量度 L 和 C 值都是为零。

无论是弗兰姆普敦还是萨林加罗斯，都在试图阐释当代建筑多元化背后的生成法则，这种生成法则成为构筑界面语言的语法。语法作为语言的血液，与语汇一并构成语言并表达出既定的设计语义。当代建筑以多样性语义特征构成了不同的时尚内容与形式，不同风格的设计语言也包含着相应的设计语法和操作范式，对于语法的认识为理解当代纷杂和多元的界面语言提供了积极的帮助。本章节试图归纳出当代界面语言的几种类型，由此阐明其中的构成语法和生成逻辑。

## 5.4.2 均质单一的语法

### 5.4.2.1 现代的语法

“匀质单一”曾是后现代主义建筑旗手对现代主义建筑风格的批判，匀质是指20世纪50年代在全球范围内产生巨大影响的现代主义思潮，导致全球的建筑景观呈现出统一的设计语言，是对建筑风格同质性的描述；单一则是指现代主义风格对于几何、理性、简约等语义的呈现，是对建筑风格的表达。几何形态是现代主义风格建筑最为常见的形式，显示了人们对于理性的追求。卢斯曾认为，人类文明的进程便是装饰减少的过程。在此基础上，柯布西耶强调装饰感官性(Sensuality of Decoration)到形式抽象性(Abstraction of Form)的转换，认为这一感官性到纯粹视觉性的转化过程是文明发展历程的反映，这些观点树立了现代主义的基本美学思想和建筑理念。亚伯·克隆比认为，基本的几何形态是整体的和完整的，这种属性与生俱来，并有一定的强迫性。

建筑的几何性被看作经济、清晰的功能和稳定的结构多方面客观条件要求的结果，进而演化为一种设计概念，这种概念引发出一种和谐、统一、秩序及稳定的价值观念。将立方体等简单几何形态置入建筑环境，是20世纪建筑和规划的一个特征，并将20世纪之前的传统文化和古典建筑中复杂构型取代，抹去了旧有的设计传统、建筑传统以及重要的社会城市文化网络。萨林加罗斯将其称为几何原教旨主义（Geometrical Fundamentalism），认为这种关于几何形状的哲学产生了反对全球化的力量，从而造成了巨大的社会经济影响。他强调，依附于几何过度简单化的秩序和美感具有一种人为和孤立的本质，产生一种与环境疏离的形态，甚至违背人们所尊重的传统人类价值。这便不难理解他将卢斯“装饰即罪恶”的言说称之为谬论的缘由，同时萨林加罗斯认为柯布西耶与卢斯对于装饰的主张谴责了人类世界几千年来所积累的物质文化。① 柯布西耶将白色的涂料应用于建筑的饰面，完美地回应了卢斯的“饰面律令”，白色成为剥离装饰净化建筑的最佳选择。白色压制了材料的感官性，将建筑的纯粹形式、比例及色彩等纯粹视觉性呈现。这其中白色不仅是对建筑界面元素的规约和精简，更是以自身非物质化的特性将建筑材料及结构覆盖②，建筑表面肌理的缺失使其趋于自身的消隐，建筑纯粹的形式得以充分地显现。

现代主义致力于一种精英化的建筑图景，然而随着现代

① 最初的现代主义运动宣称要缔造一个以纯粹抽象信仰的激进的乌托邦社会，因此建筑师们将设计灵感指向基本的几何形态，科布西耶将这种思想落实于世界范围，并秉信卢斯“人越是文明便越少装饰”的观点。

② 白色涂料本身也是一种建筑材料，并具有一定的物质属性。

主义建筑思想向全球输出，现代主义建筑开始向大众化转变，世界各地的建筑开始表现为单一、同质化倾向。将形式追随功能作为主要设计思想的国际风格以机械式的几何设计语言随处可见，设计第一次将地域、文化和传统割裂开。匀质单一的界面成为20世纪上半叶最为广泛流行的建筑时尚语言，单一、乏味、同质等成为评价这种风格最为常用的术语，直至60年代才引起人们对它的批判。进入当代，各种需求使得现代主义式微，单一匀质的设计语言朝向异质多元转变，通俗的设计语言转向个性与小众，实现了大众向分众的转向。当代的现代主义思想正朝向新理性主义和极简主义发展，它们共同构成了界面的现代性语义。新理性主义(Rationalism)的建筑保留简单的几何形态，强调连续、统一的几何构图，注重文脉和隐喻性的意义表达，并且依然坚持现代主义中的理性主义与功能主义。而极简主义更是受到大众的青睐，平坦光滑的几何构型，如溪水画廊(Spring Art Museum)显现的极简主义形式，成为设计师关注的重点，建筑界面的设计信息被摒弃，也切断了与周围环境之间的关联，尤其以北欧风格为主的设计风格，通常强调极致简约的设计语义。20世纪90年代，瑞士、西班牙与荷兰得益于经济增长开始对新建筑有强烈的需求，同时也构筑了强有力的激励实验和创新的文化氛围，瑞士和荷兰均表现出明显的现代主义传统的延续性，建筑形态上的极简抽象艺术和对简单几何图形的偏爱都是这种理念传承的明显表征，这在卒姆托、彼得·马科力(Peter Märkli)等欧洲建筑领军人物的作品中得以体现。尤其是彼得·马科力设计的瑞士拉康津塔博物馆(La Congiunta Museum)的外部形态，显示出浓厚的几何原教旨理念。事实上，20世纪20年代这种简约的几何式建筑在当代也依旧是一种时尚风格。例如阿布扎比卢浮宫的墙体便展现出极简式的界面语言；哈迪德于2003年设计的位于辛辛那提的当代艺术中心，也以几何式的悬臂形式明显区分于周围的建筑；有着类似办公空间甚至时尚精品店的造型，被罗尼·塞尔弗(Ronnie Self)称为不像博物馆的公共建筑，如今当代艺术中心独特的造型已经完美地融入城市的语境。① 从当代艺术中心的外部界面显示出早期苏联构成主义的形式语言，厚重的体块被赋予某种雕塑感，形态各异的混凝土表皮展现了内部复杂的体块关系。扎哈·哈迪德将艺术中心的功能以体块区分为单元，底部大厅处理成透明样式并面向公众开放，使得上方的功能单元集合具有反重力的漂浮感，而一楼大厅也成为城市公共空间网络的一部分。在这个项目中，扎哈·哈迪德提出"拼图游戏"的概念，她认为当代建筑应该与当代艺术一样有着多样的形式，她将当代中心空间中不同的体块进行穿插处理，形成具有戏剧张力的空间语言，回应了她对早期构成主义艺术的偏爱。同样的实践手法得见于彼得·埃森曼(Peter Eisenman)对于结构的叠置，通过对多样形式的叠加处理生成复杂空间和界面。

在《建筑论语》一书中，萨林加罗斯明确指出新千年的建筑风格依然投射出20世纪初的原始风格，甚至在先锋派时尚中依然如此，尽管他批判几何原教旨主义在当代的发展是一种朝着更高级别的抽象手法发展的历史潮流，是一种毫无

① Ronnie Self. The Architecture of Art Museums: A Decade of Design: 2000-2010[M]. London: Routledge, 2014: 18.

意义的时尚①，但这充分解释了为何极简主义、现代主义的建筑风格至今依然受到青睐，并与其形成鲜明对比的解构主义、非线性建筑等建筑风格拥有各自的时尚舞台。由此我们得见，现代式语言反映出建筑理性、纯粹的现代性特征，以几何、内敛的操作手法作为语法来实现特定的语义，不论是对现代主义理念中几何主义的传承还是演化，都无法否定现代式语言所引发的时尚魅力。

#### 5.4.2.2 图案的语法

建筑应该具有连续的高密度视觉结构，比如界面中的建筑边缘、棱角、开放场域、连续或不连续区域等，这些结构都是通过图案来组合感知信息——这种将建筑的视觉结构视为图案的言说，从侧面表明了图案对于感知建筑的重要性。基于神经生理学特征，建筑装饰的重要性重新得到人们的关注。建筑的装饰曾经在20世纪被宣判为一种罪恶，尽管现代主义建筑所宣扬的去装饰白墙也被视为一种装饰②，但却具有极高的同质化色彩，当今建筑界面所展现出的装饰形象则异彩纷呈。当代建筑多维的、综合性图案在组织性和感觉、持久和随意、稳定和灵活性、效率和奢侈，以及永恒和转瞬即逝之间巧妙地起着作用。这种对图案价值的重新定义表明，其感官上的、转瞬即逝的、重复的特质与其功能性的、持久的、本质的特质得到了同等重视，因而产生了充满

① [美]尼科斯·A. 萨林加罗斯，著. 建筑论语[M]. 吴秀洁，译. 北京：中国建筑工业出版社，2009：168.

② 史永高. 白墙的表面属性和建造内涵[J]. 建筑师，2006，12(124)：23.

变化和活动的多样设计结果。① 当今许多建筑外部界面表现出具有重复、规律、节奏性的语言，这种古老而又传统的构成方式直到今天依旧散发着独特的魅力。这种具有极强韵律性的设计语言，以类似图案的式样将建筑的立面或墙面填充，以庞大的体量、新型的材料以及独特的构造技术给这种历史悠久的图案式表皮赋予了新的时尚特质。对这种图案式语言的青睐是人类审美的普遍倾向，也是自古以来人们实践装饰的常用手法。根据乔治·卢卡契(Ceorg Lukacs)的观点，这种节律性的形式是对显示审美反映的抽象表现，是由于在人的生物存在及环境中的事件表现出不少节律的现象，例如昼夜与季节的交替，这种现象被人自然地体验和理解。除此之外，这些现象也存在于人的躯体内部，例如呼吸与心跳的节律，是生物生理存在的一种因素，这解释了人对于此类结构偏爱的深层原因。②

通常来说，建筑对图案的表现体现在两个方面：一种是以装饰为目的的图像或信息赋予；另一种是由建筑结构或力学特征等装饰之外因素所形成的具有图案特征的形式。界面中的图案具体表现为两种类型：一种是将图案复制到界面之中，这种类型主要表现一种图像(Image)，例如文丘里设计的贝斯特展厅以及海门林那图书馆的外立面中，与赫尔佐格 & 德梅隆的混凝土文身如出一辙，都是将图像直

---

① ［美］保罗·安德森，大卫·所罗门，著．图案之于建筑［M］．于潼，周明瑞，译．济南：山东画报出版社，2012：5.

② ［匈］乔治·卢卡契，著．审美特性［M］．徐恒醇，译．北京：中国社会科学出版社，1986：204-206.

接赋予建筑之上，前者是后现代主义建筑的典型，后者则是对界面多样性艺术表现的探索；另一种类型是以界面形体中具体到点、线、面等基本元素构成的一种图案(Pattern)或纹理(Texture)，这种图案具有和谐、统一的韵律美，是当代界面中常见的设计语言，例如尼姆罗马文化馆(Musée de la Romanité)以点构成的纹理及外部曲面。

将图像赋予建筑外部构筑独特的界面语言，成为当代建筑的一种特殊的界面表现形式。早在20世纪50年代，作为现代主义设计中最为普遍的图案——“网格”的审美和意识形态就已经获得公认。现代绘画中对网格和想象的综合强调被人提出类似于过去时代对称手法的运用。亚瑟·勒布(Arthur Loeb)发掘了对称运作的差异里所存在的潜力，确定了对称运作的审美和数学极限(图5-9)。他分析了结晶学里七个一维图案和十七个二维图案可能会对对称形式的多样性带来严苛的限制，但是这些基本图形基于拓扑学的角度来看也有创造无尽新图案的可能。萨林加罗斯把这种图案的构成称为“模式”，并以此论述建筑学与数学之间的关系，例如现代主义建筑师们对“单元重复”的推崇，显示了建筑与数字之间的联系。对于模式的阐述，萨林加罗斯解释广义上的模式是指某个尺寸上的规则性，譬如平移对称或旋转排列的重复性单元，又或者是分形所创造的自相似图案，模式的概念也可延伸至空间中构成建筑的视觉语言。萨林加罗斯认为，当视觉模式可以直接被感知的时候，具有最强的情感和认知冲击力，因而对于建筑设计中的抽象模式以及建筑立面、墙体、顶棚以及路面等处的可感知模式进行区分是非常有必要的。① 因此，除建筑的形态之外，界面中图案式样的视觉语言也是人们最为直接观审和感知建筑的媒介。

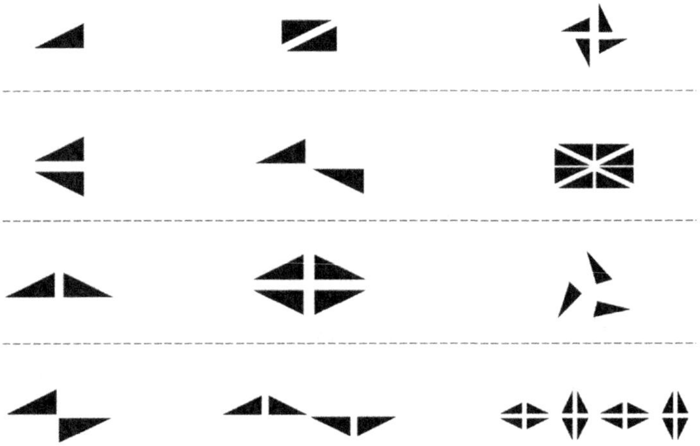

图 5-9　亚瑟·布勒定义的 24 种对称图案(部分)

注：其认为所有其他对称图案的构成都是基于这些模式。

图像被认为是一种极端重复的特殊材料，当代建筑中对其应用最早的案例可追溯到文丘里设计的宾夕法尼亚贝斯特公司展厅，同时也表明了后现代主义建筑对于装饰的热衷。这座现代主义式样的方盒子建筑并没有被文丘里赋予类似伦敦国家美术馆赛恩斯伯里翼馆立面的历史性装饰语素，反以鲜艳的花朵图像修饰，呈现出与历史血缘的割断——不再是圣地与棚屋、尊贵与世俗的混合，但依然展现出独有的装饰

① ［美］尼科斯·A. 萨林加罗斯，著．建筑论语［M］．吴秀洁，译．北京：中国建筑工业出版社，2009：123.

性，一些建筑师青睐于这种表现手法，极大地丰富了当代建筑界面的视觉内涵。赫尔佐格与德梅隆将艾伯斯瓦尔德技术学院图书馆(Eberswalde Technical School Library)外部界面处理成印刷式样的效果，将艺术家选取的特殊图像通过丝网印刷在混凝土与玻璃窗之上，塑造成为混凝土文身表皮(Tattooed Concrete Skin)。每一幅画面(Frame)是单独的图像，重复的图像以环形包裹着建筑，使建筑的整体得到统一，同时也歪曲了建筑的真实材质，同样的设计手法也被应用于科特布斯技术大学图书馆(Cottbus Technical University Library)的外立面。赫尔佐格与德梅隆强调了图像的非再现性，祛除了后现代建筑所提出的图像的意指作用：图像作为特殊表皮旨在利用陌生化等手段处理常规材料，从而摧毁建筑设计中惯用的陈词滥调。① 不应该为了任何特定建筑设计风格的原因而回避装饰。

当代建筑另一种常见的对于图案的实践，是一种将图案视为容器填充物的操作手法，即那种在保留了原教旨主义的几何形态基础之上，给予建筑外部以图案的建筑类型。当这种匀质单一的洁净饰面被赋予更多当代装饰语言之后，则呈现出更为深厚的时尚魅力。在此语境下，建筑界面成为容器，装饰语言成为填充内容。具体表现在对一种几何式形态建筑图案和肌理的赋予，某些情况下，建筑以自身的结构构成某种有规律的、连续性的图案，体现出一种力学与理性之美。对于界面的容器式设计手法的认知基于两个视角，首先

① 赵榕．当代西方建筑新范式研究[M]．上海：同济大学出版社，2012：138.

从宏观上来讲①，这类建筑通常以简洁、原始的几何形态为容器形态，外部图案则以不同维度、不同造型的形式呈现。例如哈迪德设计的 Broad 博物馆内外部界面语言，在几何式的界面之上营建出律动性的图案。微观上来讲，指某个具体的建筑，对其内外部界面附以可变图像或影响，来实现不同内容的填充，例如可刷新的、可变化的信息式界面，其外部物理形态不变，内容不断地交替变化。

无论是二维还是三维的实践手法，对律动的重视是强调数理美的表现，也是艺术的终极抽象表达。建筑中通常以构件的排列组合获取这样的节奏感，同时将点、线、面等基本要素作为高度抽象的原型。图案式的语言也从另一方面表现出建筑的结构美学。不同于纯粹装饰性的图案，一些建筑本身的结构也呈现出某种图案式倾向，例如斜肋结构、杆件结构。结构成为“力”的形式表现，建筑构件之间的联结是为了满足力学性能，在此功能决定了形式，构件形态的大小变化映射出其受力的变化。例如 O-14 大楼外部界面的图案式语言，其点状结构的外观树立了建筑的美学形象，不仅是单纯的美学表现，同时这种结构据有多重系统的、有组织的图案，体现了结构的稳定性和视觉的一致性。

这种类型的图案式结构是技术先行引发的结果，产生了一种融合科技与艺术的形式语言。这样的形式兼具动态与平衡，体现出结构的分解、扭转与组合，高度抽象和综合了几

---

①　并非指向某个具体的建筑，在此指一种类别。与“将标志作为容器”的对象有所不同，保留基本图式的对象是不变的、单一的，而容器式建筑则指向更为宽泛的视角。

何语言，也正是由于几何和数理的赋予，才使得当代建筑具有高度的抽象之美。理性与科技之美使建筑的美由传统的比例、对称等纯粹形式法则层面，进一步拓展为着重技术表现的抽象层面。① 以结构作为图案的界面不为装饰而装饰，而是功能或结构的外在显现。例如由于实现建筑内部的自然照明而实行的表面镂空(例如BIG(Bjarke Ingels Group)为2010年上海世博会设计的丹麦馆)，或基于微气候引入的可调节性表皮，都对建筑界面的纯粹视觉性产生影响。让·努维尔设计的阿布扎比卢浮宫的顶面便是采用多重结构图案的错位叠加，构建一种形式美学。在这个方案中，八层交相叠加的结构是为达到“光之雨”的设计构想，多层网格将减弱后的光线引入室内，形成瑰丽壮观的视觉冲击。同时，图案式结构的叠加的手法是源于阿拉伯地区利用棕榈树叶交错得到婆娑光影的传统手段，可以说是对当地文脉的回应，建筑内部极简的界面语言与顶部复杂的界面语言形成强烈冲突，体现出一种时尚的张力。

这些无意识的装饰形成建筑饰面的视觉核心，以图案的形式回应观者的视觉感知，例如科隆柯伦巴艺术博物馆附以镂空图案的内外界面。保罗·安德森曾经对图案与建筑的关系进行深入的研究，认为当代设计领域中最为复杂的图案都是经过严密的计算得出，它们奇异瑰丽，不仅具有物质上的丰富性，也具有一定的功能性，为人们带来感官的愉悦。图案是自然界中最为广泛的存在，图案将一切毫不相干的主题

① 黄锰．技术视域——解读建筑现象与形态创新的新维度[M]．北京：中国建筑工业出版社，2012：4.

联结到一起，成为人们经验设计作品最为重要的元素。安德森认为，当代设计中图案汇聚了材料、功能性、环境、审美性、弹性、运动力等多重因素，这些复杂多元的因素决定了最终图案的视觉形式，这一进步表明，一种图案的生成常常为装饰意图之外的因素所影响。无论是装饰目的的图案赋予还是结构的表现，图案总能带给建筑不同的活力。不同领域的多重思想和理念对于当代建筑的影响，使界面图案的演变更加趋于多元，不仅丰富了界面的艺术表现，更展现出纷杂的时尚性语义。

### 5.4.3　异质多样的语法

当代界面语言无疑表现出异质多样的多元化景象，不仅如此，人类世界中很多领域都表现出同样的征候，尤其是文化、艺术相关领域。多元化从宏观上表达了当代设计、建筑和艺术领域中异彩纷呈的现状，微观上则指涉界面语言的多重译码，多重译码相互冲突调和形成后现代社会独有的时尚魅力。很难对当代建筑的多样性进行详实的类归，自詹克斯提出双重译码的概念以来，后现代主义建筑将其完美实践。但当代建筑的复杂性致使人们难以对某个单独的建筑风格进行精确定义，在这些建筑之上体现的不仅是双重乃至多重译码，更多时候呈现的是多重理念和操作手法。以毕尔巴鄂博物馆为例，詹克斯称其是以非线性与参数化手法实现的；其错综复杂的形态饱含解构主义的建筑思想，建筑外部流线型的体态又似乎可以品读出林恩的流体建筑理论，前卫的造型同时也彰显出这一奇观建筑包含的多重译码。弗兰姆普敦曾分析毕尔巴鄂古根海姆博物馆的形态，认为其非定型的流线式有机造型悖论式地有别于自然界中所存在的任何生物形态组织，这种分列式的造型被指是对雕塑家赫曼·芬斯特林(Hermann Finsterlin)“有机质体动态堆砌”的回应，把建筑表面的任意操纵看作感性目标本身。弗兰姆普敦认为这种看似有机的形式与20世纪20年代的德国表现主义者所追求的有机综合之间存在差异，称其为一种“病症”。除了对毕尔巴鄂古根海姆博物馆的批判，他还评价扎哈·哈迪德所设计的维特拉消防站(Vitra Fire Station)是一座超级可塑但是没有任何功能的建造物，尽管它具有丰富的至上主义图形。但值得注意的是，维特拉消防站是典型的明星建筑师作品，并以其独特的姿态确立了它在修辞上的地位。①

弗朗索瓦·布兰西亚克(Francois Blanciak)以“少说多怪”(less Talk, more Weirdness)为其建筑哲学，曾受世界各主要城市标志性建筑的启发建立起一套拥有上千个建筑形式的素材库，里面有丰富的参考素材，展现了他对于异形建筑的追求。这些形式不出于对功能、场地、结构等任何目标的考量，仅仅是对于形态的多元化倾向并延伸出“将建筑像橡皮泥一样塑造”的意欲。这些形式对几何体块进行分割、旋转、扭曲等操作，再以不同角度进行拼合，以基本形态构筑出千变万化的方案，揭示了多数当代建筑的操作手法。尽管这些方案只是一种概念，但从中得以了解当代建筑的异质性发展趋势。

---

① [美]肯尼斯·弗兰姆普敦，著．现代建筑：一部批判的历史[M]．张钦楠，等，译．北京：生活·读书·新知三联书店，2012：404-405.

宏伟规模、大胆结构和怪异形状是当代奇观建筑最为主要的特征，除此之外，对于高度的追崇也是当代建筑的另一个目标。当代建筑的异质多样是相对于传统及现代主义建筑的建筑形式而言，异质多样的建筑语言突破了人们对于建筑外形、结构、力学特征的固有认知。当代建筑理念受到多学科的交叉影响，为这种异质性的实现提供了理论和技术支持。本章主要分析了当代具有强大影响力的建筑风格，他们共同构成了建筑的时尚场域，以时尚性的界面语言丰富了当代的视觉文化，并展现出当下的设计趋势和潮流。同时，那些影响了当代建筑走向的思潮，很多情况下在观念上相互重叠，例如非线性建筑与有机建筑，也都强调与自然之间的关系，这也解释了同一个建筑当中所包含的多元的建筑观念，正如毕尔巴鄂古根海姆博物馆的多重译码。

#### 5.4.3.1　解构的语法

20 世纪 60 年代由法国兴起的抵抗基础主义、本质主义、中心主义的解构主义哲学在全球化背景下迅速扩张为一种具有鲜明时代特征的后现代文化潮流①，解构主义也成为西方自后现代以来重要的建筑思潮。广义上来讲，解构主义并非指某种具体的创作方法或艺术形式，而是泛指当前西方建筑活动中的一些创作新倾向，这些倾向之间在艺术特征、美学原则和价值观念等方面具有不同程度的差异。但是对于古典主义、现代主义及后现代主义的基本原则和规范的质疑，构成它们发展的共同前提。解构主义建筑语言也是当代最为重

① 张政文．康德的审美现代性设计及对后现代美学的启示[J]．文艺研究，2010(11)：14.

要的形式语言，确切地说，解构主义是一种思想而非一种设计风格，以解构主义理念为指导的建筑实践也常常得出不同的形态，但从根本上讲，解构主义建筑师在作品中表现的只是他们所理解的一种批评、反思和颠覆精神，因此针对解构式语言的理解，应该立足于更为宽泛的视角。解构主义在于挖掘秩序、稳定、统一、和谐等之外或与之对立的东西，这是对古典主义形式美的拒斥；重视建筑功能、结构和形式组织中的非理性、非逻辑成分，这是对现代主义规范的否定；发展“非”文化的、极端个性化的艺术形式，这是寻求那些被后现代主义所抑制的可能性。①

作为一种创作方法和设计美学的解构主义，主要在建筑创作中得以体现，并且成为现代主义之后尤为重要的建筑美学思想，例如里伯斯金设计的皇家安大略美术馆的外部界面，具有偶然、破碎、非稳定、反理性的形式特点。从美学风格上来讲，20 世纪建筑领域的三次转折②奠定了不同时期建筑创作的整体走向，后现代主义否定和拒斥了现代主义的信仰，解构主义则是对后现代主义的颠覆和超越。③ 当代建筑师以解构主义为一种设计策略进行建筑创作，常在建筑中体现各种相互冲突的差异性，也质疑一切既有的文化价值观念，不仅如此，解构主义也消解了传统的符号体系，这在建

① 刘珽．解构主义建筑活动的意义与局限[J]．建筑学报，1991(3)：55.

② 三次建筑美学转向包括：传统主义到现代主义的转向、现代主义到后现代主义的转向、后现代主义到解构主义的转向。

③ 万书元．解构主义建筑美学初论[J]．南京理工大学学报(社会科学版)，2002(15)：5-7.

筑领域的体现尤为凸显。

解构主义建筑思想的代表人物主要以屈米、盖里为主，他们主张反对中心主义思想，以符号的差异性表达建筑的多样性功能，强调非同一化、破碎、去中心、模糊、多义等特征。基于雅克·德里达(Jacques Derrida)与米歇尔·福柯(Michel Foucault)的理论，屈米认为多种元素平等、异质的混杂是创造建筑震惊效果的有效手段，强调以语言与视觉的手法塑造惊异的感官体验。例如菲利浦·斯塔克(Philippe Starck)设计的阿兹库那艺术中心(Azkuna Zentroa)便展现了其惯用的混搭手法：将历史中不同时空的艺术形态赋予一个空间之中，既有古典主义的装饰手法，又可见现代的几何式语言，甚至混合了阿尔多·罗西(Aldo Rossi)的类型学观念。斯塔克的混搭手法不仅与后现代建筑中常见的“异质拼贴”相呼应，同时也反映出当代社会中文化的冲突融合，尤其在斯塔克的室内设计与产品设计作品中，更得以看到对时尚元素的重视和表现，是典型的经由异质拼贴产生的时尚特性。

除此之外，解构主义对其他设计领域也带来一定的冲击，2008 年伦敦奥运会的标志是具有解构主义色彩的平面设计，它消解了传统标志应有的结构模式，拒斥传统形式的逻辑与秩序，形成一种破碎的视觉语言，与 2000 年汉诺威世博会的标志一样具备惊异的感官体验，不仅引领了彼时的设计潮流，同时也成为设计史上的经典之作。在诺维凯生物工程的厂区规划中，建筑之间的体块与空间关系同样出现这种拼贴、破碎与多义的特征。华中师范大学南湖大楼的设计构思中同样被赋予了解构主义思想的破碎、非同一化的理念，在形态上进行切割、不规则处理，整体形态既有对称的空间格局，也有不稳定的碎块与之冲突，也是多重编码的混搭演绎。

混搭所生成的建筑语言适合地呼应了当下的时尚语境，其语法强调片段化以及对片段的叠加和组合，习惯于在建筑语素之间安排富有张力的冲突与对抗，以抵消建筑确定性的形式感，引发“冲突胜过合成、片段胜过统一”的观念①，具体到建筑创作中，它解构了完整、逻辑、和谐的形式系统。后现代主义之前的建筑观念是对秩序、整体的强调，而解构主义建筑利用随意的拼贴消解了这种观念，建筑演变为一种即兴创作；同时，解构主义消解了中心的概念，即去中心化，不仅淡化形式上的中心，也排斥空间上的中心，消弭了中心与边缘的等级差别。马克·威格利(Mark Antony Wigley)针对解构主义建筑曾论述：“形式在自我扭曲，然而这种内在的扭曲并没有破坏形式，奇怪的是，形式依旧保持完整。这是一种分裂、错位、变形、偏离和扭曲的建筑，但不是破坏、剥离、腐朽、解体和瓦解的，它使结构错位但是并没有破坏它。”②

从观念上来讲，解构主义本身也正是一种时尚，因为它从不拒斥任何形式或语义上的冲突，制造冲突和矛盾以达到极致的感官刺激，迎合了人们对于新异事物的追求。例如哈迪德创造的失重(比利时安特卫普港口大楼(Port House，

① 万书元．解构主义建筑美学初论[J]．南京理工大学学报(社会科学版)，2002(15)：11.

② [美]肯尼斯·弗兰姆普敦，著．现代建筑：一部批判的历史[M]．张钦楠，等，译．北京：生活·读书·新知三联书店，2012：353.

Antwerp))、放大、动态(法国蒙彼利埃的 Pierres Vives 政府大楼)的形态表现出一种倾向性的张力，常与人们经验中的建筑产生冲突并形成陌生化审美体验，实现了客观世界中难以产生的超常视点。再如毕尔巴鄂古根海姆博物馆的建筑形态与结构的相互独立表明表皮不再囿于结构的束缚，立面的自由表现成为可能，为界面语言的塑造提供了丰富的空间；建筑物与周围环境和文脉的呼应不再被强调，与周围环境产生强烈的对比成为一种新型的操作手法。如果说 1988 年解构主义建筑展是解构主义建筑的试金石的话，那么毕尔巴鄂古根海姆博物馆则实现了解构主义建筑从理论到实践的转化，同样的设计语法被盖里赋予阿布扎比古根海姆博物馆(Guggenheim Abu Dhabi)。

解构主义建筑显示出语义的模糊性，模糊性可以生成丰饶复杂的感官体验。① 那些将此观念引入设计实践的建筑师，通常以深思处理的创新工艺与材料构建建筑的表皮，给予建筑神秘的、模棱两可的语义。毕尔巴鄂古根海姆博物馆的界面不仅是形态上的多义，同时也是语义上的多义，本身也正是模糊性的体现。此外，建筑的透明性也能体现出空间的模糊性，透明性反映了空间微弱的光线变化，同时使观者得以同时体验建筑的内部和外部，模糊了内外部的概念。无论是现代主义还是后现代主义，解构主义对它们的颠覆都意在寻求一种美学限制的突破，企图达到重新塑造建筑意义的

① Scott Murray. Translucent Building Skins: Material Innovations in Modern and Contemporary Architecture[M]. London: Routledge, 2013: 8.

目的。解构主义语法最为重要的是颠覆和破坏了建筑符号的所指与能指，因而很难用现有的文化观念加以评价，它改变了建筑的逻辑与秩序，强调去中心化、追求偶然性和片段性，以及制造强烈的冲突。以不完整的、异形的建筑形态呈现这种观念，解构主义对于混搭、冲突以及无中心的强调，使其成为与当下时尚语境最为贴切的美学观念。

#### 5.4.3.2　非线性的语法

非线性现象是自然界的基本现象，是自然界中万物所蕴含的混沌、不规则、模糊等特征的表现。雪花中蕴涵的自相似特征是分形理论关注的对象，同样可见于云朵、树木、海岸线等自然物象中。非线性科学理论在20世纪中叶突破了线性科学的束缚，使得欧几里得几何体系遭到质疑，从而发展出非欧几何体系。非线性科学综合了混沌理论、模糊理论、非标准数学等理论，揭示了自然界的复杂性，向人们展示出与平衡相悖的动态的稳定化有序结构。这种理念迅速被建筑领域所引用，从而建筑开始摆脱标准几何式的形态，可以说，非线性建筑是对自然万物所蕴含的内在特征的表现，从而生成特异、新奇的界面语言。非线性是相对于线性而言的概念，简单来说，线性代表着一种可预测的、有秩序的、有规律的科学，而非线性则是研究关于复杂的、混沌的现象的科学，具有一定的不可预测性。非线性涉及复杂科学理论，强调不规则运动的转换和变化，更合理地描述存在于自然界中动态的、不规则的、自相似的、有机的、非匀质的状态及现象，例如云彩、数枝、海岸线等贴近自然的状态。这种对于自然的关照被原广司归为形态论现象，其提出21世纪的设计理念是趋于形态的。

建筑领域早在 20 世纪 60 年代便已展开对于非线性建筑的设计实践，囿于环境及技术的落后未能大规模实现。而计算机技术的进步及外部环境的影响，使得非线性建筑思想在八九十年代迅速蔓延开来。非线性建筑关注建筑的性能与对周边环境因素的分析，设计过程是对影响因素的研究，将影响因子从概念发展具象到艺术形态，从而援引为建筑的形体，由于影响因素的复杂性，也导致了建筑形态的不规则性。在理念上，非线性建筑受到混沌理论、模糊理论等学科的启发，借鉴和吸收了德勒兹“褶子”“平滑”“块茎”“游牧空间”等哲学概念，为非线性建筑的形态生成提供了思想蓝本。在 2010 年上海世博会丹麦馆的建筑中，建筑内外部空间被平滑过渡，是德勒兹褶子理论的映射，其界面呈现一种模棱两可、辩证统一的语言，德勒兹的理论也因此成为影响非线性建筑的重要思想。在技术上，非线性建筑高度依赖计算机技术，通常将建筑的影响因子转化成一种计算机逻辑语言，进而生成建筑的形态。无接缝形态、连续差异、动态多元、模糊界面等特征成为非线性潮流在建筑上最为直接的展现。① 由于一些建筑师对于混沌理论和分形学的运用，产生了后现代主义建筑、尤其是解构主义建筑中典型的自相似特征。② 建筑中的自相似往往具有自然性：不一定是同样的模式，但是复杂程度在不同尺度上重复。按照萨林加罗斯的观

---

① 邵唯晏．当代建筑的逆袭[M]．南京：江苏凤凰科学技术出版社，2017：11.

② 建筑中分形体的自相似与数学中的分形并非完全一致，数学中分形体具有纯粹性，无论在哪种层级下都呈现出同样的模式，而不是相似。

点，解构主义建筑在有意避免各种类型的模式，因此解构主义建筑的界面语言中不存在对称、平均分布、旋转对称等模式，他认为解构主义建筑师用“混沌”这一数学用语来为解构主义风格辩护，事实上对他们而言，混沌还意味着随机性。解构主义仅仅是创造了随机构型，从极简主义的模式到随机的形态，解构主义从一个极端跳到了另一个极端①，由此也可以看出解构主义美学中所包含的非线性观念。

非线性直指世界的复杂本质，强调生成过程的设计方法、态度和思维，关注自然纹理、文化差异，借用数字技术聚合社会、人文、环境等跨领域的课题创造新的秩序，反映了当下建筑领域的新趋势，同时对于设计领域也有重要影响。2000年汉诺威世博会的标志便展现出一种模糊的、无序的、多样化的语义，传统意义上标志的固定形态被消解，体现出强烈的非线性意识。又如泽维·霍克(Zvi Hecker)将质数螺旋应用到建筑的空间安排之中，也是典型的非线性思维应用。非线性对于当代建筑实践的影响涉及设计思维、方法、技术等多层面，产生了丰富的多元异质建筑形态；非线性理念引发了一种建筑趋势与潮流，从理念上和技术手段上都表现出当前时代的主流思想和观念，尤其是对于计算机技术的依赖，使这类建筑显现出独有的信息时代美学。非线性建筑引发的不仅是艺术表现形式上的潮流，作为一种理念，它的时尚性更多地体现在观念之上。如果说20世纪的建筑世界是由现代建筑占据主导，那么21世纪信息时代的建筑

① [美]尼科斯·A. 萨林加罗斯，著．建筑论语[M]．吴秀洁，译．北京：中国建筑工业出版社，2009：128.

主导则一定属于非线性建筑。① 正如詹克斯所言，受复杂学科影响的非线性建筑理论是新千年中重要的建筑思想。

#### 5.4.3.3　有机的语法

有机建筑既关注自然环境与建筑的关系，同时也关注自然现象的内在结构。这些生物的、有机的形态近似建筑语言，以非规则形体和多重曲面提供了一种宇宙哲学的形式，呼应了自然的不规则本质。此外，有机建筑也注重地域自然要素在建筑中的转换应用以及乡土情结的营造。当代建筑借助数学中的拓扑理论、分形理论、混沌理论等，正朝着非线性、自然性的方向发展，此外，对于自然环境的适应和协调，也是有机建筑的发展趋势。

对自然现象、自然形态、生物形态及生态环境的重视是有机建筑所强调的，是一种将自然关系引入建筑的设计理念，在这一点上有机建筑具有同非线性建筑相同的观念。有机建筑的概念最早由赖特提出，主旨在于强调建筑与环境的亲和关系，但并不强调建筑的造型特征以及深层含义。直到复杂科学的引入，才使有机建筑的形态丰富起来，也使有机建筑的语义发生了转向。伯努瓦（Benoît B. Mandelbrot）在1984年出版的《自然的不规则碎片形状》一书中基于计算机技术揭示了自然形式具有的复杂性特征，为复杂科学与有机建筑的结合奠定了基础。② 有机建筑的一个重要的参考原

① 徐卫国．非线性建筑设计[J]．建筑学报，2005(12)：32-33.

② 张广媚，杨留位．复杂性科学影响下的有机建筑形态解析[J]．中外建筑，2015(2)：76.

型，是自然形态的混沌与分形特征，这与非线性思想有着共通之处，都被建筑师尝试用来表现建筑的空间及形态，比如云朵的形态、雪花与树木的自相似性都成为灵感的源泉。萨林加罗斯也强调生物形态具有高度的复杂性，但同时又是非常有序的形态，这建立了生命和有组织复杂性的关系，对于有机建筑形态的认知是相当重要的参照。

当代有机建筑的另一个特征，是具有流线平滑的形态及连续性的空间，平滑连续的表面与自然流动的形态受到当下时尚的青睐。扎哈·哈迪德常赋予建筑有机、平滑、流动的形态，其设计理念经常引发设计的时尚。横滨码头(Yokohama Terminal)展现出流线的形态及连续的空间，也具有强烈的有机形态特征，起伏不定的界面暗示着自然地貌的形态。这种流动连续的形态也受到德勒兹褶皱、平滑思想的影响，在褶皱理论影响下生成的建筑形态被林恩认为是凸显了一种具有连通性的流动逻辑。褶皱理论同样强调形变和差异，着重于塑造建筑构形的复杂性和空间的生产、连续和融通，并且创造建筑与地景之间的关联以及建筑内外部空间的贯通，因此具有流动、复杂、异质的语言。① 詹克斯同样把盖里的古根海姆博物馆定义为实践德勒兹褶皱理论的成功案例，其建筑形态展现了褶皱理论中典型的流动、折叠和运动，以及复杂理论中的自组织系统和分形逻辑，它们根植于复杂理论的认知范式并创造出极具表现力、充满意义、雕塑

① 庄鹏涛，周路平．建筑中的"褶皱"观念——德勒兹与褶皱建筑[J]．湖南理工学院学报(自然科学版)，2014(27)：82.

性和标志性的建筑。①

詹克斯认为，有机体的隐喻十分适用于文化中心。这类异质性建筑最为明显的特征在于与形式及功能之间逻辑关系的消解，人们很难从界面得知建筑功能的划分，瑰丽的外部形态将建筑内部功能块区覆盖。詹克斯肯定这类后现代建筑与古典建筑有着相似之处，即都是把实际功能遮盖在外表之中。于是我们看到，当代较有影响力的文化公共建筑形态，总是具有有机、异质、夸张的形态语言。总的来说，上述建筑形态所带来的感官刺激不仅源于建筑本身所散发出恣意交错、繁缛矫饰、磅礴气势等奇观属性，更是因为这种特质迎合了人类大脑最原始的对"新"和"异"的需求，因而具有浓烈的时尚属性。同时，人类心灵的某一部分在本质上也更倾向于对于明亮色彩、丰富韵律及复杂形式的喜爱——包括明亮的原色、闪亮的事物、规律的节奏以及超人的尺度，是一种"大脑边缘区的快乐"(Limbic Pleasure)。这其中涉及大脑进化中更早期的系统，当人类感官被铺天盖地的刺激轰炸时，这些系统便被激活并服从于视像、声音和气味的压倒性影响②。因此我们得以见到，当代那些经由哲学和自然科学理论影响的建筑，通常都具有奇观建筑的属性，他们从根本上构成当代建筑时尚语言的主体。

① ［瑞］安德里娅·格莱尼哲，格奥尔格·瓦赫里奥提斯，编．建筑编码——操作与叙述之间［M］．宋昆，孙晓晖，李德新，译．武汉：华中科技大学出版社，2014：65.

② ［英］彼得·F. 斯密斯，著．美观的动力学——建筑与审美［M］．邢春晓，译．北京：中国建筑工业出版社，2012：145.

## 5.4.4 其他类型的语法

### 5.4.4.1 生态的语法

工业化进程导致的环境恶化迫使人们承认自然的价值，价值观因此开始转向与自然、生物共存，进入后工业时代，高速发展的工业文明直接导致了能源危机和环境危机，成为全球所面临的严峻问题。人们开始思考技术所带来的负面影响，人类的审美取向也相应发生变化并渗透到建筑领域，回归自然与生态美学的取向是比较明显的特征，人类也开始关注生态美学，例如上海自然历史博物馆(Shanghai Natural History Museum)被赋予可持续性的设计理念，其界面表现出生态性语言。当下的建筑领域不再强调技术使命，转而将重点置于绿色可持续性的建筑理念。生态建筑强调对于环境与自然的重视，是对主流价值观的回应。生态建筑将可持续的理念赋予建筑，从材料到结构以及对能源的态度，生态建筑反应的不仅是当代人类所面临的相关问题与价值诉求，同时也展现出建筑设计的潮流，例如新加坡李光前自然历史博物馆(Lee Kong Chian Natural History Museum)。

生态类建筑被弗兰姆普敦描述为“绿色机器”，他认为在地形学以及形态学之间存在一种可塑的亲和性，对建筑的演进发展产生巨大影响。形态学涉及对生物及植物形式的效法，是当代建筑设计中常用的参照手法，例如当代建筑摹拟人类皮肤而开发出的可呼吸式表皮，对于室内的通风、温度及光纤的控制，都有着重要作用，这其中得以感受到当代建筑对于生态问题的思考。由于生态类型的建筑具有可调节的表皮以及内置的空气调节装置，可以形成一种具有自治性、独立性特征的微型气候系统，完美地呼应了绿色节能、可持续的环境友好型建筑诉求。例如在武汉理工大学大学生创意创业园区中，由于部分界面片段的朝向原因需要承受过多的西晒，为缓解西晒带来的温度过高问题，利用塑木、轻钢、混凝土等材料构筑多重建筑表皮，不仅带来时尚的视觉语言，同时也满足了节能、温控等需求(图 5-10)。同样在 2000 年汉诺威世博会中，日本建筑师坂茂(Shigeru Ban)所设计的日本馆纸之屋(Japanese Pavilion)体现出建筑与生态之间的关系，强调考虑自然生态以及社会经济效应，以绿色无污染、循环可回收的材料作为建筑用料，这成为 21 世纪建筑领域关注的重点，例如汉诺威世博会日本馆的界面语言表现为几何式的图案，材料则表现为对生态及环境的重视，同时呈现出轻质的视觉感受。

图 5-10　武汉理工大学大学生创业园区建筑表皮

注：由塑木、轻钢、混凝土等材料构筑的多重表皮，满足了节能、温控的需求。

生态类型的建筑对光线、气候、温度的重视，致使通常采用可调节式的建筑表皮，这一类建筑通过多重表皮结构、计算机控制以及机械结构的动态调节实现对通光度、温度的控制，使建筑与自然环境建立关联，也由此形成独特动态调节。冉-玛里亚·特吉巴奥文化中心的外部构建形成一个风过滤器，可以像风帆一样进行调节，使其箱盒式样的建筑具有自然和舒适的通风，建筑外部的水平百叶可以根据自然风力的大小进行开合调节，形成具有可操作性的、动态的界面，这种动态不涉及时间的概念，而是对于自然气候的响应。生态建筑以特有的设计理念回应自然，因此在建筑的材料、结构等方面也体现出有别于其他建筑的独特性，展现出独有的艺术形式。从严格意义上来讲，生态建筑并不是一种建筑的艺术表现风格，但是生态建筑基于结构、材料等客观因素的考量所生成的形态，仍然是一种具有特征的艺术语言。同时，对于生态问题的关注，本身也正是一种时尚。因此从侧面来讲，生态建筑的界面语言具备一定的时尚属性，正如对时尚的理解本身就是置立于多重角度。

#### 5.4.4.2 动态的语法

动态的语言意指当代建筑界面所具有的两种不同的动态特性：可调节式建筑表皮及可更新式表皮媒介。可调节式的建筑表皮是一种机械性的动态结构，它赋予建筑界面动态变化的可能；可更新式的表皮媒介是一种依靠电子设备实现的动态界面，与信息技术建立起紧密联系。前者关注的是生态需求，后者则依附于信息技术。尽管二者属于不同的动态范围，但都包含变化(Variety)的本质，这种动态的本质使得建筑界面的视觉语言成为传递信息、体现时间性的载体，例如瑞士巴塞尔艺术博物馆(Basel Kunstmuseum)的动态界面，可以显示展览相关的信息，也使得观者对建筑界面的理解升格为四维视角。空间界面语言与建筑语言共生，存在着并不明确的时间性线索，对于空间和建筑的解读是建立在位移的时间维度之上，来进行对符号序列的把握，如同对于雕塑作品的理解，必然是四维的。然而部分观点认为，这种时间轴线并没有必要性和必然性，也不会影响界面语言的符号意义。不可否认的是，随着时代的发展与技术的进步，越来越多的建筑和空间在尝试对时间性的体现以满足观者的感官需求，同时也象征了时代的精神，这种对于时间信息和符号变化的强调成为一种设计趋势。对于时间感和时间序列展开的感受，成为建筑发展的一个重要方向，时间性艺术符合了空间性艺术甚至在时空序列上双重演进，以及这种建筑本身的动态化甚至形变，呈现出更为丰富的感受和体验。①

信息时代的媒介无处不在，建筑也因此成为信息传递的载体，因此动态界面、信息化立面成为当代建筑发展的另一个趋势，如 AMOS REX 博物馆项目，便是新媒体艺术团队结合公共空间界面的形态创作的艺术作品。该博物馆处于地下，内部空间具有朝向地面的采光开口，采光口与新媒体技术的结合，形成名为“超级漩涡”的媒体艺术，此时内部界面成为信息的载体。将信息赋予建筑界面，使其富有动态特性，这样的设计理念彻底打破了现代主义建筑所推崇的纯

① 史雷鸣，贾平凹，韩鲁华，著．作为语言的建筑[M]．西安：陕西师范大学出版，2015：67.

粹、独立和静态的建筑意向。① 林恩是主要的对形状进行形态崇拜的理论家，其理论基础是将曲线置于直线之上，赞同用一种数字成形的方法演绎性地生成多形态表面的操作手段，这是基于林恩对应用科学领域中数学模型所揭露出的自然界存在的动态非确定性的认可②，被称为流体建筑，如塞尔福里奇百货公司的流动式界面语言，是典型的 Blob 建筑。该类建筑指那些具有波浪形的、充满曲线的建筑，这种类型的建筑平滑了传统建筑的边界(即传统建筑中各界面的交结处被处理成平滑曲面)，同时也与几何式形态的建筑有着巨大的差异，通常需要计算机来辅助完成造型的设计。③ 流体建筑通常展现出曲面化的界面，形态本身就具有动态性的特征。林恩的"动态形式"(Animate Form)理论将建筑的立面延伸至四维的向度，即将时间的概念引入建筑。④ 具体来讲，是将数字媒体工具赋予建筑界面的表现之中，通过数字和电子设备实现建筑立面的不断波动，形成动态的界面。以液晶屏幕、合成薄膜等轻质透明材料为主的建筑表皮辅以数字和信息技术，使得公共空间得以呈现出全新的面貌，不仅可以将公共信息以动态和多元的形式表现出来，更是确定了建筑

---

① 黄锰. 技术视域——解读建筑现象与形态创新的新维度[M]. 北京：中国建筑工业出版社，2012：62.

② [美]肯尼斯·弗兰姆普敦，著. 现代建筑：一部批判的历史[M]. 张钦楠，等，译. 北京：生活·读书·新知三联书店，2012：407.

③ 林恩以一个可以创建二进制大对象(Binary Large Objects)的软件功能命名，将这类建筑风格简写为 Blob，也称 Blobitecture。

④ Ellen Lupton. Skin：Surface，Substance，and Design[M]. New York：Princeton Architectural Press，2007：39.

作为奇观媒体的存在。动态式的信息界面的生成是建立在全球化、信息化及传媒娱乐化的基础上，从侧面反映出了信息时代的美学特征与视觉文化。例如慕尼黑安联球场的外部界面，其世界上最大的膜壳表皮不仅是作为建筑的表皮与衣饰，同时也承载着信息传递的功用。整个建筑的外部界面由超薄充气膜材覆盖，可以实现高强度的透明性，并且其外壳可以显示不同色彩以呼应比赛队伍的情况，是典型的可更新式表皮媒介。

在当代建筑中，建筑界面趋于超级平面，如何在单一形态中赋予多变的内容，成为设计师思考的重点，特别是作为信息媒介的界面。五十岚太郎曾提出超级平面的概念，认为超级平面是一种对于建筑表面的强调，与信息化社会使用计算机的表现形式和新组织的存在状态相适宜，强调立面作为超级平面的核心程度——与其说建筑以三维立体的形式存在，不如说与二维平面的形式更加接近，在玻璃表面显示文字的建筑与各种信息等价排列的计算机显示屏非常相似。① 他以涩谷 Q-Front 大厦巨型的带有电子显示屏的玻璃立面以及科幻电影中的类似场景为例，论证了今后的发展有志于走向平面的世界。建筑转向平面化发展以电子屏幕替代建筑立面，也更加肯定了媒体对于空间景致的影响，这种超大尺度的平面某种意义上依附于建筑界面的界面，是一种双重界面的概念。曼谷 MahaNahkon 立方大厦便以屏幕矩阵构成建筑

① ［日］五十岚太郎，著．关于现代建筑的16章——空间、时间以及世界［M］．刘峰，刘金晓，译．南京：江苏人民出版社，2015：126.

的立面，既是建筑界面，也是信息传递的界面，温度、日期、商业广告、金融等信息在此被显示。

类似的形式也常见于当代其他类型的公共空间，例如叶利钦中心的媒体立面所呈现的内容基于建筑自身、城市空间、自然、文化和艺术五方面的因素决定，是精心选择和考量的结果，呈现出独特的视觉景致。其外部界面动态、多彩的影像为城市增添了活力，以现代的设计语言构筑出与建筑语义吻合的界面。叶利钦总统中心的媒体立面致力于带给叶卡捷琳堡城市独有的识别形象，体现了媒体对城市空间和建筑的影响，巨大体量和尺度的媒介表明了信息是如何成为城市标志性建筑物并反映场所内在精神的。叶利钦总统中心用一种典型的设计理念将信息与建筑进行结合，赋予一种属于当下语境的景观，这是基于对意识形态、技术与艺术表现的把握，当这种把握结果与当下社会主流规范、观念和审美意趣相符合的时候，一种时尚属性便会产生。随着技术的进步，物质的界面逐渐被虚拟界面消解，例如全息投影技术，其呈现无需依附任何物质界面，这种情形在科幻电影中不断被表现。无论是何种性质的界面，其作为媒体在公共空间中的价值意义及对于空间视觉秩序的影响，也是值得深入探讨的议题。信息技术本就展现着当代的技术进步，技术作为影响时尚性的重要因子，为动态式界面赋予更多的时尚意味。

## 5.5 本章结论

当我们评价界面语言“很时尚”的时候，这意味着其设计语义与社会主流发展趋势、审美、文化等步调统一，同时暗示着其艺术化的表现得到社会主流价值观念的认可，这意味着对于时尚性的评价不能流于表象，除设计风格之外，精神内核、人文关怀、情感体现、时代精神等需求都有可能被时尚强调，因此一种时尚性界面语言的生成也一定是由多方面原因所引起的。本书对时尚性界面语言进行的研究不仅限于形、色、质等外在层面，而是朝向更为深层的视角，即产生时尚属性的各种内在因素。本章集中分析了界面的时尚性问题，以当代较有影响力的公共空间界面片段为对象，研究总结出其中的时尚规律，为时尚性界面语言的生成提供了参考价值。本章对于当代那些正在发生的建筑设计潮流进行分析，这些潮流是界面时尚性最为直接的体现，并针对时尚性的界面语言进行分类，以匀质单一和异质多样系统地概括了当代时尚性界面的类型。其中，现代式与图案式语言构成了匀质单一的界面类型，解构式、非线性与有机式语言构成了异质多样的界面类型，这些类型的界面语言共同演绎了当代设计时尚的多元化局面。

经过具体分析得出，当代公共空间界面语言的时尚性主要表现在以下几方面。

(1)形式多样化

多样性本就是时尚的本质之一，无论哪一种时尚，其内容的多样性是最为明显的特征。人们求新、求异的审美心理触发了形式的多样化生产，而多样化的内容满足了人们对时尚的审美诉求，二者互为辩证关系。设计领域中的时尚也是如此，因此建筑领域中时尚的形式总是千变万化，正是由于这种多样性，使得界面语言的时尚性内涵丰富起来，无论是原教旨主义的几何式形态还是非线性的奇观式形态，在当下语境中都被赋予了不同程度的时尚语义。

(2)形态戏剧化

无论是奇观式建筑还是纯粹理性的极简主义建筑，都是在制造一种陌生化和冲突性意象来刺激人们的感官，产生的是一种有悖于人们日常认知的戏剧化设计语言。尽管界面语言表现出形态的多样，但是戏剧化的异质形态依旧是最为显著的时尚特征，异质形态所带来的陌生化审美体验游离于人们的经验之外，既不同于古典和传统语言对客观世界的再现，也不同于现代主义语言中展现的几何形态，当代界面的语言呈现出更为抽象、模糊、多变的语义，这种形态语义与先前的形式语言产生戏剧化冲突，形成各种极富感染力的艺术形态。

(3)色彩中性化

既然建筑的时尚与服饰的时尚存在异同，那么便不能以服饰时尚的逻辑来解读建筑，尤其是时尚中的色彩。界面中的色彩显然不同于服饰，并不具备较短时效性，且界面色彩的采用与建筑主题密切相关，很大程度上不为时尚所影响。尽管如此，经过对大量当代具有影响力公共建筑的分析，也可以看出当代建筑对于中性色彩的青睐。中性色彩的低饱和度特征使其往往具有模糊、摇摆的色彩语义，这一点契合了当代语境中的解构主义思想的去中心化特征。同时，由于界面中对于原始、自然材料的大量运用，使得相当一部分界面色彩倾向于表现材料的本原色彩。

(4)材料综合化

多样的可选用材料使得当代界面在材质表现方面具有相当大的空间，材料不仅承载了情感信息，同时也是文脉与历史的载体。当下界面的艺术表现一方面强调原始和低技术材料的运用，不仅体现出人们对于自然的向往，同时也是对地域历史和文化的回应；另一方面是对于高科技和高技术材料的青睐，不仅满足建筑对于照明、环保、可持续性等多方面的要求，同时也是对人类科技成果的展现。将低技术材料与高技术材料结合使用也是一种常见的界面语言时尚性的生成手法，以强烈的材质对比形成独特的材料美学。

(5)语义多重化

语义的多重化不仅仅指代詹克斯的多重译码，更表明了当代界面形态在其他领域、学科的影响下所显现出的多重语义。无论是在自然科学还是人文科学领域，设计师对其思维方式的借鉴构成了当代界面形态的生成语法，因此同样的界面形态便会产生多重的语义：或是解构的，或是非线性的。语汇由于语法的赋予产生语言，语法同时也决定了界面语言中语汇的选择，是为语法与语汇的辩证关系。语义的多重化表明了当下的主流审美趋势，不以单一语义呈现的界面使其自身的具体意涵变得琢磨不定，产生一种解码的模糊性，这种模糊、多义的特征也再次呼应了以解构、去中心化为特征的当代语境。

通过进一步梳理发现，当代建筑与时尚的演进有着共通的驱动内核——拒斥和抵抗，且是对任何常规和陈腐的反对，而实现这种观念的手段便是制造冲突。制造冲突是产生时尚性语言的重要途径，强调制造冲突和戏剧性本身正是当代奇观文化的特征之一。道格拉斯·凯尔纳(Douglas Kellner)曾提出媒体奇观的概念①，而当代建筑正是媒体奇观的组成部分，这体现在当代各种建筑事件和建筑风格之中，尤其是那些荒诞不经的奇观建筑。对时尚的追求本身正是人们求新、求异的审美心理写照，因此，无论老旧陈腐或是荒诞奇异，只要某个单元让观者产生"新"的感官体验，那么单元或多或少就有了成为时尚的潜质，正如巴特所认为的，对世界的评价不再取决于高贵与卑贱的对立，而是旧与新的对立。詹克斯认为，建立在学习和文化基础上的译码局限性指导着阅读和观察，由于文化分野的差异，某些译码甚至互相冲突②，一个建筑中所呈现的译码的冲突与融合，便是后现代建筑语言的一个重要特征。不同含义、甚至是矛盾含义元素的叠加，会使得艺术作品的阐释更加复杂化，这正是查尔斯·詹克斯"多重译码"的核心思想，也正如文丘里对要素混杂、自相矛盾、歪曲变形、模棱两可的建筑二元论的追求。而在设计领域，"新"价值成为评价事物创新的标准，当设计趋势集中表现为雷同的时候，创新的意义才显得更为重要。尽管史文德森认为除新颖之外，一个时尚物品原则上不需要任何其他特殊性质，时尚的原则是创造不断增长的速度，尽快地将一个事物变得越来越多直至冗余，以便让新的

① 媒体奇观发展于德波的奇观社会，被视为对其奇观社会理论的补充和延伸。媒体奇观意指那些体现当代社会基本价值并将社会中的冲突戏剧化处理的媒体文化现象，包括豪华场面、政治事件等。媒体奇观的实质是对代表时代文化特征的"时代符号"的分析，包括政治、经济、文化等各方面的特征，时尚与时尚文化自然也包含其中。

② [英]查尔斯·詹克斯，著．后现代建筑语言[M]．李大夏，译．北京：中国建筑工业出版社，1986：24.

事物有机会出现。[1] 但是，这种论断更适用于消费领域，而非所有的时尚内容，毕竟时尚是以一种总体性机制、逻辑或意识形态作用于众多领域的。因此仅仅以新颖、新异来评价时尚则较显片面，似乎也无法凸显时尚的本质内核，唯有制造冲突，才能彰显出时尚的力量。

宏观上来看，当下语境中充斥着当代与传统的冲突(例如卡塔尔国家博物馆(Qatar national Museum))、风格的冲突、观念的冲突、文化的冲突等各种现象，由于当代语境中充斥着碎片化、多元化、去中心化的观念，使其具有极强的包容性，允许各种观念与形式并存。时尚文化领域中各种不同的形式满足人们消费与审美的欲望，这里交织着各种矛盾、不和谐的形式；建筑领域中，现代主义、后现代主义、解构主义等相互冲突融合，不仅体现在大的建筑环境中，也表现在具体的界面语言中，其实践层面表现为形态、材质、肌理、语义冲突等特征。因此当代的界面呈现一种模糊的状态，不仅是语义上的模糊，也是边界的模糊、空间上的模糊。这种不确定性与当代解构主义的思想向呼应，以这种不确定制造惊异感，也是一种建筑观念。例如当代建筑对透明表皮依然热衷，更为极致地模糊内与外空间的界限，这种反差也同样是一种冲突，即人们的固有认知与心里感知之间的冲突。同样，薄膜材料的应用(例如世博会创意秀场)、反重力的建筑形态(沃尔夫斯堡菲诺科学中心(Phæno Science Center))，也都是在制造一种与人们固有认知之间的冲突。

武汉理工大学大学生创意创业园区，其建筑形态同样采

---

① ［挪］拉斯·史文德森，著．时尚的哲学［M］．李漫，译．北京：北京大学出版社，2010：23.

取冲突与混搭的表现形式，建筑形态的整体统一性也遭到了不同艺术手法的消解，表达出多重译码的观念，十分契合后现代社会的审美观念与价值诉求。以陶器为灵感的有机形态与几何式形态发生冲突，一方面满足了功能上的使用要求，另一方面完成了对文脉与象征意义的回应。同时，多种表现形式被赋予这个复杂综合体，既有现代主义简洁理性的痕迹，同时又展现出结构主义的体态穿插与交合。此外，在建筑体的某个界面中还得以见到里伯斯金式的语言，而作为综合性建筑应有的空间布局与范式也被解构，整体呈现出一种解构式的语义。正如林恩所言，异质拼贴手法与解构主义建筑都强调建筑中的矛盾性，并通过强烈的元素和形式冲突来表现。蓝天组(Coop Himmel b(l)au)清楚地认识到“公共建筑不仅是公众活动的空间，更是要为城市的景观做出贡献”这个准则，并将此付诸于阿克伦艺术博物馆(Akron Art Museum)的设计中，新的博物馆与旧有建筑产生强烈的视觉冲突，这种冲突不仅源于形态上的，也体现于材料之上，玻璃与钢铁为旧有的砖石建筑赋予了新的解读维度。类似的冲突制造同样常见于里伯斯金的作品之中，皇家安大略博物馆(Royal Ontario Museum)是里伯斯金著名的建筑作品，里伯斯金利用乖张尖锐的建筑体态与历史发生冲突，从而形成戏曲性的感官张力。同样的操作手法被里伯斯金赋予德累斯顿军事博物馆(Bundeswehr Military History Museum)的设计之中，这幢19世纪设计的古典主义风貌建筑被里伯斯金标志性的设计手法唤起了新的时尚魅力。

冲突中包含了抵触，而这种抵触被调和于当代语境这个大容器之中。当人们宏观地审视当代社会，无论是在时尚领域、建筑领域或是文化领域，不断地在产生冲突，而冲突的产生满足了人们对于新、异的追求，也成为构成时尚语义的内核。

总之，当代公共空间界面语言的时尚性体现在多个维度，不仅涉及建筑的形态、色彩、材料等语汇方面，同时受到相关的思想、理念等文法方面的影响，加之意识形态、审美趋势、价值诉求等其他因素的考量，即形成了当代界面语言的时尚特征，也表现了界面语言的时尚性生成逻辑。而“冲突”始终影响着时尚属性的生成，界面语言中的各种冲突形成戏剧化的张力与审美体验，成为时尚产生的内核(图5-11)。

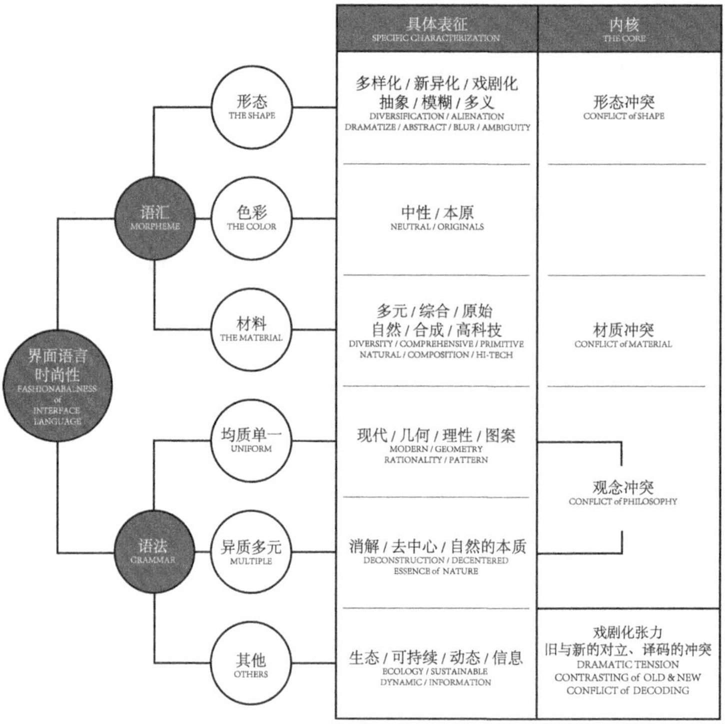


图 5-11　界面语言时尚性的生成

# 第 6 章　总结与展望

## 6.1　研究结论与创新点

### 6.1.1　研究结论

自居伊·德波提出景观社会的概念以来，当代社会不断地以各种文化实践对其进行回应，深层阅读已然被表象的观看所取代，表象被视为奇观并受到大众追崇，奇观文化与时尚一同满足了人们对新奇的渴望，按照德波所言，景观社会中受众的喜好与欲望被隐形地操纵和控制。彼得·埃森曼则认为，人们越是被动，景观形象就变得越为重要，并基于此对奇观文化进行深刻质疑，表现出对人们“失去审慎阅读能力”的担忧，蛊惑大众的形象是影响人们审慎阅读的要因，以至于引发了奇观文化的危机。不幸的是，在时尚文化中似乎也存在这样的状况：总有些时尚披着肤浅的外衣勾画出迷惑人心的新奇形象，内涵的缺失不为大众所关注，满足感官刺激成为唯一的审美需求。界面作为建筑的形象体现，其时尚性是否也成为干扰人们深度理解建筑的因素，是值得探讨的议题。但是无论时尚遭受何种批判和质疑，都无法否认其对于当下各个领域的巨大影响。本书规避了对作为奇观文化一部分的界面时尚的批判，转而指向时尚积极的一面：以界面的时尚性语言延伸至建筑的时尚性，同时，不以评价界面的时尚外衣对建筑理解和经验的影响为主，而是将其时尚性作为当下的时代精神与诉求、审美旨趣与偏好、设计趋势与影响的映射，以及视觉文化的重要组成部分来看待。

于是本书将研究点聚焦于界面这一建筑分支，将当代公共空间的界面设计与时尚建立关联，提出公共空间界面语言时尚性的概念。在研究对象与案例的选择上带有一定的偏向性，大部分以文化类公共空间为主，尤其是文化中心、博物馆、音乐厅等公共建筑，尽管如此，这些类型的建筑依然涵盖了当今整个建筑领域的主流思想和价值取向，同样具有普遍性意义。文章从时尚相关理论中提取时尚的基本特性，将时效性、群体性、阶级性作为时尚的基本特性进行归纳，认为在设计中同样存在相仿属性，是设计时尚性的表征。通过研究发现，一种新兴的设计风格必定是一种成功的创新和时尚，它预示了某种设计趋势和潮流，具有同时尚一样的传播和演进路径，也都是借由模仿与复制得以展开。由于时尚是一种社会需求，本书中的语义超越炫耀性消费且受多方面因素影响，而多元化风格的界面语言组成了后现代文化语境中不可忽视的视觉景致，因而更需强调时尚界面的重要性。书中界定了研究范围，基于语境对研究对象进行定义，系统地分析了界面的现状与演进脉络，为当代界面语言的研究提供了参考依据，由此引申出对当代界面语言潮流与趋势的分析，揭示了现状的成因；而时尚相关理论的援引，则阐释了隐藏在现状之中的时尚逻辑与机制。本书的主要结论在于：

①从古典主义—现代主义—后现代主义—当代建筑的演进及发展脉络可以看出，建筑中表皮与结构的二元关系以及建筑对于装饰态度的演变，是影响建筑界面语言演变的重要因素。

②界面语言的时尚性表征并不仅仅体现于外在的形式，先进的设计理念、价值规范也都可以是时尚性的体现。意识形态、风格与技术是影响界面语言时尚性的重要因素，意识形态影响风格的产生，技术是实现的手段。

③界面语言的时尚性具有较长的时效性，说明某种形式或风格可以经受时间的检验并具有演进为经典的趋势，这点看似与时尚的瞬时性相悖，但却不能否定界面语言本身所内含的时尚属性。

④时尚具有竖向和横向两个维度的立体式传播路径，它们分别代表了时尚在阶级和群体中的传播方式，而模仿是时尚最为主要的传播动力。这种传播结构和逻辑关系同时存在于设计领域，一种新的设计趋势和潮流也具有同样的传播模式。

⑤形态上，当代界面语言体现出匀质与异质形态的共生。由于时尚本身的包容性以及时尚内容的多元性特征，因此时尚允许多种文化共存，这解释了为何几何原教旨主义与非线性建筑、解构主义均可以成为界面时尚的内容；色彩上，当代界面偏向于使用中性色及材料原色，一方面中性色模糊性、无偏向性的语义呼应了当前的社会语境和审美旨趣，另一方面材料的本原色彩折射出人们对于自然语义的青睐；材料方面，表现为自然材料与人工合成材料、高科技材料并存，其中既有人们对于天然、原始语义的向往，同时也

有对科技、智慧的彰显，总体上体现出材料语汇的多样性。此外，部分材料诸如混凝土、木材显现出长久的时尚魅力；从语法上来讲，当代建筑受到哲学与自然学科思想的影响，将后现代主义、解构主义、非线性、混沌理论等观念赋予建筑构想，这些影响作为界面语言的构成文法决定了当下界面异质多元的特性。最后总结，冲突表现出时尚的内核，冲突的产生满足了人们对于新、异的追求。当代界面语言表现出极强的冲突特征，体现在形式、风格上的同时，也折射出文化、意识形态、价值诉求和审美旨趣等多方面特征。

### 6.1.2　本书的创新点

本书针对研究对象展开了宏观的概括和客观的评价，进行深入思考并得出独到的见解，系统地进行现状与背景的分析，充分解释了当代公共空间界面语言之时尚现象背后的内涵。本书的创新点在于：

①提出了公共空间界面语言时尚性的议题，针对当代界面语言进行系统性的分析；②立足于多个角度阐释了当代界面的生成背景，提出风格、技术与意识形态是影响当代界面语言时尚性的要素；③根据时尚的相关理论展开对于界面语言时尚性的研究，揭示出了隐藏在设计时尚之中的逻辑；④同时构建了时尚传播的动力及路径，提出横向与竖向并行传播的立体式路径，进而指出设计潮流与趋势的传播具有同样的模式；⑤总结归纳了当代界面语言的形变特征，阐明匀质单一与异质多元形态共生的时尚内涵；⑥归纳出当代界面语言的时尚内核，将“冲突”视为构建界面语言时尚性的内核。

## 6.2 研究的局限性与展望

### 6.2.1 研究的局限性

①由于本书首次提出了公共空间界面语言时尚性的概念，导致对于先有文献的借鉴与学习成为困难，对论文的撰写造成一定的影响。

②与时尚相关的研究大都集中在社会学领域，因此将时尚相关理论引入设计领域也是本书的一次尝试，受研究条件所限，对于时尚与设计关联性的研究还可以深入。

③本书的所有结论由相关文献归纳和演绎，分析结果则以大量实际采样的案例生成，辅以笔者从事相关设计实践所获得的理论和经验，力求全面客观地展开阐释和研究。然而本书涵盖内容较广、创新性较强，受限于各方面因素难免存在疏漏和偏颇，这也决定了在今后拓展的必要性。

### 6.2.2 研究展望

①进一步展开时尚与设计关系的研究，以本书中时尚相关理论为依据，进行深化和拔高，逐步建立以时尚性为目标的设计导向，实现时尚设计"审美性、实用性、意蕴性"的价值诉求。

②持续展开对于界面——空间关系的研究，构建界面设计体系，致力于构建"界面+形态+体验"的全方位设计框架，将信息技术、信息设计语境中的"界面"与本书之界面相结合，继而展开更为深入的设计研究与实践，力求体现信息时

代的美学特性，将公共空间及界面设计引入新的高度，为今后的设计实践赋予新的理念。

③以时尚为立足点，进一步梳理界面设计的趋势与潮流，将研究升格为时尚与设计的研究；以本书为基本视角，联结时尚与其他设计领域，以期建立系统的“设计时尚学”。

# 参考文献

## 中文专著

[1]刘清平．时尚美学[M]．上海：复旦大学出版社，2008.
[2]李砚祖，编著．外国设计艺术经典论著选读·下[M]．北京：清华大学出版社，2006.
[3]万书元．当代西方建筑美学新潮[M]．上海：同济大学出版社，2012.
[4]赵榕．当代西方建筑新范式研究[M]．上海：同济大学出版社，2012.
[5]魏毅东．空间意象：关于建筑的诗学[M]．济南：山东画报出版社，2015.
[6]郭菲．设计语言学概论[M]．苏州：苏州大学出版社，2014.
[7]凌继尧．艺术设计学[M]．上海：上海人民出版社，2000.
[8]史雷鸣，贾平凹，韩鲁华．作为语言的建筑[M]．西安：陕西师范大学出版社，2015.
[9]杭间．设计道：中国设计的基本问题[M]．重庆：重庆大学出版社，2009.

[10]李姝．波普建筑[M]．天津：天津大学出版社，2004.
[11]张黎．性别化的设计批评——空间、物、时尚[M]．南京：江苏凤凰美术出版社，2016.
[12]齐志家．时尚与身体美学[M]．北京：人民出版社，2015.
[13]黄锰．技术视域——解读建筑现象与形态创新的新维度[M]．北京：中国建筑工业出版社，2012.
[14]周晓虹．现代社会心理学[M]．南京：江苏人民出版社，1991.
[15]李建盛，当代设计的艺术文化学阐释[M]．郑州：河南美术出版社，2001.
[16]邵唯晏．当代建筑的逆袭[M]．南京：江苏凤凰科学技术出版社，2017.
[17]陈望衡，主编．艺术设计美学[M]．武汉：武汉大学出版社，2000.
[18]海军．视觉的诗学——平面设计的符号学向度[M]．重庆：重庆大学出版社，2007.
[19]凌继尧，徐恒醇．艺术设计学[M]．上海：上海人民出版社，2000.
[20]李立新．设计价值论[M]．北京：中国建筑工业出版社，2011.
[21]舒湘鄂．设计语义学[M]．武汉：湖北美术出版社，2001.
[22][日]长泽泰，编．在塚礼子，西出和彦，著．建筑空间设计学：日本建筑计划的实践[M]．郑颖，周博，译．大连：大连理工出版社，2011.

[23][日]原广司，著．空间——从功能到形态[M]．张伦，译．南京：江苏凤凰科学技术出版社，2017.

[24][日]白石和也，著．视觉传达设计史[M]．王传杰，译．北京：机械工业出版社，2009.

[25][日]鹫田清一，著．古怪的身体——时尚是什么[M]．吴俊伸，译．重庆：重庆大学出版社，2015.

[26][日]五十岚太郎，著．关于现代建筑的16章——空间、时间以及世界[M]．刘峰，刘金晓，译．南京：江苏人民出版社，2015.

[27][美]戴安·吉拉尔多，著．现代主义之后的西方建筑[M]．青锋，译．北京：清华大学出版社，2012.

[28][美]詹姆斯·罗尔，著．媒介、传播、文化——一个全球的途径[M]．董洪川，译．北京：商务印书馆，2012.

[29][美]理查德·T. 勒，盖茨，弗雷德里克·斯托特，张庭伟，田莉，主编．城市读本[M]．北京：中国建筑工业出版社，2013.

[30][美]弗朗西斯·D. K. 钦，著．建筑：形式·空间和秩序[M]．邹德侬，方千里，译．北京：中国建筑工业出版社，1987.

[31][美]凯文·林奇，著．城市意象[M]．方益萍，何晓军，译．北京：华夏出版社，2001.

[32][美]保罗·安德森，大卫·所罗门，著．图案之于建筑[M]．于潼，周明瑞，译．济南：山东画报出版社，2012.

[33][美]保罗·戈德伯格，著．建筑无可替代[M]．百舜，

译. 济南: 山东画报出版社, 2012.
[34][美]尼科斯·A. 萨林加罗斯, 著. 建筑论语[M]. 吴秀洁, 译. 北京: 中国建筑工业出版社, 2009.
[35][美]凡勃伦, 著. 有闲阶级论——关于制度的经济研究[M]. 甘平, 译. 武汉: 武汉大学出版社, 2014.
[36][美]斯蒂文·赫勒, 米尔克·伊里奇, 编著. 20 世纪设计思潮的演变[M]. 常宁生, 孟春艳, 译. 合肥: 安徽美术出版社, 2003.
[37][美]道格拉斯·凯尔纳, 著. 媒体文化——介于现代与后现代之间的文化研究、认同性与政治[M]. 丁宁, 译. 北京: 商务印书馆, 2013.
[38][美]弗雷德里克·詹姆逊, 著. 文化转向[M]. 胡亚敏, 译. 北京: 中国社会科学出版社, 2000.
[39][美]魏滔·黎辛斯基, 著. 建筑的表情——建筑风格与流行时尚的演变[M]. 杨惠君, 译. 台北: 木马文化出版社, 2005.
[40][美]大卫·克罗图, 威廉·霍伊尼斯, 著. 媒介·社会——产业、形象与受众[M]. 邱凌, 译. 北京: 北京大学出版社, 2009: 188.
[41][美]哈特穆特·艾斯林格, 著. 前瞻设计: 创新型战略推动可持续变革[M]. 北京: 电子工业出版社, 2014.
[42][美]凯文·林奇, 著. 城市意象[M]. 方益萍, 何晓军, 译. 北京: 华夏出版社, 2001.
[43][美]肯尼斯·弗兰姆普敦, 著. 现代建筑: 一部批判的历史[M]. 张钦楠, 等, 译. 北京: 生活·读书·新知三联书店, 2012.

[44][德]盖奥尔格·齐美尔，著．时尚的哲学[M]．费勇，等，译．北京：文化艺术出版社，2001.

[45][德]盖奥尔格·齐美尔，著．社会是如何可能的——齐美尔社会学文选[M]．林荣远，编译．桂林：广西师范大学出版，2002.

[46][荷]汉斯·伊贝林斯，著．19世纪末——21世纪初的欧洲建筑[M]．徐哲文，申祖烈，译．北京：中国建筑工业出版社，2014.

[47][英]彼得·F. 斯密斯，著．美观的动力学——建筑与审美[M]．邢春晓，译．北京：中国建筑工业出版社，2012.

[48][英]彼得·多默，著．1945年以来的设计[M]．梁梅，译．成都：四川人民出版社，1998.

[49][英]E. H. 贡布里希，著．秩序感——装饰艺术的心理学研究[M]．杨思梁，徐一维，范景中，译．南宁：广西美术出版社，2014.

[50][英]马尔科姆·巴纳德，著．艺术、设计与视觉文化[M]．王升才，张爱东，卿上力，译．南京：江苏美术出版社，2006.

[51][英]马丁·雷蒙德，著．什么是时尚设计预测[M]．江源，译．北京：中国纺织出版社，2013.

[52][英]马尔科姆·巴纳德，著．艺术、设计与视觉文化[M]．王升才，张爱东，卿上力，译．南京：江苏美术出版社，2006.

[53][英]查尔斯·詹克斯，著．后现代建筑语言[M]．李大夏，译．北京：中国建筑工业出版社，1986.

[54][英]迈克尔·克拉克，著．视觉语言——如何将艺术与设计转化为语言[M]．冯驭，著．沈阳：辽宁科学技术出版社，2010.

[55][英]迈尔斯·格伦迪宁，著．迷失的建筑帝国——现代主义建筑的辉煌与悲剧[M]．朱珠，译．北京：中国建筑工业出版社，2013.

[56][英]罗伯特·克雷，著．设计之美[M]．尹弢，译．济南：山东画报出版社，2010.

[57][英]约翰·沃克，朱迪·阿特菲尔德，著．设计史与设计的历史[M]．周丹丹，易菲，译．南京：江苏美术出版社，2011.

[58][英]多米尼克·斯特里纳蒂，著．通俗文化理论导论[M]．阎嘉，译．北京：商务印书馆，2001：259.

[59][英]迪耶·萨迪奇，著．设计的语言[M]．庄靖，译．桂林：广西师范大学出版社，2015.

[60][意]卢卡·莫利纳里，著．北美建筑趋势1990—2000[M]．项琳斐，译．北京：清华大学出版社，2012.

[61][意]布鲁诺·赛维，著．现代建筑语言[M]．席云平，王虹，译．北京：中国建筑工业出版社，2005.

[62][意]艾柯，著．符号学理论[M]．卢德平，译．北京：中国人民大学出版社，1990.

[63][澳]亚历山大·R. 卡斯伯特，编著．设计城市——城市设计的批判性导读[M]．韩冬青，王正，韩晓峰，钟华颖，译．北京：中国建筑工业出版社，2011.

[64][法]马克·第亚尼，编著．非物质社会——后工业世界的设计、文化与技术[M]．滕守尧，译．成都：四川

人民出版社，1998.
[65][法]丹纳，著. 艺术哲学[M]. 傅雷，译. 合肥：安徽文艺出版社，1998.
[66][法]罗兰·巴特，著. 流行体系[M]. 敖军，译. 上海：上海人民出版社，2011.
[67][法]加布里埃尔·塔尔德，著. 模仿律[M]. 何道宽，译. 北京：中国人民大学出版社，2008.
[68][法]古斯塔夫·勒庞，著. 乌合之众——大众心理研究[M]. 戴光年，译. 北京：新世界出版社，2010.
[69][加]简·雅各布斯，著. 美国大城市的死与生[M]. 金衡山，译. 南京：译林出版社，2006.
[70][匈]乔治·卢卡契，著. 审美特性[M]. 徐恒醇，译. 北京：中国社会科学出版社，1986.
[71][比]希尔德·海嫩，著. 建筑与现代性：批判[M]. 卢永毅，周鸣浩，译. 北京：商务印书馆，2015.
[72][瑞]安德里娅·格莱尼哲，格奥尔格·瓦赫里奥提斯，编. 建筑编码——操作与叙述之间[M]. 宋昆，孙晓晖，李德新，译. 武汉：华中科技大学出版社，2014.
[73][挪]拉斯·史文德森，著. 时尚的哲学[M]. 李漫，译. 北京：北京大学出版社，2010.
[74]乔纳森·M. 伍德姆，著. 20世纪的设计[M]. 周博，沈莹，译. 上海：上海人民出版社，2012.
[75]罗伯托·维甘提，著. 设计力创新[M]. 吕奕欣，译. 台北：马可波罗文化，2011.
[76][德]克里斯汀·史蒂西，编著. 建筑表皮[M]. 贾子光，张磊，姜琦，译. 大连：大连理工出版社，2009.

[77][英]珍妮·洛弗尔，著．建筑表皮设计要点指南[M]．李宛，译．南京：江苏科学技术出版社，2014.
[78]郭屹民．建筑的诗学——对话·坂本一成的思考[M]．南京：东南大学出版社，2001.
[79]王丽方，黄源．差异：当代建筑形式解析[M]．北京：中国建筑工业出版社，2014.
[80][瑞士]彼得．卒姆托，著．建筑氛围[M]．张宇，译．北京：中国建筑工业出版社，2010.
[81][美]朱蒂·A. 朱瑞克，编．建筑表皮——设计师与艺术家的设计元素[M]．刘冠楠，译．大连：大连理工大学出版社，2010.
[82][英]塞西尔·巴尔蒙德，著．异规[M]．李寒松，译．北京：中国建筑工业出版社，2008.
[83][英]玛尼·弗格，著．时尚通史[M]．陈磊，译．北京：中信出版集团，2016.
[84][美]C. 亚历山大，等，著．建筑模式语言[M]．王听度，周序鸣，译．北京：知识产权出版社，2002.
[85][瑞士]彼得·卒姆托，著．思考建筑[M]．张宇，译．北京：中国建筑工业出版社，2010.
[86][日]隈研吾，著．反造型：与自然连接的建筑[M]．朱锷，译．桂林：广西师范大学出版社，2010.
[87][挪]诺伯舒兹，著．场所精神：迈向建筑现象学[M]．施植明，译．武汉：华中科技大学出版社，2010.
[88][瑞士]克劳斯-彼得·加斯特，著．路易斯·I. 康：秩序的理念[M]．马琴，译．北京：中国建筑工业出版社，2007.

[89]汤凤龙."匀质"的秩序与"清晰的建造"——密斯·凡·德·罗[M].北京：中国建筑工业出版社，2012.

[90][法]伯纳德·屈米，著.建筑概念：红不只是一种颜色[M].陈亚，译.北京：电子工业出版社，2014.

[91]赵和生.2007建筑物与像：远程在场的影像逻辑[M].南京：东南大学出版社，2007.

[92]冯炜，李开然.透视前后的空间体验与建构[M].南京：东南大学出版社，2009.

[93]吴葱.在投影之外：文化视野下的建筑图学研究[M].天津：天津大学出版社，2004.

[94][西]德索拉·莫拉莱斯，著.差异——当代建筑的地志[M].施植明，译.北京：中国水利水电出版社，2007.

[95][瑞士]希格弗莱德·吉迪恩，著.空间·时间·建筑：一个新传统的成长[M].王锦堂，孙全文，译.武汉：华中科技大学出版社，2014.

## 外文专著

[1]Malcolm Barnard. Fashion as Communication[M]. London: Routledge, 2013.

[2]Roland Barthes. The Fashion System[M]. New York: Hill and Wang, 1983.

[3]Ronnie Self. The Architecture of Art Museums: A Decade of Design: 2000—2010[M]. London: Routledge, 2014.

[4]Scott Murray. Translucent Building Skins: Material Innovations in Modern and Contemporary Architecture [M].

London: Routledge, 2013.

[5]Elizabeth Wilson. Adorned in Dreams: Fashion and Modernity [M]. London: Virago, 1985.

[6]Ellen Lupton. Skin: Surface, Substance, and Design[M]. Princeton: Princeton Architectural Press, 2007.

[7]Valerie Frissen, SybilleJammes, Michiel de Lange, Jos de Mul, Joost Raessens. Playful Identities: The Ludification of Digital Media Cultures [M]. Amsterdam: Amsterdam University Press, 2015.

[8]Nikos Papastergiadis. Ambient Screens and Transnational Public Spaces [M]. Hong Kong: Hong Kong University Press, 2016.

[9]Andreas Broeckmann. Public Sphere and Network Interface—in The Cybercities Reader [M]. Princetion: Routledge, 2004.

[10]Ellen Lupton. Skin: Surface, Substance, and Design[M]. Princeton: Princeton Architectural Press, 2007.

[11]David Leatherbarrow, Mohsen Mostafavi. Surface Architecture [M]. New York: MIT Press, 2005.

[12]Joanne Entwistle. The Fashioned Body: Fashion, Dress and Social Theory[M]. New York: John Wiley & Sons, 2015.

[13]Jessica Wolfendale, Jeanette Kennett. Fashion-Philosophy for Everyone: Thinking with Style [M]. Oxford: Wiley-Blackwell, 2011.

[14]Rita Perna. Fashion Forecasting[M]. New York: Fairchild Publications, 1998.

[15] Silke Brandt. Gunther Kress & Theo van Leeuwen, Multimodal Discourse: The Modes and Media of Contemporary Communication [J]. Language in Society. 2004. (33: 1): 115.

[16] Akkelies van Nes. Measuring the Urban Private-public Interface[J]. The Sustainable City V, 2008: 389.

[17] Joan Kron, Suzanne Slesin. High-Tech [M]. London: Penguin Books Ltd., 1980.

[18] Steffen Roth. Fashionable Functions: A Google Ngram View of Trends in Functional Differentiation (1800—2000) [J]. International Journal of Technology and Human Interaction, 2014.

[19] John Follis, Dave Hammer. Architectural Signing and Graphics [M]. New York: Whitney Library of Design, 1979.

[20] Richard Poulin. Graphic Design and Architecture, A 20th Century History: A Guide to Type, Image, Symbol, and Visual Storytelling in the Modern World[M]. Beverly Ma: Rockport Publishers, 2012.

[21] John Wiley. Revit Architecture 2010: No Experience Required[M]. New York: John Wiley & Sons, 2009.

[22] Bradley Quinn. The Fashion of Architecture[M]. London: Bloomsbury Academic, 2003.

[23] Marianne Aav. Marimekko: Fabrics, Fashion, Architecture[M]. New Haven: Yale University Press, 2012.

[24] Pat Parish. Pattern Cutting: The Architecture of Fashion: The Architecture of Fashion[M]. New York: Bloomsbury

Academic, 2013.

[25] Kiel Moe. Integrated Design in Contemporary Architecture [M]. Princeton: Princeton Architectural Press, 2008.

[26] Paul Jackson. Complete Pleats: Pleating Techniques for Fashion, Architecture and Design[M]. London: Laurence King Publishing, 2015.

[27] Reinhold Martin. Utopia's Ghost: Architecture and Postmodernism, Again [M]. Minneapolis: University of Minnesota Press, 2010.

[28] Peter Noever, Regina Haslinger, Coop Himmelblau. Architecture in Transition: between Deconstruction and New Modernism [M]. New York: Prestel Publishing, 1991.

[29] Halina Taborska. Contemporary Public Art and Architecture[M]. London: Lulham Art Publications, 1999.

[30] Jorge Otero-Pailos. Architecture's Historical Turn: Phenomenology and the Rise of the Postmodern [M]. Minneapolis: University of Minnesota Press, 2010.

[31] A. Papadakēs. Deconstruction in Architecture[M]. London: Academy Editions, 1988.

[32] Phyllis Richardson. New Spiritual Architecture [M]. London: Abbeville Press, 2004.

[33] Egon Schirmbeck. Idea, Form, and Architecture: Design Principles in Contemporary Architecture [M]. New York: Van Nostrand Reinhold, 1987.

[34] Karsten Harries. The Ethical Function of Architecture [M].

New York: MIT Press, 1998.

[35] Christophe Girot, Dora Imhof. Thinking the Contemporary Landscape[M]. Los Angeles: Chronicle Books, 2016.

[36] Charles Jencks. The New Paradigm in Architecture: The Language of Post-modernism [M]. New Haven: Yale University Press, 2002.

[37] Scott Murray, Scott Charles Murray. Contemporary Curtain Wall Architecture[M]. Princeton: Princeton Architectural Press, 2009.

[38] Mario Carpo. The Digital Turn in Architecture 1992—2012[M]. New York: John Wiley&Sons, 2013.

[39] Neil R. Bingham. The New Boutique: Fashion and Design [M]. London: Merrell Publishing, 2005.

[40] Helen Castle. Modernism and Modernization in Architecture [M]. London: Academy Editions, 1999.

[41] Paul Emmons, Jane Lomholt, John Shannon Hendrix. The Cultural Role of Architecture: Contemporary and Historical Perspectives[M]. London: Routledge, 2012.

[42] Nora Wendl. Contemporary Art About Architecture: A Strange Utility[M]. London: Routledge, 2017.

[43] David Kolb. Postmodern Sophistications: Philosophy, Architecture, and Tradition [M]. Chicago: University of Chicago Press, 1992.

[44] Neil Leach. Rethinking Architecture: A Reader in Cultural Theory[M]. London: Routledge, 2005.

[45] Asst Prof David Rifkind, Dr Elie G Haddad. A Critical History of Contemporary Architecture: 1960—2010 [M]. Aldershot: Ashgate Publishing, Ltd. , 2014.

[46] Nikos Angelos Salingaros. Anti-architecture and Deconstruction [M]. Solingen: UMBAU-VERLAG Harald Püschel, 2004.

[47] Aldo Aymonino, Valerio Paolo Mosco. Contemporary Public Space: Un-volumetric Architecture[M]. Milan: 2006.

[48] Andrew E. Benjamin. Architectural PhilosophyAndrew [M]. London: A&C Black, 2000.

[49] Steven L. Cantor. Contemporary Trends in Landscape Architecture[M]. New York: John Wiley & Sons, 1996.

[50] Richard Padovan. Proportion: Science, Philosophy, Architecture[M]. London: Taylor & Francis, 2002.

[51] Adrian Snodgrass, Richard Coyne, Richard D. Coyne. Interpretation in Architecture: Design as a Way of Thinking [M]. London: Taylor & Francis, 2006.

[52] Derek Thomas. Architecture and the Urban Environment [M]. London: Routledge, 2007.

[53] Nathan Glazer, Professor of Education and Sociology Emeritus Nathan Glazer, Mark Lilla. The Public Face of Architecture: Civic Culture and Public Spaces [M]. New York: Simon and Schuster, 1987.

[54] Andrew Ballantyne, Architecture Theory: A Reader in Philosophy and Culture[M]. London: A&C Black, 2005.

[55] Alberto Pérez Gómez, Stephen Parcell. Intervals in the

Philosophy of Architecture[M]. Kingston：McGill-Queen's Press-MQUP，1996.

## 期刊论文

[1]潘智彪．论审美文化与社会时尚[J]. 现代哲学，2006.
[2]周晓红．社会时尚的三大表现形态[J]. 南京大学学报(哲学·人文·社会科学)，1994.
[3]周晓红．时尚现象的社会学研究[J]. 社会学研究，1995.
[4]陈竹，叶珉．什么是真正的公共空间？——西方城市公共空间理论与空间公共性的判定[J]. 国际城市规划，2009.
[5]陈志毅．表皮，在解构中觉醒[J]. 建筑师，2004.
[6]冯路．表皮的历史视野[J]. 建筑师，2004.
[7]朱永明．图形语言结构研究及其现实意义[J]. 艺术设计论坛，2004.
[8]陈镌，莫天伟．从建筑表皮到表皮建筑[J]. 新建筑，2008.
[9]彭锋．后现代美学与艺术的几种倾向[J]. 装饰，2004.
[10]高峰，肖松，刘晓红．场所界面的构成研究[J]. 南方建筑，2005.
[11]刘显成，郭志炜．游牧思想对建筑思潮的影响及意义[J]. 四川建材，2013.
[12]陈岸瑛．丹托艺术终结论中被遗忘的风格矩阵[J]. 装饰，2014.
[13]刘清平．论时尚文化的审美意蕴[J]. 学术论坛，2004.

[14]张兴华．后现代空间中视觉文化的审美特征及美学批判[J]．文艺研究，2015.

[15]王德胜．审美文化的当代性问题[J]．文艺研究，1998.

[16]方晓风．建筑：时尚还是永恒？[J]．装饰，2011.

[17]万书元．解构主义建筑美学初论[J]．南京理工大学学报(社会科学版)，2002.

[18]张政文．康德的审美现代性设计及对后现代美学的启示[J]．文艺研究，2010.

[19]徐卫国．非线性建筑设计[J]．建筑学报，2005.

[20]张广媚，杨留位．复杂性科学影响下的有机建筑形态解析[J]．中外建筑，2015.

[21]李世芬，冯路．新有机建筑设计观念与方法研究[J]．建筑学报，2008.

[22]吴国盛．技术与人文[J]．技术与人文，2001.

[23]张贤根．论时尚阶层性的技术建构及其问题[J]．服饰导刊，2016.

[24]史永高．白墙的表面属性和建造内涵[J]．建筑师，2006.

[25]汤喜燕．布鲁默与西美尔的时尚观比较[J]．装饰，2012.

[26]P. Williams. Brasilia's Superquadras [J]. Docomomo Journal, 2008.

## 学位论文

[1]李文．城市空间形态研究[D]．哈尔滨：东北林业大学，2007.

[2]冯琳．知觉现象学透镜下“建筑—身体”的在场研究[D]．天津：天津大学，2013．

[3]裴峻．博物馆设计空间集成技术研究[D]．南京：东南大学，2017．

[4]黄增军．材料的符号学思维探析——建筑设计中材料应用及观念演变[D]．天津：天津大学，2011．

[5]陈立．从精神容器到开放场域：当代美术馆的特征和形式研究[D]．北京：中央美术学院，2017．

[6]姜图图．时尚设计场域研究——1990—2010年中国时尚场域理论实践和修正[D]．北京：中国美术学院，2012．

[7]范东晖．建筑·审美·现代性——现代性张力中的建筑美学谱系[D]．天津：天津大学，2007．

[8]阮雪娇．意识形态理论视域下的时尚传播研究——以国内时尚杂志为研究对象[D]．上海：东华大学，2012．

[9]张曼．当代西方建筑符号的审美研究[D]．哈尔滨：哈尔滨工业大学，2013．

[10]刘杨．基于德勒兹哲学的当代建筑创作思想研究[D]．哈尔滨：哈尔滨工业大学，2013．

[11]吴中平．都市语境中的建筑纪念性研究[D]．广州：华南理工大学，2016：90．

# 附录一　案例信息简表

| 名称 | 事务所/设计师 | 地点 | 时间 |
|---|---|---|---|
| 悉尼歌剧院(Sydney Opera House) | 约恩·伍重(Jørn Oberg Utzon) | 澳大利亚 | 1973 |
| 科隆柯伦巴艺术博物馆(Kolumba Art Museum) | 彼得·卒姆托(Peter Zumthor) | 德国 | 2007 |
| 犹太人博物馆(Jewish Museum) | 丹尼尔·里伯斯金(Studio Libeskind) | 德国 | 1999 |
| 东京国立新美术馆 | 黑川纪章(KISHO KUROKAWA) | 日本 | 2007 |
| 波兰馆 | | | |
| 阿姆斯特丹大学礼堂(Auditorium of the University of Amsterdam ) | 杜斯堡/特奥·凡·杜斯伯格(Theo van Doesburg) | 荷兰 | 1923 |
| 布里克乡间别墅(Brick Country House) | 密斯·范·德罗(Mies van der Rohe) | 概念 | 1923 |
| 卡地亚当代艺术中心(Cartier Foundation for Contemporary Art) | 让·努维尔(Jean Nouvel) | 法国 | 1994 |
| 伦敦国家美术馆(The National Gallery) | 罗伯特·文丘里( Robert Venturi) | 英国 | 1824 |

续表

| 名称 | 事务所/设计师 | 地点 | 时间 |
|---|---|---|---|
| 贝斯特展厅 | | | |
| 森艺术中心(Mori Art Center) | 理查德·格拉克曼(Richard Gluckman) | 日本 | 2006 |
| 泰特现代美术馆(Tate Modern) | 赫尔佐格(Herzog)德·梅隆(De Meuron) | 英国 | 2000 |
| 斯图加特新国家美术馆(Neue Staatsgalerie Stuttgart) | 詹姆斯·斯特林(James Sterling) | 德国 | 1983 |
| 格拉茨艺术博物馆(Graz Art Museum) | 彼德·库克(Peter Cook) | 奥地利 | 2003 |
| 圣皮埃尔教堂(Cathédrale St-Pierre) | 勒·柯布西耶(Le Corbusier) | 瑞士 | 2003 |
| 阿布扎比卢浮宫(TalkingArt:LouvreAbuDhabi) | 让·努维尔(Jean Nouvel) | 阿联酋 | 2009 |
| 南非蔡兹当代艺术博物馆(Zeitz MOCAA Museum) | 赫斯维克工作室 | 南非 | 2016 |
| 易北河爱乐音乐厅(Elbphilharmonie Concert Hall) | 赫尔佐格和德梅隆(Herzog & de Meuron) | 德国 | 2016 |
| 特吉巴奥文化中心(Tjibaou Culture Center) | 伦佐·皮亚诺(Renzo Piano) | 新喀里多尼亚 | 1998 |
| 柏林新国家美术馆 | 密斯·凡·德罗(Mies Van der Rohe) | 德国 | 1968 |
| 鲍里斯·叶利钦总统中心(Boris Yeltsin Presidential Center) | Nick Appelbaum | 美国 | 2015 |
| 温顿画廊(Winton Gallery) | 扎哈·哈迪德(Zaha Hadid) | 英国 | 2016 |

续表

| 名称 | 事务所/设计师 | 地点 | 时间 |
|---|---|---|---|
| UFA电影中心(UFA Cinema Center) | 蓝天组(COOP HIMMELB(L)AU) | 德国 | 1998 |
| 蔡兹当代艺术博物馆(Zeitz MOCAA Museum) | 赫斯维克工作室(Heatherwick studio) | 南非 | 2017 |
| 银座购物中心(Ginza Place) | Klein Dytham architecture | 日本 | 2016 |
| 宁波博物馆(Ningbo Museum) | 王澍(Wang Shu) | 中国 | 2008 |
| 台湾故宫南院(Southern Branch of Taiwan Palace Museum) | 姚仁喜(KRIS YAO) | 中国 | 2015 |
| 汉秀剧场(Han Show Theatre) | 马克·菲舍尔(Stufish Entertainment Architects) | 中国 | 2014 |
| King Abdullah金融区(Finacial District) | 亨宁·拉森建筑事务所(Henning Larsen architects) | 沙特阿拉伯 | 2006 |
| 印度新德里不列颠校园 | Morphogenesis | 印度 | 2016 |
| 邓迪博物馆(Dundee) | 隈研吾建筑都市设计事务所(Kengo Kuma and Associates) | 英国 | 2018 |
| 意大利2015世博会国家馆(Italy Pavilion) | nemesi & partners | 意大利 | 2015 |
| 米拉公寓(Casa Mila) | 安东尼·高迪(Antoni Gaudi) | 西班牙 | 1912 |
| 艾克斯普罗旺斯音乐学院(Aix-en-Provence Music College) | 隈研吾建筑都市设计事务所(Kengo Kuma and Associates) | 法国 | 1849 |
| 广州歌剧院(Guangzhou Opera House) | 扎哈·哈迪德(Zaha Hadid) | 中国 | 2010 |

续表

| 名称 | 事务所/设计师 | 地点 | 时间 |
| --- | --- | --- | --- |
| 台中大都会歌剧院(Taichung Metropolitan Opera House) | 伊东丰雄(Toyo Ito) | 中国 | 2014 |
| 西雅图 EMP 博物馆(EMP Museum Seattle) | 弗兰克·盖里(Frank Owen Gehry) | 美国 | 2000 |
| 古根海姆博物馆(Guggenheim Museum) | 弗兰克·劳埃德·赖特(Frank Lloyd Wright) | 美国 | 1959 |
| 石材博物馆(KUMAP OF JAPAN) | 隈研吾(Kengo Kuma ) | 日本 | 2000 |
| 马塔博物馆(Marta Design Museum) | 弗兰克·盖里(Frank Owen Gehry) | 德国 | 2005 |
| 现代展厅(Hyundai Pavilion) | Asif Khan | 韩国 | 2015 |
| 良渚文化艺术中心(Cultural Art Centre) | 安藤忠雄(Tadao Ando) | 中国 | 2015 |
| 武汉理工大学大学生创意创业园 | 易西多 | 中国 | 2018 |
| Foro Boca 音乐厅(Mexico Foro Boca Concert hall) | 罗金德设计事务所(Rojkind Arquitectos) | 墨西哥 | 2017 |
| 溪水画廊(Spring Art Museum) | 第一实践建筑设计((PRAXiS d' ARCHITEC TURE)) | 中国 | 2016 |
| 拉康津塔博物馆(La Congiunta Museum) | 彼得·马科力(Peter Märkli) | 瑞士 | 1992 |
| 阿布扎比卢浮宫(Louvre Abu Dhabi) | 让·努维尔(Jean Nouvel) | 法国 | 2017 |
| 辛辛提那当代艺术中心 | 扎哈·哈迪德(Zaha Hadid) | 美国 | 1939 |

续表

| 名称 | 事务所/设计师 | 地点 | 时间 |
| --- | --- | --- | --- |
| 普辛斯金剧院(Pushinsky Cinema) | 刘建生(Jiansheng Liu) | 俄罗斯 | |
| 海门林那图书馆(Hämeenlinnan Maakunta-Arkisto) | Heikkinen-Komonen Architects | 芬兰 | 2009 |
| 尼姆罗马文化馆(Musée de la Romanité) | 2Portzamparc-Elizabeth de Portzamparc | 法国 | 2018 |
| 艾伯斯瓦尔德技术学院图书馆(E bers ward technical college library) | 皮埃尔·德·梅隆(Pierrede Meuron) | 德国 | 1996 |
| 科特布斯技术大学图书馆 | 雅克·赫尔佐格(Jacques Herzog) | 德国 | 1999 |
| Broad 博物馆(The Broad Museum) | Diller Scofidio + Renfro | 美国 2015 | |
| "014 大楼"(O-14 tower) | Reiser + Umemoto | 迪拜 | 2009 |
| 丹麦馆(Welfairytales) | BIG(Bjarke Ingels Group) BIG 建筑事务所 | 中国 | 2010 |
| 科隆柯伦巴艺术博物馆(Kolumba Museum) | 彼得·卒姆托(Peter Zumthor) | 德国 | 2007 |
| 毕尔巴鄂古根海姆博物馆(Guggenheim Museum Bilbao) | 弗兰克·盖里(Frank Owen Gehry) | 西班牙 | 1997 |
| 维特拉消防站(Vitra Fire Station) | 扎哈·哈迪德(Zaha Hadid) | 德国 | 1993 |
| 皇家安大略美术馆(Royal Ontario Museum) | 丹尼尔·里伯斯金(Daniel Libeskind) | 加拿大 | 1912 |
| 阿兹库那艺术中心 | 菲利浦·斯塔克(Philippe Starck) | | |

续表

| 名称 | 事务所/设计师 | 地点 | 时间 |
|---|---|---|---|
| 武汉诺维凯生物工程的厂区规划 | 易西多 | 中国 | 2015 |
| 比利时安特卫普港口大楼(Port House, Antwerp) | 扎哈·哈迪德(Zaha Hadid) | 比利时 | 2016 |
| Pierres Vives 政府大楼 | 扎哈·哈迪德(Zaha Hadid) | 法国 | 2012 |
| 横滨码头(Yokohama Terminal) | 扎哈·哈迪德(Zaha Hadid) | 日本 | 2000 |
| 上海自然历史博物馆(Shanghai Natural History Museum) | Perkins+Will | 中国 | 2015 |
| 李光前自然历史博物馆(Lee Kong Chian Natural History Museum) | W Architects | 新加坡 | 2015 |
| 汉诺威世博会日本馆(HANNOVER MESSE) | 坂茂(Shigeru Ban) | 日本 | 2000 |
| 特吉巴奥文化中心(Tjibaou Cultural Center-Picture gallery) | 伦佐·皮亚诺(Renzo Piano) | 法国 | 1998 |
| 瑞士巴塞尔艺术博物馆(Basel Kunstmuseum) | Christ & Gantenbein | 瑞士 | 2016 |
| 上海外滩金融中心(THE BUNDFINANCE CENTER) | 赫斯维克工作室(Heatherwick Studio) | 上海 | 2017 |
| AMOS REX 博物馆(AMOS REX Museum) | JKMM Architects (JKMM 建筑事务所) | 芬兰 | 2018 |

续表

| 名称 | 事务所/设计师 | 地点 | 时间 |
|---|---|---|---|
| 塞尔福里奇百货公司(Selfridges Donna Rtw) | 戴卫·奇普菲尔德建筑事务所(David Chipperfield Architects) | 英国 | 1909 |
| 安联球场(Allianz Arena) | ARKAN ZEYTINOGLU 建筑事务所 | 德国 | 2005 |
| 曼谷立方大厦(Maha Nahkon) | 奥雷·舍人事务所(Ole Scheeren) | 泰国 | 2018 |
| 卡塔尔国家博物馆(Qatar national Museum) | 让·努维尔(Jean Nouvel) | 卡塔尔 | 2019 |
| 沃尔夫斯堡菲诺科学中心(Phæno Science Center) | 扎哈·哈迪德(Zaha Hadid) | 德国 | 2005 |
| 阿克伦艺术博物馆(Akron Art Museum) | 蓝天组(COOP HIMMELB(L)AU) | 美国 | 2007 |
| 德累斯顿军事博物馆(Bundeswehr Military History Museum) | 丹尼尔·里伯斯金(Daniel Libeskind) | 德国 | 1897 |

# 附录二　时尚性色彩语汇分析采样案例简表

| 设计 | 项目 | 地点 | 时间 |
|---|---|---|---|
| Architectkidd | Street Ratchada 商业中心 | 泰国 | 2016 |
| The Freelon Group Architects | 非洲裔美国艺术与文化中心 | 美国 | 2010 |
| UNSTUDIO | 189 弄购物中心 | 中国 | 2016 |
| Steven Holl | VCU 当代艺术中心 | 美国 | 2018 |
| MOATTI-RIVIERE | 国家平面设计中心 | 法国 | 2016 |
| Buero Ole Scheeren | 嘉德艺术中心 | 中国 | 2017 |
| Diller Scofidio + Renfro | 林肯表演中心 | 美国 | 2009 |
| Foster+Partners/Heatherwick | 外滩复星艺术中心 | 中国 | 2018 |
| 程泰宁 | 建川博物馆 | 中国 | 2006 |
| 马岩松 | 哈尔滨文化中心 | 中国 | 2013 |
| RISS AS | Paleet 购物中心 | 挪威 | 2014 |
| Fernando Romero | SOMAYA 博物馆 | 墨西哥 | 2014 |
| 王彦 | 鼎立雕刻馆 | 中国 | 2014 |
| Coop Himmelbl(a)u | 深圳当代艺术与城市规划展览馆 | 中国 | 2016 |
| 何镜堂 | 人厂民族宫 | 中国 | 2016 |

续表

| 设计 | 项目 | 地点 | 时间 |
| --- | --- | --- | --- |
| 三磊 | 韩美林艺术馆（银川） | 中国 | 2015 |
| 姚仁喜 | 台湾故宫南院 | 中国 | 2015 |
| EFFEKT | Mekka Viborg 街头运动中心 | 丹麦 | 2017 |
| Pool Leber Architekten | Kult 文化历史中心 | 德国 | 2018 |
| Alexander Knox + UAP | 布里斯班商业区立面 | 澳大利亚 | 2018 |
| Brad Cloepfil | 国家音乐中心 | 加拿大 | 2018 |
| Kimmel Eshkolot Architects | Steinhardt 自然历史博物馆 | 以色列 | 2018 |
| MVRDV | Imprint 艺术娱乐综合中心 | 以色列 | 2018 |
| LMN | 爱荷华城市音乐厅 | 美国 | 2018 |
| Staab Architects | 特里西维斯服务中心 | 德国 | 2004 |
| Renzo Piano | NEMO 科技博物馆 | 荷兰 | 2016 |
| ZaHaHadid | 香奈儿移动艺术展馆 | 国际 | 2008 |
| Emmanuel Combarel/ Dominique Marrec | 蒂艾 RATP 公共汽车站 | 法国 | 2007 |
| Riccardo Giovanetti | Plasticamente 展馆 | 意大利 | 2008 |
| WOHA | lluma 娱乐零售综合体 | 新加坡 | 2009 |
| Juergen Mayer | Metropol Parasol 都市阳伞休憩空间 | 西班牙 | 2011 |
| Amann-Canovas-Maruri | 蒙特阿古多博物馆 | 西班牙 | 2010 |
| UnSangDong Architects | 克林锦湖文化综合大厦 | 韩国 | 2010 |
| Rojkind Arquitectos | 利物浦百货商店 | 墨西哥 | 2010 |
| REX | Vakko 媒体中心 | 七耳其 | 2010 |

续表

| 设计 | 项目 | 地点 | 时间 |
|---|---|---|---|
| UNStudio | Agora 剧院 | 荷兰 | 2007 |
| Henning Larsen Architects | 雷克亚维克音乐厅和会议中心 | 冰岛 | 2011 |
| SO-IL | Kukje 画廊 | 韩国 | 2012 |
| Lucio Morini +GGMPU Arquitectos | 科尔多瓦纪念中心 | 阿根廷 | 2012 |
| Heikkinen-Komonen Architects | 海门林纳图书档案馆 | 芬兰 | 2009 |
| KENGO KUMA | V&A 邓迪博物馆 | 英国 | 2018 |
| Datscha Architekten | B3Gadamerplatz 社区中心 | 美国 | 2010 |
| Inaki Echeverria | 利物浦百货大楼 | 墨西哥 | 2011 |
| Soma architecture | 丽水世博会海洋主题馆 | 韩国 | 2012 |
| Studio Kalamar | 维瓦特水疗综合体 | 斯洛文尼亚 | 2005 |
| Arquitectura en Proceso | Vistas de Cerro 社区中心 | 墨西哥 | 2011 |
| ACME | Watermark WestQuay 城市综合体 | 英国 | 2017 |
| Thom Mayne | Kolon One & OnLY 塔 | 韩国 | 2018 |
| Alejandro Medina Arquitectura | 墨西哥音乐宫 | 墨西哥 | 2018 |
| Thomas Phifer | 格伦斯通博物馆 | 美国 | 2018 |

# 附录三　色彩映射图

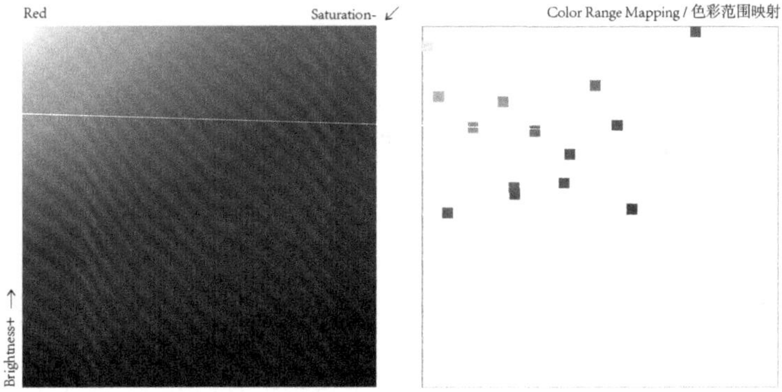

Red
Saturation-
Brightness+
Color Range Mapping / 色彩范围映射


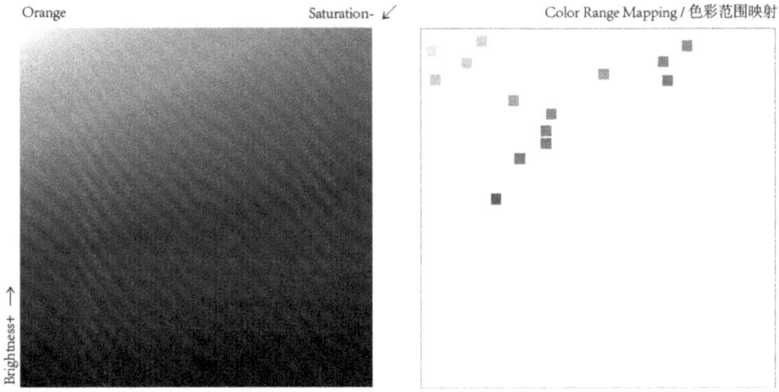

Orange
Saturation-
Brightness+
Color Range Mapping / 色彩范围映射

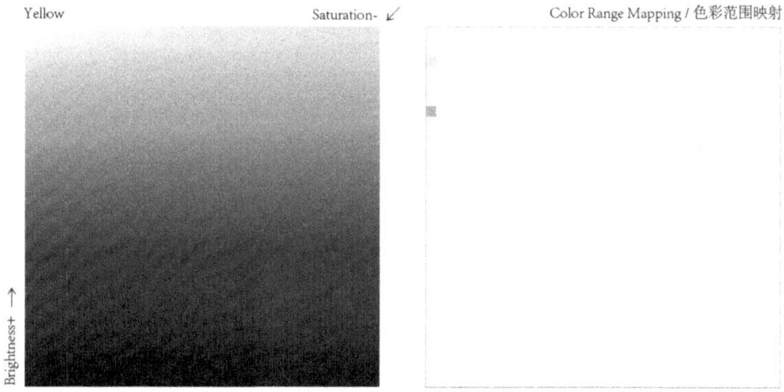
Yellow
Saturation- ↙
Brightness+ →
Color Range Mapping / 色彩范围映射

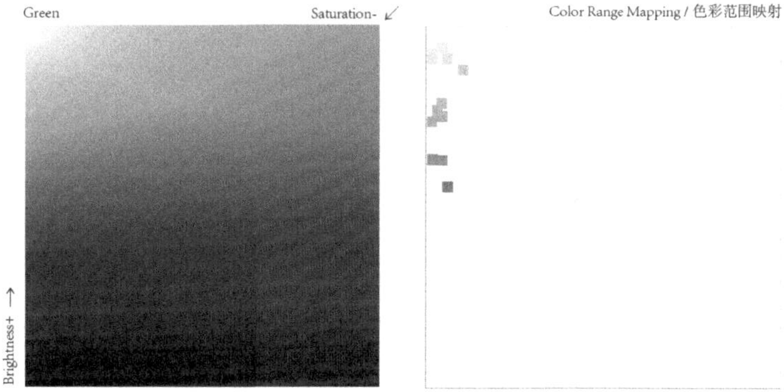
Green
Saturation- ↙
Brightness+ →
Color Range Mapping / 色彩范围映射

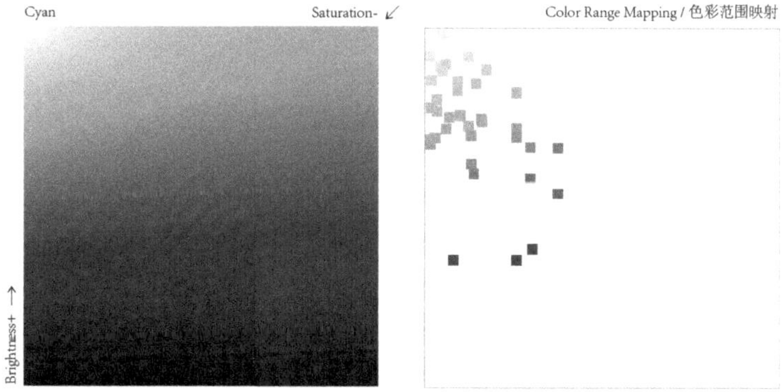
Cyan
Saturation- ↙
Brightness+ →
Color Range Mapping / 色彩范围映射

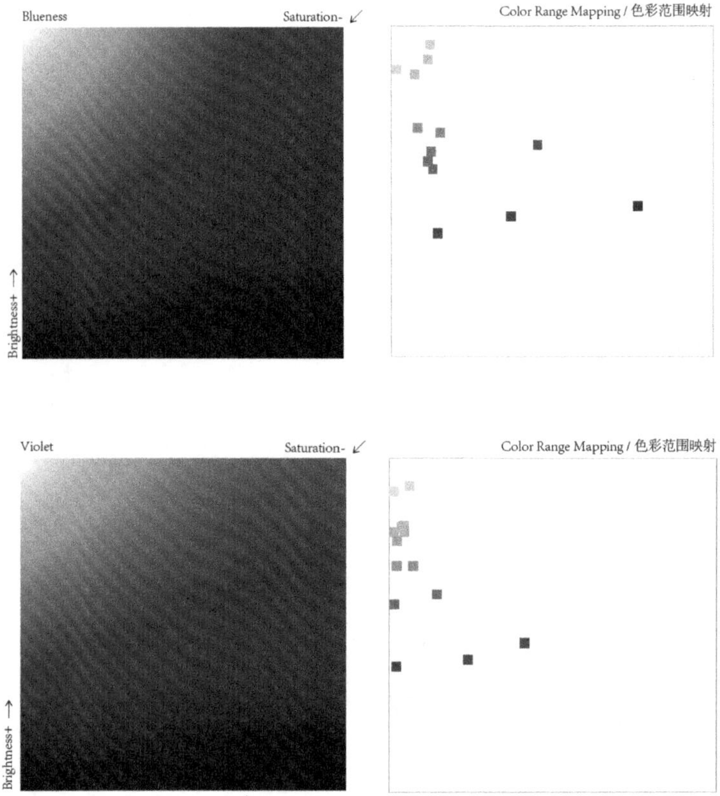
Blueness
Saturation- ↙
Brightness+ →
Color Range Mapping / 色彩范围映射
Violet
Saturation- ↙
Brightness+ →
Color Range Mapping / 色彩范围映射

来源：作者绘制。

# 附录四　材料采样表

| 年份/Year | 国家/Country | 设计师/Architect | 项目/Project | 材料/Materials |
|---|---|---|---|---|
| 2016 | 中国 | UNSTUDIO | 189 弄购物中心 | 锌板 |
| 2018 | 英国 | KENGO KUMA | V&A 邓迪博物馆 | 混凝土 |
| 2018 | 墨西哥 | Alejandro Medina Arquitectura | 音乐宫 | 钢、石灰石 |
| 2010 | 美国 | The Freelon Group Architets | 非洲裔美国艺术与文化中心 | 玻璃、金属板 |
| 2018 | 中国 | Foster、Heatherwick | 复星艺术中心 | 铜 |
| 2018 | 美国 | Thomas Phifer | 格伦斯通博物馆 | 混凝土 |
| 2016 | 法国 | MOATTI-RIVIERE | 国家平面设计中心 | 石灰石、混凝土、复合材料 |
| 2018 | 韩国 | Thom Mayne | Kolon One & Only 塔 | 防弹背心增强纤维 |
| 2017 | 中国 | Büro Ole Scheeren | 嘉德艺术中心 | 砖、石 |
| 2009 | 英国 | Diller Scofidio+Renfro | 林肯表演中心 | 玻璃、混凝土 |

续表

| 年份/Year | 国家/Country | 设计师/Architect | 项目/Project | 材料/Materials |
|---|---|---|---|---|
| 2017 | 德国 | Datscha Architekten | B3Gadamerplatz社区中心 | 砖、混凝土 |
| 2006 | 中国 | 程泰宁 | 建川博物馆·战俘馆 | 混凝土、钢 |
| 2012 | 中国 | 朱锫 | 民生现代美术馆 | 混凝土、金属 |
| 2013 | 中国 | 何镜堂 | 侵华日军南京大屠杀遇难同胞纪念馆扩建 | 石材 |
| 2013 | 中国 | 马岩松 | 哈尔滨文化中心 | 纯白色铝板、白色石材、混凝土 |
| 2013 | 中国 | 伊东丰雄 | 台湾大学社科院图书馆 | RC 顶板、中空PC 隔热板 |
| 2014 | 挪威 | RISS AS | 挪威 Paleet 商场 | 铜 |
| 2014 | 中国 | 高广也、张旭 | 鼎立雕刻馆 | 石材 |
| 2014 | 罗马尼亚 | Claudiu lonescu | 数字博物馆 | 金属 |
| 2014 | 墨西哥 | FR-EE | 索玛亚博物馆 | 陶瓷瓷砖 |
| 2015 | 中国 | 三磊设计 | 银川韩美林艺术馆 | 混凝土、石材 |
| 2015 | 中国 | 隈研吾 | 中国美院民艺博物馆 | 钢丝、瓦片 |
| 2015 | 中国 | 姚仁喜 | 台北故宫博物院南院 | 铝、铜 |

续表

| 年份/Year | 国家/Country | 设计师/Architect | 项目/Project | 材料/Materials |
|---|---|---|---|---|
| 2016 | 中国 | 何镜堂 | 大厂民族宫 | 白色石材、铝板、印花玻璃 |
| 2016 | 中国 | 蓝天组 | 深圳当代艺术与城市规划展览馆 | 石材、玻璃 |
| 2019 | 丹麦 | EFFEKT | GAME StreetMekka Viborg | 聚碳酸酯、钢 |
| 2018 | 德国 | POOL LEBER ARCHITEKTEN | Kult 文化历史中心 | 混凝土、砖石 |
| 2018 | 法国 | 隈研吾 | 圣马洛海事历史博物馆 | 锌板 |
| 2018 | 韩国 | MVRDV | Imprint 艺术娱乐综合体水泥 | 混凝土、玻璃 |
| 2004 | 德国 | Volker Staab Architects | 特里西维斯的新服务中心 | 铜 |
| 2018 | 中国 | UAP、Alexander Knox | 商业建筑立面艺术装置 | 铝复合材料 |
| 2018 | 加拿大 | Brad Cloepfil | 加拿大国家音乐中心 | 釉面陶瓷砖、青砖 |
| 2016 | 荷兰 | 伦佐·皮阿诺 | NEMO 科技博物馆 | 铜 |
| 2018 | 美国 | LMN | 爱荷华城市音乐厅 | 陶瓦面板、玻璃瓦板、金属 |

续表

| 年份/Year | 国家/Country | 设计师/Architect | 项目/Project | 材料/Materials |
|---|---|---|---|---|
| 2018 | 以色列 | Kimmel Eshkolot Architects | Steinhardt 自然历史博物馆 | 混凝土、木材 |
| 2018 | 中国 | 杨明 | 上海嘉北郊野公园西游客中心 | 水泥纤维望板 |
| 2007 | 法国 | Emmanuel Combarel Dominique Marrec | 蒂艾 RATP 公共汽车站 | 混凝土 |
| 2008 | 意大利 | Riccardo Giovanetti | Platicamente 展馆 | 塑料 |
| 2008 | 国际 | ZaHa Hadid | 香奈儿移动艺术展馆 | 纤维增强塑料 |
| 2009 | 新加坡 | WOHA | lluma 娱乐零售综合体 | 塑料 |
| 2010 | 墨西哥 | Rojkind Arquitectos | 墨西哥利物浦百货商店 | 玻璃纤维、钢、铝 |
| 2010 | 土耳其 | REX | vakko 时尚及 power 媒体中心 | 玻璃、金属 |
| 2010 | 西班牙 | Amann-Canovas-Maruri | 蒙特阿古多博物馆 | 考顿钢 |
| 2010 | 韩国 | UnSangDong Architects | 韩国克林锦湖文化综合大厦 | 不锈钢、玻璃 |
| 2011 | 西班牙 | 于尔根·迈耶-赫尔曼 | 都市阳伞 Metropol Parasol | 木 |

续表

| 年份/Year | 国家/Country | 设计师/Architect | 项目/Project | 材料/Materials |
|---|---|---|---|---|
| 2011 | 冰岛 | Henning Larsen Architects | 哈尔帕雷克亚维克音乐厅和会议中心 | 玻璃 |
| 2011 | 丹麦 | 3XN | 贝拉天空酒店 | 玻璃 |
| 2011 | 墨西哥 | Iñaki Echeverria | 墨西哥利物浦百货大楼 | 混凝土 |
| 2012 | 阿根廷 | Lucio Morini+ GGMPU Arquitectos | 阿根廷科尔多瓦省两百周年纪念市政中心 | 混凝土 |
| 2012 | 韩国 | SO-IL | 库卡画廊 | 不锈钢丝网 |
| 2012 | 韩国 | soma architecture | 丽水世博会"海洋"主题馆 | 玻璃纤维强化复合材料 |
| 2009 | 芬兰 | 赫金嫩-柯莫嫩建筑师事务所 | 海门林纳档案馆 | 混凝土 |
| 2005 | 斯洛文尼亚 | Studio Kalamar | 维瓦特水疗综合体 | 玻璃 |
| 2011 | 韩国 | UNStudio | GALLERIA 百货商场 | 玻璃圆盘 |
| 2007 | 荷兰 | UNStudio | Agora 剧院 | 钢板 |
| 2018 | 美国 | Steven Holl | Institute for Contemporary Art at VCU | 钛锌金属、玻璃 |
| 2016 | 泰国 | Architectkidd | The Street Ratchada | 穿孔铝复合板 |

续表

| 年份/Year | 国家/Country | 设计师/Architect | 项目/Project | 材料/Materials |
|---|---|---|---|---|
| 2011 | 墨西哥 | Arquitectura en Proceso | Vistas de Cerro 社区中心 | 岩石 |
| 2017 | 英国 | ACME | WEST 城市综合体 | 钢、混凝土 |

# 编 后 记

在本书即将出版之际,笔者由衷地感谢所有对本书的创作和出版做出贡献的人。正是因为你们的支持和帮助,才使得这本书得以顺利完成。感谢武汉理工大学艺术与设计学院易西多教授给予的指导和帮助;感谢嘉兴大学设计学院给予的出版支持;感谢三峡大学巴楚艺术发展研究中心的支持;感谢武汉大学出版社老师付出的辛勤工作。再次向所有对本书的创作和出版做出贡献的人表示最衷心的感谢!没有你们的支持和帮助,本书将无法问世。谢谢!

在本书的撰写过程中笔者遇到了许多困难和挑战。资料的搜集、整理和筛选,文字的推敲、润色和修改,都花费了大量的时间和精力。本书在出版前期虽几经校对,也难免挂一漏万,不足之处还请读者和专家指正!

2023 年 12 月